虎林市革命老区发展史

虎林市老区建设促进会　编

黑龙江教育出版社

图书在版编目（CIP）数据

虎林市革命老区发展史 / 虎林市老区建设促进会编
. -- 哈尔滨 : 黑龙江教育出版社, 2021.5
ISBN 978-7-5709-2210-9

Ⅰ. ①虎… Ⅱ. ①虎… Ⅲ. ①虎林－地方史 Ⅳ.
①K293.54

中国版本图书馆CIP数据核字(2021)第078445号

顾　　问　于万岭
丛书主编　杜吉明
副 主 编　白亚光　张利国　李树明　李　勃

虎林市革命老区发展史
Hulinshi Geming Laoqu Fazhanshi
虎林市老区建设促进会　编

责任编辑　高　璐
封面设计　朱建明
责任校对　杨　彬
出版发行　黑龙江教育出版社
地　　址　哈尔滨市道里区群力第六大道1305号
印　　刷　哈尔滨博奇印刷有限公司
开　　本　787毫米×1092毫米　1/16
印　　张　24.25
字　　数　290千
版　　次　2021年5月第1版
印　　次　2021年5月第1次印刷

书　　号　ISBN 978-7-5709-2210-9　　**定　　价**　58.00元

黑龙江教育出版社网址：www.hljep.com.cn
如需订购图书，请与我社发行中心联系。联系电话：0451-82533097　82534665
如有印装质量问题，影响阅读，请与我公司联系调换。联系电话：0451-51789011
如发现盗版图书，请向我社举报。举报电话：0451-82533087

《虎林市革命老区发展史》编纂领导小组

主　编　韩冬云

副主编　赵景泉　王爱平

《虎林市革命老区发展史》编辑委员会

主　任　韩冬云

副主任　赵景泉　王爱平

编　委　焉树栋　于海波　奚建福　刘志花　肖培武
王连胜　张冬冰　肖　毅　白　杨　岳崇海
李守军　柴庆海　李小虎　徐太民　孙云桥
李　彬　高秀艳　高心峰

总 序

在举国欢庆新中国成立70周年前夕，中国老区建设促进会王健会长请我为《全国革命老区县发展史》丛书作序，作为一名在老区战斗过并得到老区人民生死相助的老兵，回首往事，心潮澎湃，感慨万千，深感义不容辞，欣然应允。

中国革命老区，是以毛泽东为代表的中国共产党人在领导人民推翻帝国主义、封建主义和官僚资本主义三座大山，争取民族独立和人民解放伟大斗争中建立的革命根据地，在这片红色的土地上，诞生了无数可歌可泣的革命英雄儿女，为后人树起了一座不朽的丰碑。她是新中国的摇篮，是党和军队的根。

在艰苦卓绝的战争年代，老区人民把自己的命运与中华民族的命运紧紧地联系在一起，与中国共产党和人民军队的命运紧紧地联系在一起，他们生死相依，患难与共。我曾亲历过战争年代，并得到过老区红哥红嫂的救助，切身感受到发生在身边的一幕幕撼天动地的革命故事，在那极其艰难的条件下，老区人民倾其所有、破家支前，不怕艰难困苦，不怕流血牺牲。“最后一碗米送去做军粮，最后一尺布送去做军装，最后一件老棉袄盖在担架上，最后一个亲骨肉送去上战场”，这是当时伟大的老区人民为建立新中国做出巨大牺牲的真实写照，它将永远镌刻在中国共产党、中国人民解放军、中华人民共和国的历史丰碑上。他们的光辉业绩永载史册，他们的革命精神必将影响一代又一代的革命新人，造就一代又一代的民族脊梁。

在社会主义革命和建设时期，革命老区和老区人民响应党的号召，面对落后的面貌、脆弱的经济、恶劣的生态环境，他们本色不变，精神不丢，自力更生，艰苦奋斗，干一行爱一行。始终坚持“革命理想高于天”，自觉做共产主义远大理想的坚定信仰者和忠实实践者，勇于向恶劣的自然环境和贫穷落后宣战，他们在各条战线上为国建功立业，用平凡的双手创造了一个又一个不平凡的奇迹，彰显了老区人的崇高精神和人格力量。

在改革开放的伟大进程中，老区人民解放思想，勇于创新，发奋图强，攻坚克难，老区的经济社会建设取得了辉煌成就。特别是在改变中国的面貌、中华民族的面貌、中国人民的面貌、中国共产党的面貌的伟大实践中发挥了至关重要的作用。老区人民既是改革开放的参与者，也是改革开放的推动者。

艰苦练意志，危难见精神。老区人民在近百年的革命战争、社会主义建设和改革开放的伟大实践中，孕育形成了伟大的老区精神：爱党信党、坚定不移的理想信念；舍生忘死、无私奉献的博大胸怀；不屈不挠、敢于胜利的英雄气概；自强不息、艰苦奋斗的顽强斗志；求真务实、开拓创新的科学态度；鱼水情深、生死相依的光荣传统。这是党和人民宝贵的精神财富、丰厚的政治资源，是凝心聚力、振奋民族精神的重要法宝，也是社会主义核心价值观的重要内容。

中国老区建设促进会怀着强烈的政治责任感和历史使命感，组织全国各地老促会人员克服困难，尽心竭力编纂《全国革命老区县发展史》丛书，记录老区的光辉历史和辉煌成就，传承红色基因，弘扬老区精神，是功在当代，利及千秋的一件大事。手捧这部丛书的部分书稿，读着书中的故事，倍感亲切，深感这部丛书具有资政、育人、存史的社会功能，有着重要的时代和历史价值。它是不忘初心、牢记使命的源头活水，是赞颂共产党、讴歌老区人民的一部精品力作，是弘扬老区精神、传承红色记忆的丰厚载体，是一项继承优秀传统文化、弘扬革命文化、发展社会主义先进文化，坚定“四个自信”的宏大文化工程。它必将成为一种文化品牌，为各界人士了解老区宣传老区支持老区提供一部有价值的研究史料。希望读者朋友们能从中了解并牢记这些为党和民族的利益不断奉献的老区人民，从中得到教益，汲取人生奋斗的精神动力。

新时代赋予新使命，新起点开启新征程。让我们更加紧密地团结在以习近平同志为核心的党中央周围，坚持以习近平新时代中国特色社会主义思想为指导，增强“四个意识”，坚定“四个自信”，做到“两个维护”，弘扬老区精神，铭记苦难辉煌。为实现“两个一百年”奋斗目标，实现中华民族伟大复兴的中国梦做出新的更大的贡献！

迟浩田

2019 年4 月11 日

编写说明

2017年6月，中国老区建设促进会组织全国各地老促会启动编纂《全国革命老区县发展史》丛书，按照“建立中国共产党、成立中华人民共和国、推进改革开放和中国特色社会主义事业”三大里程碑的历史脉络，系统书写革命老区百年历史，深入挖掘革命老区红色文化资源，这对于充实丰富中国革命史籍宝库、在新时代传承红色基因、弘扬革命精神、强固根本，对于激励人们在新的历史条件下夺取中国特色社会主义伟大胜利，实现中华民族伟大复兴的中国梦具有重要意义。

丛书编纂以习近平新时代中国特色社会主义思想为指导，以《中国共产党历史》《中国共产党的九十年》等重要文献为基本依据，以党的领导为核心，以老区人民为主体，以老区发展为主线，体现历史进程特征，突出时代发展特色，坚持辩证唯物主义和历史唯物主义相统一、历史真实性与内容可读性相统一的原则，书写革命老区从站起来、富起来到强起来的光辉革命史、不懈奋斗史、辉煌成就史，把老区人民的伟大贡献、伟大创造、伟大成就、伟大精神充分展示出来，形成一部具有厚重历史特征和鲜明时代特色的精品力作。这是一部培根铸魂、守正创新，既为历史立言，又为时代服务，字里行间流淌着红色血脉、催生着革命激情的传世之作。丛书的编纂出版将成为讴歌党讴歌人民讴歌时代、传播红色文化、为革命老区和老区人民树碑立传的重要载体。丛书按照编年体与纪事本末体相结合、以编年体为主的编写体例确定框架结构；运用时经事纬、点面结合的方式记述史实；坚持人事结合、以事带人的原则处理人与事的关系；采取夹叙夹议、叙论结合以叙为主的方法展开内容。做到史料与史论、历史与现实、政治与学术统一，文献性、学术性、知识性相兼容。

为编纂好《全国革命老区县发展史》丛书，打造红色文化品牌，中国老区建设促进会认真组织积极协调，提出政治立场鲜明、史料真实准确、思想论述深刻、历史维度厚重、时代特色突出、编写体例规范、篇目布局合理、审读把关严格、出版制作精良的编纂出版总要求，力求达到革命史籍精品的精神高度、思想深度、知识广度、语言力度，增强丛书的权威性和社会影响力。各省（区、市）、市（州、盟）、县（市、区、旗）老促会的同志，以强烈的使命感、责任感和紧迫感，勇于担当，积极作为，认真实施，组织由老促会成员、专家学者等参加的十余万人编纂队伍。编纂工作主体责任在县，省、市组织协调、有力指导、审读把关。各方面人员以高度负责的精神和科学严谨的态度，满腔热情地投入工作，为丛书编纂出版做出了重要贡献。丛书编纂工作还得到了党和国家有关部委、地方各级党委政府及有关部门的大力支持和积极参与，社会各界也给予了热情帮助。中共中央政治局原委员、中央军委原副主席、原国务委员兼国防部长迟浩田上将，对老区人民怀有深厚感情，对革命老区建设发展十分关注，欣然为《全国革命老区县发展史》丛书作总序。

丛书由总册和1 599 部分册（每个革命老区县编纂1部分册）组成，共1 600 册。鉴于丛书所记述的史实内容多、时间跨度长和编纂时间紧，不妥之处，敬请批评指正。

中国老区建设促进会

目　录

序 言

“欲知大道，必先知史。”由市老促会编撰的《虎林市革命老区发展史》已付梓出版，全书共分十章，包括历史沿革、早期革命、抗日烽火、民主建政、社会主义建设等几大部分。该书以翔实的史料，清晰的脉络记录了虎林人民积极抗战、经济建设、改革开放等历史事件，是一部书写虎林大地沧桑巨变和虎林人民艰辛的革命史、卓越的建设史和辉煌的发展史力作。此书的出版，是对在这片热土上工作生活战斗过的英烈的深切缅怀，亦是对在这片热土上的开拓者、建设者的最好纪念，可谓意义深远。

这里是东北抗联志士浴血战斗的革命摇篮，第二次世界大战的终结地。虎林是抗日战争时期东北抗日主战场之一，抗联七军、四军、五军、抗日救国军活跃在这里英勇抗击日本侵略者。自1933年至抗战胜利，虎林人民的抗日斗争在党的领导下全面展开，成立了抗日救国会，为抗战输送兵员、建立密营，给抗联战士输送枪支弹药和大量粮食、药品、棉衣、油盐等物资，涌现了陈荣久、李学福、毕于民、周保中、李杜、崔石泉等大批英雄人物。在长达13年的艰苦抗战中，抗联将士血战三人班、激战黑嘴子、夜袭样子场、强攻西岗救劳工、全歼伪陶团等，与日本侵略者进行殊死搏斗，前仆后继，勇往直前，体现了不畏强暴的民族坚贞和崇高的爱国气节，谱写出一曲曲气贯山河的雄壮篇章。据统计，虎林抗联战士有1 000多人，这其中大多为国捐躯。抗联七军代军长景乐亭等8名师团以上抗联将士长眠于虎林。

1945年8月9日，苏联红军出兵攻打虎头要塞，激战至8月26日，苏军攻克要塞，全歼负隅顽抗的日军1 300余名，战争结束比日本宣布无条件投降整整延迟了11天。虎头要塞因此成为第二次世界大战终结地。

这里是建党建政最为巩固的红色根据地。1930年初，中共满洲省委即派人到虎林一带开展党的地下活动，1933年在虎林九牌（今东诚镇仁爱村）建立了第一个党支部，1934年成立中共虎林区委，1936年7月正式组建中共虎林县委。抗日战争胜利之后，虎林由于党的基础牢固，很快肃清敌伪势力，建立起人民政权，成为当时全东北53个县级红色根据地之中创建最早和最为巩固的根据地之一（被党和国家领导人陈云同志命名为孤岛红旗）。解放战争时期，虎林3 000多名青壮年报名参军，参加辽沈、平津、海南岛等战役，直到全国解放，有200多名壮士牺牲在战场上，共和国的旗帜上有他们血染的风采，其光辉业绩，彪炳史册。抗美援朝期间，虎林担架队跟随志愿军赴朝，在美军的炮火和空袭中不顾生命危险运送弹药、抢救伤员，有97人立功，授受了30多面锦旗，其中立大功者5人。

这里是珍宝岛精神发源地。1967年到1969年初，因中苏关系持续紧张，双方的巡逻队在珍宝岛地区流血冲突不断，1969年3月，震惊中外的珍宝岛自卫反击战在这里打响。英勇的守岛战士和虎林人民英勇顽强，不怕牺牲，寸土必争，打出了国威军威，用鲜血和生命捍卫了国家主权、民族尊严和领土完整，也让世界看到了一个面对强权决不低头，不屈不挠的新中国。71位英烈牺牲于此，孙玉国、孙征民、于庆阳、杨林等一批战斗英雄所表现出来的“一不怕苦、二不怕死”的珍宝岛精神也成为虎林人文精神的重要组成部分。

这里是北大荒精神发祥地。1955年，王震将军亲手在虎林八五〇农场点燃了军垦拓荒的第一把火。随着1958年大批复转官兵响应党和国家“屯垦戍边”号召，十万官兵陆续挺进北大荒，虎林成为军垦的大本营、垦荒队伍的集散地和垦荒主战场，相继建起了八五〇、八五四、八五六、八五八等一批“八”字头的农场。在自然条件极其恶劣的情况下，官兵们发扬“艰苦奋斗、勇于开拓、顾全大局、无私奉献”的北大荒精神，承受着难以想象的艰难困苦和挑战极限的繁重劳动，披荆斩棘，战天斗地，在极端恶劣的自然环境中，以前所未有的勇气和顽强的意志开发建设北大荒。1969年，3 000余名知青响应党中央上山下乡的号召，从祖国各地奔赴边陲虎林，义无反顾地把青春和热血融入了这片荒原。虎林当地干部群众与开发建设北大荒的复转官兵、上山下乡知识青年、支边青年一起，经过60年艰苦卓绝的奋斗，终于把亘古荒原变成了全国产粮大县，由昔日满目荒凉的“北大荒”，变为闻名遐迩的“北大仓”。

这里是一块充满了希望的土地。改革开放以来，虎林人民在市委的领导下，锐意改革、开拓进取，大力发展绿色农业，振兴二、三产业，因地制宜积极推进产业结构调整，使虎林经济不断迈上新台阶。2017年，全市生产总值达到141.5亿元，较1978年的1.02亿元增长137倍；社会消费品零售总额32.4亿元，较1978年的3 906万元增长81.8倍；城乡居民人均可支配收入24 705元和17 779元，较1990年的826元和778元分别增长了30倍和23倍。虎林大地政通人和、人民群众安居乐业。

掩卷沉思，心潮澎湃，抚今追昔，壮怀激烈。在这块红色的沃土上，抗日烽火曾熊熊燃烧，虎林人民威武不屈，为民族独立和解放进行了英勇抗争。时任中共虎林县委书记的李一平、徐凤山率领抗联志士英勇抗击日本侵略者，先后壮烈牺牲在虎林；抗联七军教导大队政委金品三牺牲后被日军残忍割下头颅示众；被服厂女战士许洪青阿布沁河畔悲壮沉婴救战友；虎饶游击队大队长张文偕掩护战友突围为国捐躯；爱国将领高玉山在中国共产党的影响下，高举义旗，组织起万余人的东北国民救国军，曾一度从日本侵略者手中解放出虎林、饶河、抚远三座县城，给侵略者以沉重打击……他们的英雄气概和献身精神，与山河同在，与日月同辉。英烈虽然已离我们远去，但他们的精神永存！

历史不会忘记，人民不会忘记，垦荒人的丰功伟绩早已镌刻在北大荒开发的历史丰碑上。王震将军曾在这里徒步踏察漫漫沼泽荒原，云山水库挑过土，穆棱河畔扶过犁；铁道兵8 505部队上校副师长余友清常年工作在垦荒一线，与战士们一道风餐露宿，爬冰卧雪，盖房舍，建仓库，深山伐木，荒原犁耕，以至于积劳成疾；八五〇农场垦荒战士王世德在穆棱河干渠施工中，为排除哑炮而壮烈牺牲……这些共和国的功臣们以一个普通劳动者的身份把艰苦奋斗精神传遍了大荒南北！这些拓荒人用他们的忠诚与坚韧，创造了世界垦荒史上的奇迹。当年的艰苦开拓已成为永不磨灭的印记，北大荒精神代代传承延续，垦荒精神永远熠熠生辉。

“前事不忘，后事之师。”光荣厚重的历史是前人艰辛奋斗给我们留下的一笔宝贵的精神财富，如今，站在新的历史起点上，千秋伟业恰如风华正茂。我们更应继承他们的光荣革命传统，进一步坚定理想信念，紧密团结在以习近平同志为核心的党中央周围，高举中国特色社会主义伟大旗帜，稳中求进，高质量发展，大力实施“生态强市，美丽虎林”发展战略，以更加奋发有为的精神状态，不忘初心、牢记使命，守正创新、逐梦前行，共建共享更加富裕、文明、美丽、和谐、幸福的美好家园，绘就新时代虎林更加璀璨的新画卷！

书成之际，借此向本书编撰及所有工作人员表示诚挚的谢意。

中共虎林市委书记 陈立新

2019年7月16日

第一章　虎林历史变迁

第一节　历史沿革

一、设治前的历史沿革

周、秦属肃慎。当时乌苏里江以东海滨均属我国内地。

两汉、三国、魏吾属挹娄。

南北朝属勿吉。

隋朝属室韦靺鞨号室部。

唐渤海国（713—926年）归安远府。

辽朝（926—1115年）归东京道五国部。

金朝（1115—1234年）归移马猛安，属速频（恤品）路。

元朝（1235—1368年）归辽阳行中书省水达达路阿速骨儿千户所。

明朝（1369—1644年）为木伦部。

明永乐五年（1407年）3月，明政府于乌苏里江流域设亦速里河卫，虎林地区属亦和速里河卫（乌苏里江前名）管辖。永乐八年（1410年）于今乌苏里江以东伊曼河流域设亦麻河卫，属奴儿干都使司亦麻河卫管辖。明万历三十七年（1611年），女真族领袖努尔哈赤的儿子阿巴秦来招服，属打牲部索伦部管辖。

万历四十四年（1616年），努尔哈赤称汗，建元天命，史称后金，称此地为尼满河。

天聪八年（1634年）至崇德五年（1640年），皇太极统一女真各部，此地为尼满部，将赫哲居民编为“依彻满洲”（新满洲之意）。

清代（1644—1911年）顺治元年（1644年）清王朝建立后，仍称尼满河。

顺治十年（1654年）属宁古塔昂帮章京。雍正九年（1731年）属三姓副都统。

咸丰九年（1859年）在呢吗口建卡伦，世传为“卡伦屯”。

咸丰十年（1860年）中俄签订不平等的《北京条约》，将乌苏里江以东划归俄国。呢吗地方由内地变为边境。内河乌苏里江成了界江。

光绪八年（1882年）属富克锦（今之富锦）协领。

光绪二十年（1894年），蜂蜜山荒务局派员分设呢吗口山海税务局，兼理民词与放荒。

光绪二十五年（1899年）属蜂蜜山招垦局。

光绪二十八年（1902年）在呢吗河口设招垦分局。

光绪三十三年（1907年）废将军，置行省，属吉林行省密山府所辖。

二、设治后的历史沿革

宣统元年（1909年）6月20日，吉林巡抚陈昭常奏请“密山府属呢吗口地方，设一分防同知”，此即呢吗厅。七月初二奉朱批批准，因厅同知未派，仍由呢吗口一带税务局兼交涉办理厅务。属吉林行省东北路道密山府。

宣统二年（1910年），因沿用呢吗口旧称与俄伊曼难分，而呢吗厅又在七虎林河之南，为“符名实，而垂久远”，陈昭常又于宣统二年（1910年）3月9日，奏请将呢吗厅改为虎林厅，4月18日奉旨批准。

民国2年（1913年）5月，改虎林厅为虎林县。撤销密山府，虎林县直属吉林省依兰道。民国18年（1929年）废道制，虎林县直辖于吉林省。

伪满大同二年（1933年）8月23日，伪满政府仍设虎林县，属伪吉林省。

伪满康德元年（1934年）12月，伪满洲国省制改革，虎林县划归伪滨江省所辖。

伪满康德四年（1937年）7月1日，属伪牡丹江省。伪满康德六年（1939年）6月1日，属伪东安省。伪满康德十年（1943年）10月1日，属伪东满总省东安区域。伪满康德十二年（1945年）5月28日，属伪东满省。

1945年8月17日，设立虎林县地方维持会，属合江省。

1945年9月1日，虎林县地方维持会改虎林县政府。群众称“李象山政府”（李象山是伪汉奸，原名李庆云）。

1945年11月，中共东安地工委派姚忠达任虎林县副县长。李象山政府的权力被我党领导的人民群众所掌握。李象山只是挂名县长。

1946年4月12日，划归绥宁省管辖。

1946年5月1日，李象山被人民政府公审枪毙后，姚忠达代理虎林县长。这时的政府才真正是我党领导下的县人民致府。

1946年6月，划归合江省东安地区领导。

1947年8月，划归牡丹江省东安地区领导。

1948年7月9日，划归合江省东安地区领导。

1949年4月，划归松江省领导。

1954年8月1日，划归黑龙江省领导。

1955年3月，改县人民政府为县人民委员会。1956年3月，划归黑龙江省牡丹江地区领导。1958年11月20日，虎林、饶河全县，宝清、密山部分、铁道兵农垦局（后改牡丹江农垦局），合并为虎饶县。

1962年2月28日，牡丹江农垦局与虎饶县分设。

1962年11月，划归黑龙江省合江地区领导。

1964年6月5日，撤销虎饶县，恢复虎林县、饶河县。

1967年9月30日，成立虎林县革命委员会。

1970年3月6日，划归牡丹江地区领导。

1980年11月29日，取消县革命委员会，恢复虎林县人民政府。

1983年9月，划归牡丹江市领导。

1993年8月，划归鸡西市领导。

1996年10月，撤销虎林县，改为虎林市。

三、虎林县名考

虎林，设治之前名呢吗口。

宣统元年（1909年）7月虎林设治，为呢吗厅。呢吗来源于呢吗河，满语意为山羊。呢吗河，清初为尼满河，就是现在虎头镇前汇入乌苏里江的伊曼河（俄方）。此河在1860年中俄《北京条约》签订之前为我国内河，后被不平等条约划给了沙皇俄国。

宣统二年（1910年）3月9日，《吉林巡抚陈昭常奏为吉林省添改民官各缺及添改双阳德惠两县折》文件中载："呢吗口本因俄国境内之呢吗河，西流汇于该处，顾有斯名。今设同知一缺，若仍循旧时称谓，深恐日久沿讹，国界未易分析。查该处本在七虎林河之南，拟请定为虎林厅，以符名实，而垂久运。此拟改定名称者二也。"七虎林河发源于本县境内西部之老龙背和老岗山。该河贯穿县内中部，水势颇盛，由西向东流入乌苏里江。七虎林满语本音稀忽林，意即“沙鸥”。忽林与虎林是同音异译，从此，呢吗厅改为虎林厅。1913年5月，改厅为县，称虎林县。

1958年，在密山、虎林、宝清、饶河4县建机械化国营农场，于当年11月，将虎林、饶河两县合并，经国务院批准，改名虎饶县。1964年10月10日，虎林、饶河分县，经国务院批准恢复虎林县的名称。

1996年虎林撤县建市，称虎林市，至今仍归鸡西市管辖。

第二节　虎林概述

虎林市位于祖国东北部，黑龙江省东部，境内70%土地被森林、草原、湿地、水域所覆盖。虎林市建有国家级珍宝岛湿地保护区，是国家级生态示范区、全国粮食生产先进市、全国绿色食品原料标准化生产基地示范市、全国基本农田保护工作先进单位、中国绿色稻米强市、国家重点木材基地、中国蜜蜂之乡。她以蜿蜒秀丽的乌苏里江、驰名中外的珍宝岛等名胜景区景点，进入中国优秀旅游城市行列。虎林市设有国家一类陆路客货口岸，是祖国边陲一颗璀璨的明珠。

一、地理资源

虎林市境西北以完达山支脉的老龙背、将军岭为界与宝清县接壤；东北至外七里沁河与饶河县交界；西南与密山市毗邻；东南以松阿察河、东部以乌苏里江为界与俄罗斯隔水相望。地处北纬45°23′34″—46°36′33″、东经132°11′35″—133°56′32″之间。市境中俄边境线长264公里。其中，乌苏里江段196公里，松阿察河段68公里，均为水界。市境东西横距120公里，南北纵距

130公里，总面积9 334平方公里。市治虎林镇西南距省会哈尔滨市736公里（铁路），距鸡西市181公里（铁路）。

1986年，虎林县行政区域辖4个街道办事处、5镇、12乡、134个行政村。2005年，乡（镇）合并后辖7镇5乡1个社区管理委员会。域内还驻有省属6个国有农场和两个森工林业局。1986年，全县总人口为270 391人。2000年11月，虎林市总人口达到311 509人最高值后，于2005年又下降到294 302人。其中，汉族人口占97%，少数民族人口占3%。境内少数民族由1990年的29个增加到2005年的34个。

虎林市属于寒温带大陆性季风气候。春季多风，易旱易涝；夏季短促，温热多雨；秋季降温迅速；冬季漫长，严寒干燥。年平均气温3.5℃，全年无霜期138天。年平均降水量546.6毫米。降水集中在7～9月份。年平均日照为2 331.4小时。

虎林市自然资源丰富，有1江27河467个泡沼，平均径流总量为10.63亿立方米。水资源总量19.5亿立方米，总水面24 323公顷。特产大马哈、“三花五罗”等名贵冷水鱼类38种。

境内有林地面积217 973公顷。其中市属林地48 579公顷。全市森林覆盖率23.66%。境内林木蓄积量1 873万立方米。其中市属422.7万立方米。树木种类有落叶松、樟子松、椴树、柞树、杨树、桦树等164种。其中，椴树、柞树、杨树分布广且90%为自然林。全市湿地面积146 036公顷，主要分布在乌苏里江、松阿察河左岸流域，穆棱河、七虎林河、阿布沁河下游等地。

野生动物有东北虎、鹿、熊等珍稀动物64种，各种鸟类120多种。药用植物有人参、刺五加、五味子等230余种，还有山野菜、野生浆果、食用菌、蜜源植物等。矿产资源有原煤、金、花岗岩等矿物19种。

2005年，全市耕地总面积298 512.6公顷。其中市属耕地

91 963.5公顷，主要种植水稻、小麦、大豆、玉米。水稻种植面积占总播种面积的47%，水稻产量占粮食总产量的71%。经济作物有油菜、烟叶、药材、果树及蔬菜瓜果等。

虎林市地域辽阔，土质肥沃，物产丰富，气候宜人，自然环境优越，有利于发展绿色农业。

二、农、林、牧、副、渔

1986—2018年，虎林县水稻种植业得到快速发展，农、林、牧、副、渔业协调发展，农民收入大幅提高。

1986年，全县总播种面积62万亩。其中，水稻播种面积12万亩，占总播种面积的19%；小麦播种面积19.7万亩，占总播种面积的31.7%；大豆播种面积19万亩，占总播种面积的36%；玉米播种面积9万亩，占总播种面积的14.5%。1990年以后，水稻面积进一步扩大，小麦播种面积越来越少。

2018年，全市总播种面积258万亩。其中，水稻播种面积扩大到154万亩，占总播种面积的60%。水稻产量80万吨，占粮食作物总产量的80%。虎林大米以其米质半透明、米粒清白、有光泽，蒸煮时可散发出浓郁的香味，口感绵软略黏香甜，适口性强，米饭表面有油光，凉后仍能保持良好的口感而享誉国内外。

虎林市在发展农业的同时，把畜牧业作为发展农村经济的一大支柱产业来培植。在加大畜牧业投入的同时，依靠全市畜牧科技人员积极推广、应用畜牧高新科学技术。2018年，全市奶牛存栏4 284头，是1986年的1.92倍；羊存栏10 375只，是1986年3.40倍。2018年，畜牧业产值76 455万元。（黄牛存栏5 700头，是1986年的0.81倍；羊存栏10 375只，是1986年的0.59倍）

1986年，全市农村经济总收入7 430万元。其中，农业收入4 805万元，占总收入的64.7%；林业收入31万元，占总收入的

0.4%；畜牧业收入78万元，占总收入的1%；渔业收入78万元，占总收入的1%。

2018年，全市农村经济总收入233 098万元，是1986年的31倍。其中，农业收入184 288万元，占总收入的79%；林业收入365万元，占总收入的0.15%；畜牧业收入8 275万元，占总收入的近3.5%；渔业收入695万元，占总收入的0.3%。

1986年，虎林县农民人均纯收入为501元，到1992年已经突破1 000元，达到1 110元，提高了一倍以上。2000年，全县农民人均纯收入提高到3 058元。2018年，农村居民人均可支配收入为19 165元。

虎林市把水利建设放在农田基础设施建设中的首要地位，重点实施兴修水库、打井灌溉、节水示范及防旱、防涝、防汛设施等工程和发展城乡自来水，加大河道与水土流失的治理力度。

1986—2018年，实施了七虎林河防洪除涝骨干工程、穆棱河下游治理工程、阿北灌区配套工程、七虎林涝区配套工程、石头河水库除险加固工程、西南岔水库除险加固工程、虎林市小（1）小（2）型水库除险加固工程、虎林灌区骨干工程、主要支流治理及中小河流治理工程、乌苏里江堤防工程、山洪灾害防治工程、水土保持工程及边境河流护岸工程等。全市灌溉面积达151万亩。

虎林市采取有效措施发展林业，保护森林，把封山育林和植树绿化当作保护生态环境、造福子孙万代的大事来抓。1997年，虎林市境内林业用地面积4 566 465亩。其中，林地面积3 269 595亩，灌木林面积24 855亩，四旁植树面积15 930亩，森林覆盖率23.66%。全市森林分别由市属、农垦、森工3家管辖。市属有林地面积728 685亩，森林覆盖率20.8%；农垦系统6个国有农场，有林地面积710 550亩，森林覆盖率10.6%；森工系统两个林业局，有林地面积1 830 360亩，森林覆盖率52.1%。截至2018年，全市地方林业经营面积127.9万亩，林业用地127.9万亩，有林地75.6万亩，森林覆盖率31.74%。

虎林市地域辽阔，森林茂密，天然资源植物丰富，是发展养蜂的最佳地区之一，主要饲养东北黑蜂。1989年，全县椴树蜜大丰收，蜂蜜收购量达600吨。2018年，全市饲养蜜蜂3.5万群，养蜂专业户500多户，年产蜂蜜1 000吨、蜂王浆3吨。虎林椴树蜜，液态时半透明，有光泽。鼻嗅气味芬芳，有浓郁的薄荷香味；口尝味道醇厚甘甜，清香适口。结晶后如白雪、如猪油、如奶酪，呈典型的细腻白色油脂状，口感独特，别有风味。早在100多年前的清朝时期，就有"黑龙江白蜜"之称，是当时贡蜜中的上品。虎林椴树蜜，纯度好，葡萄糖、果糖含量高。

第二章　虎林老区革命历程

第一节　早期革命

一、中国共产党领导下的革命活动（1933—1939）

虎林的中国共产党的组织，是由中共满洲省委饶河中心县委派人来发展的。

饶河中心县委办公地址在饶河三义屯。领导抚远、饶河、宝清、虎林四个县。书记朴文彬。

中共饶河中心县委派毕于民（又名刘镇东），在虎林沿江一带敌人统治薄弱的偏僻村屯，首先在九牌（现东诚镇仁爱村）、倒木沟（现吉祥口岸一带）等地开展建党工作。1933年4月，毕于民同志在九牌建立了第一个党支部。支部书记李蕴芳（又名李蕴芝），组织委员包立国，宣传委员于庆海。由饶河中心县委直接领导。

同年秋，毕于民同志在倒木沟又建立了党支部。支部书记韩玉阳，组织委员魏广海，宣传委员魏树深。

同年底，中共饶河中心县委增派徐凤山、李一平、金品三、金昌龙、黄太浩、申永新（女）、景乐亭、于华南等来虎林县四方林子、新民、西岗、兴隆、独木河、公司、小木河等地进行建党工作。

1934年3月，经中共饶河中心县委指示，成立了中共虎林区委。书记李一平，委员毕于民、金品三、金昌龙。区委办公地点设在马鞍山北约20里处。区委下属11个支部。

1936年3月，以饶河中心县委为基础改组为中共下江特委。特委机关设在饶河十八垧地。特委书记朴文彬，领导虎林、饶河、同江、富锦、绥滨等五县党组织。

1936年7月，虎林区委改为县委。办公地点仍在区委原来地址。领导腰营、虎林两个区委，当年发展党员36名。共有党员57名。县委书记徐凤山（1936—1938年），委员毕于民、金品三、金昌龙、李一平。

虎林城区区委书记李蕴芳，组织委员包立国，宣传委员于庆海，秘书邵君谋。所辖支部：四方林子，支部书记周锡祥；倒木沟，支部书记王书民；四道糜子，支部书记邹宝来；杨木岗，支部书记于润清；北大通，支部书记周洪亮；荒岗、圈泡子、虎林等支部。

1938年5月，下江特委本身及其所属组织屡遭敌伪破坏。部分基层组织陷于瘫痪状态，特委本身亦无法在敌区活动和实行对所属各地党组织的领导和联系。因此中共吉东省委于同年6月指示：下江特委暂停。改组成立东北抗联第七军特别委员会，从部队和地方党组织中选派执行委员6人，以原下江特委鲍林任特委书记。特委不驻固定地点，在军队后方，或随部队行动。七军特委负责领导军队和原下江特委所属虎林、饶河、抚远、宝清、富锦等各县地方组织，同时根据游击活动发展状况新创或重建地方组织，发展群众的抗日救国运动。同年八月下旬，根据吉东省委指示，组成四、五、七军下江临时党团（下江三人团），由季青任书记。

此时，虎林的党组织也被破坏。同年8月，虎林区委书记李蕴芳从四道糜子和北大通送伤员和抗联家属越境回来，被忠信屯的马存璞、赵恩俊抓进虎林县警察队，以通苏通共罪，蹲了3个月的监狱。李蕴芳同年11月被释放后，发现九牌支部还在，将区委的文件、党团员名册等装成一个箱子，埋到一棵树下。当年冬天，于庆海在傅家亮子发展了一名炊事员入党。这人是日本宪兵队的特务。由于其告密，在支部召开党员大会时，全体党员被捕，党组织遭到了破坏。

二、中共虎林县委员会的建立（1936年7月—1939年9月）

（一）县委领导机构及其领导人

1936年7月，中共虎林区委改为中共虎林县委，县委下辖两个区委，11个党支部，有党员57名。两个区委以穆棱河南北划界，穆棱河南为虎林区委，区委书记李蕴芳，组织委员包立国，宣传委员于庆海，秘书邵君谋。所辖支部：四方林子，支部书记周锡祥；倒木沟，支部书记王书民；四道糜子，支部书记邹宝来；杨木岗，支部书记于润清；北大通，支部书记周洪亮；荒岗、圈泡子、虎林等8个支部。穆棱河以北为腰营区委，区委领导成员及所辖支部情况不详。中共虎林县委驻地开始设在马鞍山沟，以后由于日本侵略军施行“归屯并村”政策，县委无固定驻地，即随部队活动。

1936年11月15日，东北抗日联军第七军成立后，县委委员毕于民被任命为七军副官长，负责筹划虎林地区抗日队伍的军需给养。1938年春，毕于民根据党的抗日统一战线政策，将“德胜”“七省”“中央”等山林队百余人，收编成立虎林独立团，领导独立团在马鞍山附近秃顶子建立抗联七军虎林办事处（即密营）。在密营里种了几十垧玉米，修盖了能容纳二三百人的房屋和前后炮台，作为抗联部队的后方基地。

1937年12月31日至1938年1月5日，中共吉东省委负责人周保中在饶河县十八垧地召开下江特委扩大会议。这次会议改派了下江特委和抗联七军党委派鲍林任下江特委书记，在鲍林未到职前，由张文清任临时工委主席。1938年3月，鲍林到饶河组成了下江特委。

1938年夏，李一平到密营，将虎林独立团改为补充团，由李一平任团长。

1938年9月，下江特委委员（七军政治部主任）郑鲁岩，以反对派性为由，擅自决定将虎林县委书记徐凤山、县委委员毕于民枪杀，使虎林县委工作瘫痪。1939年9月中旬，郑鲁岩因擅自处死毕于民、徐凤山、邹其昌、金昌海、贾端富而被开除党籍，在虎林县秃顶子密营停职反省时，被日军“讨伐队”掳去，在虎林西岗宪兵分队变节投敌，供出七军、五军一切组织情况和密营要地，并效忠日军带路进剿我抗联，破坏党支部，造成重大损失。郑鲁岩死心塌地效忠日军，充当伪东安省第十一军管区特务。各党支部听到消息后，便停止了党的活动。

中共虎林县委领导人

书　记	李一平	1936.7—1936.11
	徐凤山	1936.11—1938.9
委　员	毕于民	1936—1938.9
	李一平	1936.11—1938夏

（二）下级地方党组织及其领导人

中共虎林县虎林区委

书　　记	李蕴芝	1936.7—1939.9
组织委员	包立国	1936.7—1939.9
宣传委员	于庆海	1936.7—1938冬
秘　　书	邵君谋	1936.7—1939.9

虎林县党组织机构系列表

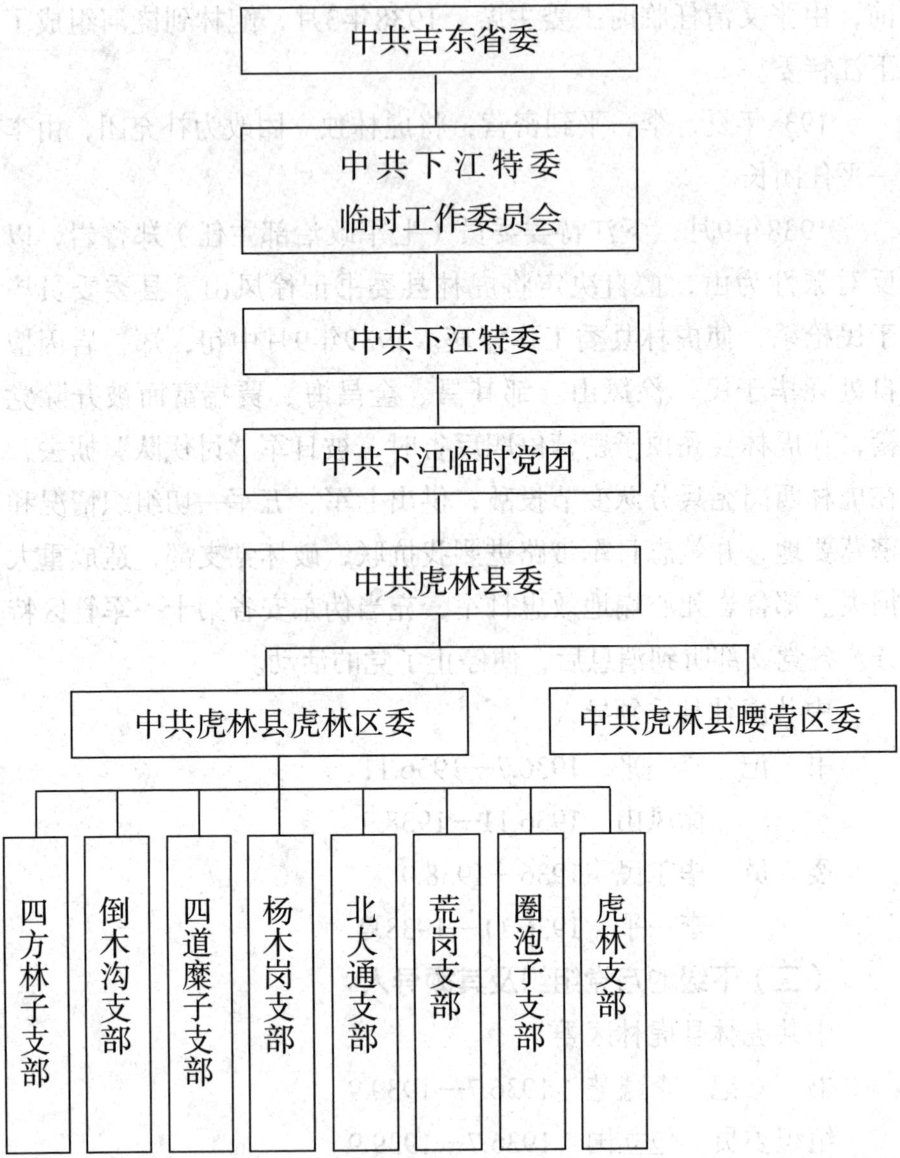

三、各抗日组织的成立和活动

虎林中共地下党组织建立之后，首先在群众中开展抗日宣传，激发广大群众抗日救国的政治觉悟，并先后在群众中成立了“反满抗日救国会”、“共产主义青年团组织”、“妇女救国会”。并通过这些进步组织扎实有效地开展反满抗日活动，使抗日队伍在群众的支持下，得以持久地坚持与日本侵略者进行顽强的斗争。

（一）成立抗日组织

1.建立反满抗日救国会

1933年8月，毕于民与李蕴芳在九牌建立了反满抗日救国会。借伪甲长初青山开村民大会为伪县公署摊派现款之机，登台宣传抗日救国道理，成立了反日会，当场募捐2 000元，由李蕴芳任会长。1935年毕于民和于华南在倒木沟阅江镇成立反日会，由杨吉庆任会长。1936年在四方林子建立反日会。1935年虎林县反满抗日救国会的会长由徐风山同志担任。

根据抗日军史资料二集105页记载：1932年4月20日，虎林反日会40多人，曾向保安队要粮食，要衣服。又据中共饶河中心县委报告载：虎林反日会发展了50多个会员。

2.建立共产主义青年团组织

1935年春，毕于民发展了8名青年团员，分布在九牌、十牌、忠诚等地，成立了九牌团支部，由刘广生任支部书记。同年在四方林子发展了9名团员，成立了团支部，由单立志任支部书记。同年5月，毕于民在十三甲（今新乐乡兴隆村）又发展许吉荣等5名团员。同年在三甲（今虎林镇西岗村），发展了团员，建立了团支部，由季连章任支部书记。

1936年，毕于民、于华南在倒木沟成立了团支部，由杨吉庆任支部书记。共青团虎林县委书记是黄太浩。1936年中共虎林县委成立后，由县委委员金昌龙领导团县委的工作。

3.建立妇女救国会

1933年10月，九牌（今东城镇仁爱村）成立了妇女救国会，由刘喜荣任主任。倒木沟阅江镇由徐李氏任主任。虎林县妇女救国会由申永新（朝鲜族）任主任。申永新在四方林子建立了四方林子妇女会，并到石青山做过妇女工作。

据刘喜荣回忆："1933年成立九牌妇女救国会，开始组织了7个人。主要是给革命军做衣服、鞋和旗帜、手帕。在手帕上绣着'坚决革命'四个字送给革命军。还为过路的革命军烧水做饭、通风报信、护理伤员、放哨监视敌人，等等。"

省妇联1981年编纂的《黑龙江妇女运动大事记》中记载："1936年7月，虎林、同江县组织妇女抗日救国青年团。虎林为欢迎抗日游击队，募捐制作了抗日战斗旗帜及日用品手巾、鞋、袜子等。"

（二）开展反满抗日宣传

1.开展抗日宣传

为了激发人民群众反满抗日的斗志，让抗日的烽火燃烧不息，当时各抗日组织的首要任务，就是冒着被捕杀头的危险，通过秘密演讲、传送进步刊物、上街贴标语、撒传单等形式，开展抗日宣传。

当时，四方林子共青团员李忠义，趁去虎林街卖桦子的机会，两次撒"打倒日本"、"共产党万岁"等内容的标语。倒木沟党员魏树深1935年在南街基撒有罢工、罢市、罢课为内容的各色印刷传单，被群众誉为孤胆英雄。

2.为革命军队筹集军需

党员、团员、反日会员带头为革命队伍向山上送粮、衣服、枪支、弹药、猪、菜、豆油等。一般是肩扛、车拉、爬犁送。只要一见山里来信，马上组织群众筹集粮食，千方百计把粮送到指定的地方。四方林子（今伟光乡太平村东北）党员单立志经常带二三十名群众，冒险向山上送粮。曲吉成（新乐乡新民村）回忆："山里的抗日部队经常来信要粮，我们十家每隔三天，最长十天就人工送一次。每回送时，从屯子里拉荒奔北去，过大莲泡河去富荣，到迎门顶子部队有人接。每次送三四百斤。夏天还送胶皮水袜子，冬天送乌拉、帽子、手电等。"张喜国（东诚镇三林村）回忆："我在三林住时，用爬犁向陶家屯（现伟光乡幸福村）、刘二姐林子（现伟光乡永胜村与幸福村之间的山林）给抗联送粮。即从三林开始，经过穆棱河桥、焉家大岭、永平、吉庆才到陶家屯，到那有人接。都是晚间送，路很窄，只能走两匹马。"七军副官潘能宽常从山里至复兴交通点陈某某家，把军装换下，打扮成行商模样，往来于倒木沟、九牌、忠诚、新民、四方林子、和气、黑嘴子、荒岗、兴隆之间，联系群众搞军需。从1936年到1938年，他每年平均为部队筹集胶皮袜子七八百双，腿绑七八百副，粮食十来爬犁（每爬犁十麻袋），还有布匹、棉花、药品、办公用品等。到年节还筹集大米、白面、猪肉及其他副食等。1937年8月13日，九牌团员张徐氏，接到抗联七军需要40套棉衣、40双乌拉的任务。她自己买布做了40套单衣，又买了40双乌拉。还和几家串联，凑了500元钱，买的棉花和布，做出了40套棉衣，派人送到部队。毕于民叫三甲团支书季连章为部队弄子弹，季连章便想方设法在伪军中、自卫团中买了800多粒子弹，交给毕于民同志。以后归了屯子，送军需很困难。就是这样，地方各组织也想方设法送到。有一次毕于民来信给倒木沟支书韩玉阳要粮，韩玉阳就和他大舅哥用送粪的车把粮食压在下面带到屯子外，交给部队的人。据原虎林县公安局长顾明轩回忆："我在任升五药铺当坐堂先生时，1936年夏，毕于民叫九牌夏景文带信给我叫准备药品。我把信烧掉后，就给他配了些七厘散带走了。因为以前在兴隆屯住时，毕于民常到那里搞抗日活动，他向我讲革命道理，给我《延安报》看，我便参加了地下活动。经理任升五对抗联支援过不少药品。毕于民还叫我在1937年农历正月十二去到抗联队伍里治病，同时带了两盒人参糖，在那里住了5天，正月十七才回来。”

3.侦察敌情、跑交通

倒木沟反日会员金连升，曾为毕于民作过两次侦察。一是到通化镇侦察伪军戡团来“讨伐”的兵力和来去的时间；二是戡团挪走时，又去侦察向别处去的日期。1938年7月初，毕于民、贾团长带300人去忠信逮捕作恶多端的南高丽，驻扎在九牌。九牌团支书刘广生即去接应并领侦察队去忠信，经过两小时，将南高丽抓到团部。清和养路工陈春树，经地下党李介臣介绍，于1937年3月从事地下党工作，搜集日本从虎林到虎头列车运兵情况、铁路警巡逻情况、附近警察和伪满军活动情况等，搜集后送交清和西山吴老疙瘩家。

毕于民在倒木沟设立了通讯联络站，传递文件、传单。到倒木沟后分四个点：树林子传到北大通，北大通传到小山，小山传到倒木沟，倒木沟传到亮子。据刘喜荣回忆：“在九牌可以直接看到由苏联转过来的延安报。”据兴隆宋义九讲：“桦树泡子张风亭是个联络站，经常叫我到他家看苏联过来的《巴黎时报》，从康德三年（1936年）看到康德五年（1938年）。”有一次，毕于民叫韩玉阳到小山去找一位朝鲜族人李某某拿一样东西，并告诉了接头暗号，取回一支手枪。后来桦树林子朝鲜人联络站被破坏，日军用6张爬犁拉走3家7人，全部投入到乌苏里江害死。倒木沟团员张树林，1938年在毕于民的领导下，扮作放马的小孩，向倒木沟北街警察署长刘日宣（地下党员）、小穆棱河富家亮子、孙洪志亮子传递信件。

4.接待、掩护革命队伍

凡革命队伍、地下工作者、伤病员路过，便由当地组织积极安排食宿、保证安全。七军司务长于仁芝两次来九牌团员张徐氏家。有一次，李象山带着伪警察从后面进屋了，这时于仁芝脱下皮袄递给张徐氏，她接到后觉得有手枪裹在里面，若无其事地放在一边，于仁芝递完就出门去了。这时李象山问，“刚才出去的人是谁？”张徐氏说是娘家兄弟，来串亲戚的，李象山听于仁芝说话的口音与张徐氏相似，就信以为真，坐一会儿就领人走了。四方林子（现伟光乡太平村东北）抗日救国会员单立志，1935年10月，中心县委派徐凤山、金昌龙侦察敌情住在他家中。第二天，金昌龙出去，徐凤山留在他家，当天午后，忽然发现敌“讨伐”队从远处向他家奔来。单立志忙将徐凤山隐藏在新挖的菜窖子里，在外面盖了些乱七八糟的东西。敌人端着刺刀气势汹汹地进了院，用刺刀比画着问单：“胡子的没有？”单立志从容不迫地答：“我不是坏人。”敌人照地窖打一枪，没发现什么，便呼啸而去，使徐凤山幸免于难，并安全完成任务。

单立志

1938年秋，毕于民队伍有一名伤员，交给了倒木沟妇女会员朱桂兰，朱桂兰与另一人做了一副担架，送过江去治疗。同时，队伍里的连长尚秋云等也负了伤，由虎林区委书记李蕴芳联系过江治疗。毕于民有次病了，三甲团支书季连章便留他在家看病，直到病愈。归屯子那年冬天，九牌团员单志才，为了地下工作者进屯方便，把拉粪的车赶出村外，回来时装满豆秸，让来的同志钻到里面掩护起来接到村里。据徐本义（新乐乡永平村）回忆：“1941年，抗联小分队单某某、石某某、李某某从江东过来，到永平村宣传革命道理，并说他们在永平西山树林里住，主要任务是侦察铁路沿线的兵营、仓库情况，并叫我画个通到牡丹江的铁路图。我花三百元找人画了出来。小分队工作了20多天后，任务完成返回，叫我给他们准备三背篼干粮，以作回归的途中吃。我把麻袋放在树林里，然后到虎林街零星地买了几次馒头，买一次送一次，整整买了一天才够数。我把馒头送给他们后，又送一程，给他们领路。”

5.组织人民群众参加革命队伍

1935年到1936年，动员九牌附近葛某某等20人参加革命队伍。1934年农历二月二十三，四方林子单立志、李忠义、梁广才、姜经阳、单有志等九人参加了七军三师七团保安连。单立志与单有志是哥俩，他们共同参加革命军队。1937年6月，郑鲁岩率队来虎林活动，经毕于民的动员，有1 000多人参加抗日队伍。1937年农历七月，九牌党支部动员忠诚、九牌杨相木等18名青年参加抗日队伍。1938年秋，清和车站养路工人陈春树和赵树珍夫妻二人，共同参加七军二师补充团。陈春树、单立志、李忠义、赵树珍、董六子等同志一直坚持到抗日战争胜利，并参加了社会主义建设。其中，单立志在全国解放后任三十九军一五二师卫生部政委，1958年5月转业到地方军垦农场任党委书记。离休前任辽宁省轻工业厅厅长（副省级待遇）。

单立志与著名抗联将领周保中（右）合影

6.破坏敌伪交通设施

1935年秋，倒木沟反日会员金连升、

宁芳文、宁芳武，在附近锯断了三根电话线杆，掐断电线，破坏了警备电话。九牌还组织群众拆屯子的围墙以及破坏敌人的道路。

第二节　虎林抗日烽火

一、“九一八”事变，日军侵占虎林

（一）政治压迫

1.建立伪政权、军警机构

日伪统治下的虎林伪政权，是日本侵略者镇压和剥削虎林人民的重要工具，其一切活动都是服从和服务于日本侵略军的。

（1）伪满虎林县公署的编制。

伪满康德元年（1934年）伪县公署，设县长1人，日本参事官1人，副参事官1人，参事官代理1人。伪县公署内设1科（总务科）3局（内务局、财政局、警务局）。下设了7区，共7个保、55个甲、524个牌。警务局下设7个警察署，分驻各区。警佐担任署长，另设有警察中队。警务局内设日本指导官。局长由警正担任。

1939年6月1日，取消保甲制，实行街、村制。全县设1街8村，设街、村公所，称街、村长。虎林街公所内设庶务课、行政课、财务课。课下设股，下辖7个区（实际是屯）。各村公所除村长外，设助理1人。内分庶务、行政、国兵民籍、财务四系。村下设屯公所、称屯长。

1939年9月以后，伪县公署开始由日本人任县长。署内设总务科、行政科、开拓科、建设局。

总务科下设：文书股、庶务股、弘报股、经理股、企划股。

行政科下设：财务股、保健股、文教股、劳务股、国兵民籍股、街村股。（保健股下设管烟所；劳务股下设马车组合；街村股管各街、村公所）

开拓科下设：开拓股、经济股、殖产股。（开拓股下设农事训练所）

（2）伪满时期，虎林县历任县长、参事官。

县长：乐绍奎（1933.3—1934.1）

参事官：隐岐太郎（1933.1—1933.3）

参事官代理：川田佐一郎（1934.1—1934.9）

县长：金国桢（1934.1—1939）

副参事官：岩永静雄（1934.4—1934.8）

参事官代理：大石义光（1934.10—1937.12）

副县长：高井虎雄（1938.3—1938.9）

县长：大濑户权次郎（1939—1942）

县长：岸水喜三郎（1941.3—1943.秋）

县长：岩奇丙午郎（1943.秋—1945.8）

2.伪满虎林县公署的政务活动

伪满虎林县公署的主要政务活动，是为日本侵略者的殖民地政策服务，进行户口大清理、征地、征粮、征兵、征税和对人民实施奴化教育，配合伪军、警、宪、特镇压反满抗日活动等。

其土地政策实行殖民者土地占有制。从1934年开始，收缴地照，每收一垧熟地给12元，荒地给2元。地照收去后，仍照原地耕种，一旦军队和开拓团用地时立即收回。农民耕种地照数的30%以内，不纳租。超过部分须向满洲株式会社纳租，每垧收一石粮，当年必须交齐。1936年左右，今西岗、太和、宝东、虎头、独木河一带成为军事区，又毁坏了大片土地。1937年和1938年日本第六次、第七次移民组建开拓团。两年内陆续占领了从虎林到虎头铁路两旁和太和以南及迎门顶子（今迎春）一带的土地，原有的农民全被赶走。

1938年左右又实行了并屯政策，将全县165个村并成了37个“集团部落”，使大片土地荒芜，变成了无人区。1943年，又把掠夺的土地卖给农民，重新发地照。据1945年满拓“买回调书”记载：在太和村的仁礼、兴隆、平原、良德、凉水泉子；和气村的和气、太平、四方林子、吉庆、康德、大同屯；虎林街的仙鹤区、辉崔等地，共卖给农民土地12 897垧（熟地9 056垧，荒地3 841垧），发地照1 074份。熟地垧收12.50元，荒地一垧收2元。买地者多是地主，如李象山和赵文德，各买49垧。

少数地主、富农占有大量土地，以雇长工或出租的方式进行剥削。每出租一垧地收大豆一石（每垧地产大豆4~5石）；有的三七收租，佃户留十分之七，地主得十分之三。

有些种移民团土地的佃户，种一垧地交纳一石粮租。清和第七次移民团的佃户，不管农忙农闲，只要团本部派工，就得撂下手中的农活去应差，而且是白干。

少地或无地的贫雇农生活极苦，特别在伪满时，时常被迫到外地去当“劳工”，有时种不上地，还得借高利贷。给地主当长工，主要靠微薄的实物工资或货币工资收入养活全家。1931年前，有两种形式：一是全年给6~7石大豆，也有给11~12石的；再是拨给三垧地，也有的给二垧，打粮归自己。1938年后，逐渐改为货币工资，一年给120~130元、150~160元、200元不等。致使广大贫农的生活是衣不遮体、食不果腹、住不保温、疾病缠身，生活日益贫困化。

（二）“殖民”统治

1.沦陷期虎林境内日伪军侵驻概况

“九一八”事变后，东北沦陷为日本帝国主义的殖民地。

1933年1月至1934年1月，日本关东军第十师团的密山支队曾先后三次攻入虎林县城。接着，伪满洲国吉林省警备骑兵第四旅和混成二十一旅分别驻守虎林县城，并将旅部由密山平阳镇移至虎头。

1938年后，虎林驻军改由日军为主。日本关东军先后组建了第四国境守备队和第十五国境守备队，驻守虎头要塞。为了适应关东军进攻苏联的计划，1939年又在虎林境内驻扎了日本关东军第十一师团。虎林成了日军对苏作战的主要军事基地。日军曾叫嚷拥有重兵10万，但是，随着日军在太平洋战争中的节节失利和南方战场的不断告急，到1945年8月，日军在虎林境内的第十一师团的数万兵员，绝大多数均已调出，许多军营已成空壳。不可一世的日本关东军已成丧家之犬，惶惶不可终日。现按当时的年代顺序，将侵驻虎林的日伪军概况简要予以介绍：

2.日本关东军第10师团三次侵入虎林县城

1933年1月4日，驻扎在穆棱的日本关东军第十师团长广濑寿助（中将）指使其部下密山支队队长人见顺士（大佐）率步兵第十联队主力（相当于团）和步兵第二十联队第一大队（相当于营）、野炮兵第十联队第三大队、工兵小队，及关东军野战汽车队，共乘50多辆卡车，从下城子出发，直奔密山、虎林，追击抗日将领李杜所率的抗日部队。1月6日，日军占领了密山。1月8日，人见顺士除留少部分官兵占据密山外，大部主力继续向虎林追击。当日上午11时到达虎林大青山，被俘的28名李杜部下，除一人逃脱外，其余全被日军用机枪射死。1月9日中午，人见顺士率兵侵入虎林县城（虎头）。而李杜已于当日上午带人马越过乌苏里江进入苏境。人见顺士是首批侵入虎林的日本关东军。他利用6天时间重新安排伪县公署人员，后返回密山。

1933年7月，高玉山率领东北国民救国军攻克黑嘴子。8月23日，日本关东军第十师团密山支队司令松田（大佐）及大队长前田（少佐），又带领一个半中队的日本关东军及1 000名伪军侵入虎林县城。高玉山率部撤至独木河山里。松田等于8月28日返回密山。

1934年1月28日，高玉山率部再次攻入虎林县城，眼见胜利在望，而日本关东军寻达明幸军团又从后路赶来支援。高玉山内外受敌，伤亡惨重，撤出城外。日军将被俘的41名救国军杀害在乌苏里江边。这是日本关东军第十师团第三次侵入虎林县城。

3.伪满洲军驻扎虎林简况

1933年，驻密山平阳镇伪吉林省警备骑兵第四旅王振升团入侵黑嘴子（今虎林城），不久撤回平阳镇。

1933年6月，伪吉林省警备骑兵又派团长陶冶（又称陶团）率部侵占黑嘴子。当年7月，高玉山攻打黑嘴子时将陶冶击毙。

1933年8月，吉林省警备骑兵第四旅十四团，团长阎成珠和补充团团长张云阁驻扎虎林县城。

1934年1月，吉林省警备骑兵第四旅侵占虎林县城，旅部设在城内，旅长郭宝山（少将）。

1934年8月第四旅调走，调换伪混成二十一旅把守虎林城，旅长徐海（少将）。这一时期是伪军占据虎林。日本在黑嘴子只有一个铁道独立守备队，仅20名官兵。

4.日本关东军驻屯虎林概况

1938年以后，随着日军侵略野心的扩展，开始将虎头作为进攻苏联的桥头堡，县城遂由虎林迁至黑嘴子，因此虎林全境成了屯扎重兵的军事基地。

（1）满洲第四、第十五国境守备队。

日本关东军为了据守中苏边境的地下要塞，组编了许多国境守备队。1938年3月14日，在虎头驻守了满洲第四国境守备队，称满洲第三十一部队，司令官为仓茂周藏少将。整个守备队为满洲九四八部队，下辖步兵队、炮兵队、工兵队3个联队。1938年12月25日改编后，下辖3个地区队和炮兵队、工兵队，共4个联队，1个大队。第一地区队通称满洲三九五部队，第二地区队通称满洲五〇六部队，第三地区队通称满洲第六十七部队。总兵力最多为12 000人，最少时为8 000人。仓茂周藏1939年调走，早渕四郎任司令官（少将军衔）。1941年初早渕调走，仓林公任司令官（少将）。1942年仓林调走，秋草俊任司令官（少将）。1945年2月秋草调哈尔滨。当年3月22日，关东军成立一二二师团，第四国境守备队主力编入该师团司令部，调往掖河（今宁安市）。第一地区队主力编入该团第二六五联队，也调掖河。第二地区队主力编入该师团第二六六联队，调往穆棱。第三地区队之一部编入该师团第二六七联队，调往桦林。炮兵队主力编入野炮兵第一二四联队。工兵队主力编入工兵第二联队。第四国境守备队建制由此撤销。

满洲第十五国境守备队，建于1945年7月20日，以原第四国境守备队第三地区队之余部为主力，通称满洲第九四八部队。守备队长由原第四国境守备队第三地区队长西胁武大佐担任。下辖步兵队、炮兵队、工兵队，人员1 400名。1945年8月9日，苏军解放虎头战斗时，因西胁武去掖河第五军部开会，由炮兵队长大木正（大尉）代理第十五国境守备队长。当月26日，该守备队被苏军全部歼灭。

（2）关东军铁道独立守备队。

1934年12月21日，一伙日军进驻黑嘴子，称满铁独立警备队，仅20人，后改为关东军铁道守备队。1939年，兵力增到一个中队，有100多人。驻地在今虎林石油机械厂院内。

（3）关东军第十一师团。

1939年在虎林、西岗、太和、宝东建起了大批营房。当年

11月，关东军第十一师团驻屯于上列地区。师团司令部设在现西岗齿轮厂处，对外称满洲四一〇部队，师团长为牛岛满（少将），也叫牛岛部队。牛岛满1939年11月27日任职，1941年调走，调走时为中将。继任师团长鹰森孝（中将），1945年4月7日调走。师团长改任大野广一（中将）。师团司令部警卫队长为岗野（中尉），共有160余人，装备为每人一匹军马，一支三八马枪，一把战刀。

关东军第十一师团下辖6个联队，分别驻扎在宝东、太和、西岗、虎林一带。

①日本关东军第十一师团在宝东附近的驻屯情况。

步兵十二联队（团的建制），通称满洲第九六三部队，又称石野部队，于1939年10月进驻宝东，即现在宝山村处。这个大队是步兵团，约有2 000人，共14个连队，一个团部，部队长官为上校。营区占地面积500~600亩，共有50多栋营房，建于1939年春，10月份交付使用。

骑兵联队，驻宝东。部队通称为满洲五十二部队，军事长官为上校衔，有700~800名骑兵。拥有军马近1 000匹。当时群众称二号部队，有营房15栋（不包括马厩），占地面积500余亩（马场占地200余亩）。

陆军医院，位于现宝山村西200米处，群众称之为三号部队。有日军医务人员100余人。可接受伤员300~400人。医务人员大部为少尉军官。设有手术室和病人隔离室、消毒室等，有4栋并联的房舍，占地面积150亩左右。

日军在现宝兴村和宝东粮库职工住宅区一带，建有日军军官宿舍50余栋，每栋12间。

现宝东乡医院所在地，当时是日军的酒保，可放电影，占地400多平方米。

宝东乡南山一带有一“安腾窑业”，共有1 000余名烧窑工，全部是从丹东抓来的劳工，专门为日本关东军建造营房烧制砖、瓦。共有3座窑，山东坡1座，山西坡2座。

②日本关东军第十一师团在太和附近驻屯情况。

原太山中学后200米处，是原日本高射炮部队，通称满洲二五一部队。有高炮70余门，日军500余人。1942年调此驻防，1944年调往他处。部队住处为临时搭建板房。

现太和小学院后，驻有一支坦克部队，为一个营的建制，称高泽部队，在演习中见有20—30辆坦克。1941年驻扎太和，1944年调离。

现太山村东及联义村公路东，当时有5栋营房，是日军冈田部队，人数不多，主要任务是生产、供应军马掌和马掌钉。

现联义村所在地是辎重联队，称前田部队，前田为中校，代号为满洲九三〇部队。前田1942年死亡，接任者为上校。该部有日军2 000余人，1940年进驻。营区占地面积1 000余亩。

现联义村所在地还有一支大河源骑兵部队（在前田部队东侧），有说为满洲一五〇部队。有马数百匹，营房于1939年建成，占地面积5 000余平方米。

现太和铁路南是军用飞机场，是1936年3月开始建造的，有两条跑道，每条长1 500米，有5个小汽油库。另在杨岗镇富国村和虎头镇附近也各建有一个飞机场。

③日本关东军在西岗驻守情况。

西岗东坡有日本军官宿舍50余栋，还有日军西岗军人会馆、酒保等。

现西岗齿轮厂西北700米处，有一骡马炮兵部队，称河野部队（校官），代号“21”，营房占地面积1 000余亩，同时还设有马场、仓库等。

西岗齿轮厂东200米处，是日本关东军西岗宪兵队，宪兵队队长叫卡士道桑，有宪兵160余人。

现西岗联合加工厂所在地是关东军的一个陆军医院，有医务人员100余人。

原西岗火车站南是日军的一个会馆，专供日军吃喝玩乐和购买日常生活用品。

④日本关东军在虎林城内驻守情况。

现虎林镇西北郊苗圃一带，是日本关东军第十一师团的步兵第四十三联队，通称为满洲七一二部队，也叫青山部队。部队长青山为上校军衔，是团的建制，有日军2 000余人，有马2 000多匹。共有营房24栋，马厩23栋，占地面积为37 500平方米。日军把喂马的饲草都堆放在室内，败退时全部烧毁。

现虎林人民医院所在地，是当时日本的陆军医院。

日本关东军特务机关，在现市邮政局大楼北侧。院内有一口水井，日本投降前特务机关把三四麻袋日伪档案扔于井内，并压上石头，后被打捞出来，整理后交送省公安厅。

现虎林粮库及木材公司区域内，是日本关东军军需仓库，库内储藏有大米、白面、小米、高粱米、饼干、罐头、烟酒、服装、水壶、饭盒、蔬菜、自行车、煤炭、豆饼、谷草等大量物资，占地面积约500~600亩。这些物资大部被苏军运走，并放火烧毁一部分。

日本关东军的另一座高级服装仓库，位于现烈士墓北端。库内储藏全是日本军官黄呢子制服，另外还有毛衣、毛裤、棉大衣、丝棉棉被、白棉线桶袜子、大头鞋、单皮鞋等物资。全被苏军运走，仓库被烧毁。

日本关东军在现耕农村东坡原瓦厂所在处，驻有长友部队。这支部队是日军的后勤供应部队。在该部队附近的山洞里储存有炮弹、炸药等物。当时建有大片营区。

日本关东军第十一师团，在1945年前，已先后被秘密调走，所剩寥寥无几。苏军进攻虎林时，他们纵火焚毁部分营房和仓库，仓皇而逃。

（三）日军在虎林的暴行

“九一八”事变后，我东北三千万同胞处于日军铁蹄的蹂躏之下，生活在水深火热之中，长达14年之久。日军侵占虎林地区虽晚了两年，但历时也有12年，对虎林广大人民群众施行惨无人道和灭绝人性的镇压和暴行，其用心之险恶，手段之残暴，是古今中外少有的。

1.日军侵占虎林后，加紧组织伪政权和军警、宪特机构，实施武力统治

1933年日军侵占虎林后，立即网罗一批虎林的叛徒、败类乐绍奎、孟德山、李象山等，组织伪县公署、伪警务局、警察大队，实行对虎林人民的政权统治和政治镇压。它迫不及待地根据统治朝鲜和台湾的经验教训，出台公布了《治安警察法》、《保甲法》、《连坐法》和《暂行武器取缔法》，企图用“法律”手段把虎林人民的行动束缚起来，阻止人民的抗日斗争活动。日本侵略者开始把全县划为7个区，165个村。接着，又推行《保甲法》，进行户口大清查，将全县划为7个保，55个甲，524个牌。保长全由伪治安部大臣大汉奸于芷山委任。特别恶毒的是，《连坐法》规定：“一家出现扰乱治安犯，全保、甲、牌各户一体，都处以极刑。”

日军为了更加严密地控制虎林人民的活动，1936年开始实行“集团部落制”，把国境线上抗日部队易于活动的零散居民点的房屋全部烧光，驱赶群众统一住在用土堡子筑的一丈多高的土围子内，并圈铁丝网，挖围沟，由伪警察与伪自卫团昼夜站岗。居

民出入时，必须出示《居民证明书》。3年内，全县共建成37个“集团部落”，焚毁了165个村屯，妄图以此断绝群众与抗联的联系，把抗日部队困死在山林中。

为了严加控制人民的活动，至1938年，伪满洲国又制定了《国境警察队官制》，将虎林县伪警察系统改编为国境警察队。至1939年，伪县公署内取消警务科（局），设立了国境警察队（即县本队），虎头设警察分队1处，中队3处，小队15处，几乎分布于全县城乡各个角落。不但从警察本队到小队的头目全由日本人担任，而且伪警官中有大量日本人充任。这样，县级以下的伪警系统，不受伪县公署管辖，直接由省警务厅管辖指挥，加大了对人民群众长期控制与镇压的力度。

在东北日军统治中心——伪满洲国首府新京（长春），有三大特务系统：一是警察特务系统。各级警察机构下设特务科、系、股和专人。在虎林县随着伪警察机构的建立，特务人员亦遍及城乡各地；二是日本关东军宪兵司令部系统。它设有本队、分队、驻在所，亦遍及城乡各地。在虎林设有西岗宪兵分队，在虎头设有宪兵分遣队；三是由日本关东军参谋长直接指挥的“保安局”（特务机关）系统。这是一个完全秘密活动的特务组织，在虎林县城设有庞大特务机关。还有另成系统的铁路警察队特务股，其特务分子亦分布在沿铁路线的各村屯。这些特务机构都收罗一批大小特务分子，猖狂地进行公开或秘密罪恶活动。据粗略统计，仅一个村屯大小特务就有3至5人之多。所有特务机构都设有大小不等的监狱。

日伪协和会是日军统治我东北人民御用辅助工具。它的作用是欺骗、愚弄人们相信日军的侵略政策，专门宣传什么“王道乐土”、“日满一德一心”、“防止赤化”、“建立大东亚共荣圈”等，控制人们的意识形态，让人们死心塌地为其侵略政策服务，甘心充当“亡国奴”。在虎林县，由大汉奸李象山充任县协和会会长，分会长由各村伪村长充任，吸收一些所谓有“身份”的人参加作为会员。

以上日本侵略者在虎林县设置的伪政权和军、警、宪、特等机构和团体，干尽了统治、压迫、欺骗、屠杀的坏事，对虎林人民犯下了滔天罪行。

2.日军在虎林极力推行“胡萝卜加大棒”的镇压惨杀与宣抚“刚柔相济”的暴力政策

日本关东侵略军在虎林每占领一处，就立即向边远地区派出以日军宪兵为主，并有日军士兵以及携带机枪、狼狗、汉奸、特务、翻译等，并握有生杀权的所谓“宣抚班”（每班10到20人左右）。到了农村即强行召集群众集会，叫嚣宣讲“日满一德一心”、“王道乐土”、“防止赤化”等一些宣传奴化的鬼话。要老百姓服服帖帖受其统治，不准反抗。“宣抚班”如发现稍有反抗迹象的群众，可就地枪杀。

1934年春，在虎林县北部的小木河一带就以“宣抚班”的活动烧掉民房20多栋，枪杀老百姓3人。全县仅“宣抚班”就烧掉或拆掉民房300余间，枪杀无辜群众近百人，被打的群众数百人。

日本侵略者动用军、警、宪、特血腥镇压虎林人民的暴行更是惨不忍睹。军、警、宪、特的各级机关都设有大小不等的监狱、拘留所和刑讯室，其中最大的虎林警察本部和西岗宪兵队监狱，皆可容纳200余人。被捕人员受到各种残暴的酷刑，有吊打、火烤、坐“老虎凳”、灌辣椒水、过电、装麻袋摔、烙铁烙、竹尖刺、夹枪弹、狼狗咬等，十有八九在酷刑中致死致残。日军统治虎林长达12年之久，据不完全统计，全县各地通过“治安正肃”“大检举”“大搜捕”行动被抓的就有4 000多人，其中大多数为“政治犯”“思想犯”。这些“犯人”重则投入监狱，轻则送往鸡西“娇正院”（煤矿）强制劳动（实则矫正中国人民的反抗思想和行为，并集中起来受日本垄断资本集团无偿盘剥）。在这些先后被抓的“政治犯”“思想犯”中，就有“倒木沟事件”、“独木河顾家屯顾大爷事件”、“义和三义堂王永发事件”、“小木河张旭武、孙正藻事件”、“虎头腰营黄泥河子张学奎事件”，还有大量单人被抓的“政治犯”“思想犯”。这些“犯人”中，先后被残害、屠杀致死者就达1 000余人。其中“影响”最大的是“小木河张旭武、孙正藻”事件，在居住仅有80余户人家的小木河村，由于叛徒的出卖，在1940年春日军一次就以“通匪（抗联）”、“通苏”为名被抓的“政治犯”60余人，成批被杀害的有26人。最近，在哈尔滨市敌档中发现各地日本宪兵队向七三一部队输送搞细菌试验的人员中，就有在虎林县虎头被抓的反满抗日分子苏介臣等10多人。另在义和村有位名叫张大臣的居民，因其名字“犯忌”，也被无辜地以“政治犯”抓进了监狱，真是惨无人道。

那时，在虎林城乡一些商店、饭店、旅店等公共场所里到处都张贴“莫谈国事”的标语，人们整天提心吊胆地过日子，整个虎林都成为阴森恐怖的大“集中营”。

作为镇压虎林人民的“工具”——日伪军、政、警、宪、特机关中一些汉奸等民族败类分子，在民间到处横行霸道，无恶不作。在宝东、太和、虎林、虎头、小木河等地，人们几乎每天都能看见日伪军、警、宪、特分子毒打无辜群众的场面；这帮家伙看到谁家的妇女长得漂亮点，就以软硬皆施的一切手段霸占到手；他们的大婆、小婆一大帮，整天混在花天酒地里；妇女被强奸致死的事件屡有发生，如：1941年在小木河村有一少女在野外被一个伪警察奸污之后，又将其扔到河里淹死；他们敲诈勒索，

“打粳米，骂白面”，夺取民间钱物。如桦树村一个无恶不作的特务分子，在一户农民家里“熊吃熊喝”后，嫌人家招待不周，竟向人家锅里撒尿。他们的罪行累累，处于水深火热之中的虎林老百姓，真是暗夜沉沉，不见天日。

3.日军在经济上对虎林人民实行残酷压榨和暴力盘剥，使广大劳动人民过着“食不果腹，衣不遮体，朝不保夕”的牛马不如的非人生活

虎林县从地理位置来看，地处兴凯湖和穆棱河下游，乌苏里江中游右岸的冲积平原，因此，土地肥沃，渔猎资源极为丰富。远在19世纪以前，沿江河两岸就有少数赫哲族同胞从事渔猎生产。到了19世纪末至20世纪初，也就是“清末民初”之年，由于旧中国政府推行积极的“放荒”开发政策，吸引了山东、河北和东北南部的贫苦农民陆续到此丘陵漫岗地带开荒种地，在生产关系没有产生大的变化情况下，大量的是自耕农。截至1933年，来虎林开荒种地的农民达2 000余户，开垦出荒地13 000多垧。

1933年，日军侵占虎林之后，情况则大变，特别是1936年以后，日军把这里划为沿江国境线军事区、“匪患”活动军事区、军事要塞征用区、“集团部落”归并区，把这些地区的土地全部“缴照出境”。把沿江河一带的倒木沟、荒岗、小木河、大木河、公司、黄泥河子、腰营，完达山南麓的迎门顶子、炮手营、马鞍山以及西岗、联义、太山、石青山、关门砬子、虎头、西山等村村民全部被强行撵到铁路沿线和大莲泡河沿岸一带，致使这些农民原来耕种的土地全部撂荒。殖民垄断资本集团——满洲拓殖株式会社管辖的六人班、富国、爱民和庆丰、联众一带，更强行将虎林农民的土地划给日本开拓团或廉价卖予日本开拓团，否则即实行暴力，将虎林农民就地赶走，致使虎林农民的耕地，由1933年的13 000垧，到1943年锐减到不足60垧。清和一带所剩的

农民自耕地，其中60%以上又掌握在那些汉奸、特务手中。他们倚仗日本人的权势，“跑马占荒”而发展成大、小地主和富农。他们趁机以高昂的租金租给那些失去土地的农民耕种，用更加残酷的手段盘剥广大贫苦农民。

“七七”事变后，特别是太平洋战争爆发后，日军为了战时需要，更加疯狂地大肆掠夺东北农业资源和工农产品。他们成立了满洲兴农合作社，强迫农民缴纳“出荷粮”，领回微乎其微的售粮款。而一趟趟满载粮食和木材的列车运往日本、中国关内或南洋群岛等地，以满足其侵略战争需要。迫使虎林县一些农民“入不敷出”，生活极端贫困，过着牛马不如的悲惨生活。

4.被日伪残暴统治的虎头镇

地处乌苏里江畔的虎头镇，原是虎林县城所在地。在民国年间，这里有下通哈尔滨和上通密山龙王庙的定期客货轮船。本县和宝清、密山的部分农副产品都由公路集中运送于此，然后运往哈埠。而外地的工业品也由虎头镇码头输送到以上各地。因此，这里也是一个水路要冲之地。每年的5月10日为开航期。从下水捞到南江沿和黄泥河口散居着渔、农兼营户，在虎头镇周围的黄泥河、腰营、西偏脸子、后山一带，还有星散的农户。江边有清朝雍正年间修建的关帝庙。

自从1933年日军铁蹄践踏以来，虎头镇人口逐年减少，各业各行十分萧条，田园荒芜，啼饥号寒，人民处于水深火热之中。日军侵入之后，就实行了保甲制。除在镇内驻有县公署、警察署外，还设了保甲所，对镇内进行政治统治。规定十家连坐：即其中一户“犯法”（指抗日活动），其余九家受株连。轻则罚款，定为“犯罪嫌疑”，重则被捕入狱，甚至问成死罪。

为了武装镇压抗日救国军，日军在镇内驻守了两个团的伪军，受日本军官组成的顾问处辖制。

1934年夏，为了进一步镇压抗日武装，伪吉林省警备骑兵第四旅部设于虎头镇，专门指挥手下的伪军“讨伐”抗日游击队。同年8月，伪军混成二十一旅与骑兵四旅换防，旅部仍设在虎头镇。

1936年，虎林县划为国境第一线，令虎头镇16岁以上的男女居民，领取居住证明书，规定出门携带。如关东军、宪兵队、警察队查验时掏不出来，就抓进监狱，或立遭杀身之祸。凡离镇外出，一律持证明书到警察署签字，方能外出。外出乘船坐车，上下都要受检查。车、船中设有宪兵、路乘专事检查。1937年，林口至虎头的铁路通车。从虎头一上火车后，车窗即有红窗帘遮挡，不准旅客向外看，同时，一上车即收缴居住证明书，直到下车前才发还本人。

1938年，日军实行所谓“强化治安”，并村归屯。将虎头镇附近的散居农户，限期搬进新修成的腰营、朴实（黄泥河子）两个屯，叫“集团部落”。部落四周，深沟高垒，出入围墙大门，均受警察与自卫团的检查，并规定天黑前必须返回屯里。如到时不归，就认为私通抗日联军，进行追查。在江边住的居民，全被限期驱赶到镇里和两个“集团部落”之中。虎头镇临江的一趟街全部被撵走，然后推倒了数以百间的门市房与居民住屋。1941年，虎头镇仅剩下的朴实屯与腰营屯，居民们又限期被撵到虎林（黑嘴子）以西的兴亚屯（今虎林市宝东镇兴华村）。

1938年7月，县城由虎头镇迁到现在的虎林县城。虎头镇伪军第二十一旅旅部也迁至虎林县城。替代统治虎头镇的是守卫虎头地下要塞的关东军第四国境守备队，兵力1个旅，司令少将衔。

1939年，伪政府取消了保甲制，实行了街、村制，虎头镇设了村公所，负责派劳工、要国兵、收苛捐杂税，等等。搬运工人宋风瑞，被派当劳工去鸡西挖煤，砸死在矿井内，撇下妻儿无法生活。对挑国兵不合格的青年，实行了“勤劳奉仕”制度。即每年在县集合，编成一个中队，以军事的组织形式到外地修水稻田，修公路，不给任何报酬，干3年。从早3点起床，一直干到午后5点才收工，9点才让睡觉。从1943年以来，虎头的青年，不适合当国兵的每年都有七八人去服这种苦役。将原来的警察署改为警察队，对虎头镇人民进行残酷统治。

1939年的一天，日本关东军第四国境守备队的士兵们坐在载重汽车上，从虎头火车站，经北门外到西大沟，边行边撒红土，在车后面留下一条长长的红线。将红线以北，划为军事禁区，叫“红线里”。命令居民，不准进入红线里，谁要不听，打死勿论。就在这年，有两名居民事先不知，照旧去北门外割草，刚接近红线，就被端着刺刀的日本守备队的岗哨挑死。在临江的关帝庙前，贴着第四国境守备队司令官的告示，规定日落后，不准居民到江边，违者打死勿论。在南江沿，钉上了一排等距相称的木桩，上面拉着几层铁刺线，刺线上挂着空罐头盒，以做障碍。渔民入江打鱼，要穿上统一做的红坎肩，上有号码，先到伪警察队领钥匙，然后才能去江边开自己的船入江。捕鱼时，只准低头溜钩，不准向对岸张望。日落前必须归岸，如稍一晚归，即受到警察队的盘查。归岸后将船上锁，把钥匙交给警察队，第二天入江还得再去领取。江边陡崖之上，设有第四国境守备队监视哨，机枪对着江中，用望远镜监视。江面上，有伪江上军驻虎头办事处的数艘炮艇往来游弋，封锁江面。街内有五人一组的日本军，扛着上了刺刀的枪，往来巡逻。旅店、饭店，张贴着“莫谈国政”的红纸条。关东军经常领着其属下的宪兵、伪警察，深夜闯入各居民家，查证明书，翻箱倒柜，盘查居民。使恐怖的气氛笼罩着全虎头镇。宪兵、警察、特务，平时到商店买东西赊账不给钱，到饭馆吃饭叫记账，谁家有好看的姑娘他们霸占当媳妇。警察队特务邹风全，看好了曹家的三姑娘，亲自到家说亲。人家不答应，他就把曹家的人抓进自家设的“监狱”。直到女方答应了，才将曹家的人放出来。

侵华日军残害我抗日志士

虎头关东军宪兵分遣队，是一个屠杀中国人民的魔窟。它设于1935年，队长是陆军准尉。他们天天向里面抓所谓“反满抗日”的中国人。抓进后，施以毒刑，令人发指，如：灌辣椒水、灌汽油、装在麻袋里摔、用子弹夹手指、用竹签钉指甲、用烙铁烙前胸、坐老虎凳、吊在半空中用竹剑打、让狼狗咬等惨无人道的酷刑，折磨之后，即给害死。初期，均拉到江边用战刀砍杀，或绑上铁丝沉于江中，成批地杀害。到了后期，均发往外地处死。有一次虎头宪兵队分遣队长准尉桦泽静茂，领10名宪兵，逮捕了张学奎、李治田等6人，送交虎林宪兵分队。经过10天的严刑审讯，送往外地。张学奎被处绞刑害死。李治田被判了徒刑后，发到鸡西煤矿挖煤，直熬到1945年8月才得解救。太平洋战争爆发后，虎头宪兵分遣队对虎头镇人民镇压杀害更加疯狂。从1943年到1945年，虎头镇居民耿进禄、王星阶、黄庆云、姚成本、郝洪基、黄家景、王振东、李树香、张山云等相继被捕入狱。大部分经过严刑审讯后发往外地，活不见人，死不见尸。

王振东从河北省探家回来，一下火车就被宪兵分遣队在车站上抓走。王星阶被抓后，经过一段残酷的刑讯，便被用铁丝拧紧手脚投进乌苏里江中，后被钓鱼的钩挂上来，始将真相暴露。李树香被宪兵队抓走后，她的老伴觉得人生无望，整日饮酒麻醉，以致精神失常横卧在大街上，其唯一的孩子李金贵就用小爬犁向家拖。由于经常在街里找他母亲的去向，被迫退学在家照料。姚成本是家中唯一的劳力，被抓后，妻子领着孩子，生活无经济来源，只得改嫁。由于一些商店经理被捕，同兴昌、宝源涌、冷家杂货铺被迫关闭。虎头宪兵分遣队有一个特务组织叫北边公司，设在独木河沟里，共有40多人。以打鱼、放狗、种地、打猎、烧炭为掩护，进行特务活动。特务头子国俊岭，将抓到的苏联情报员和无辜群众共10名，经过吊打后，送交虎头宪兵分遣队，至今不知去向。

在政治统治的同时，又进行了经济统治。渔民在江中打的鱼，一律归兴农合作社廉价收买，不准私自交易。1940年1月，虎头镇实行了物资配给制。人们持“配给簿”，按时到配给店领取定量的粮食、石油、火柴、盐、布等配给品，达到最大限度地压缩中国人民的消费。粮食分日、朝、满三等配给，不准中国人吃细粮。发现中国人吃大米，即以经济犯论处，抓进监狱。就是粗粮也不给够。1942年虎林闹灾荒，1943年虎头镇十个月没发配给粮，人们只得靠吃野菜、豆饼忍饥度日，处于死亡的边缘。穿的更加奇缺，没棉布穿更生布，以至光脚没鞋穿。

由于日、伪的残酷统治，虎头镇的居民急剧减少。1929年镇内常住人口2 618人，到1945年仅剩1 400人，减少了1 200余人。几千亩良田被荒芜，到处一片荒凉。1931年镇内商铺有40余家，由于苛捐杂税繁多，配给制度的实行，以及宪、警、特的迫害，日本商人的侵入，造成生意萧条，以致无力经营而关闭，至1945

年已减少到八九家了，而且货架上多是空的。而日本居民却一增再增，1934年仅269人，到1945年已达500多人（第四守备队及其家属不算在内）。

5.日伪统治下的“倒木沟事件”

倒木沟这个地名，来自乌苏里江东的锡霍特山的一条山溪。多年来，在那里“放山”的人，把一棵倒木横在溪上代桥，世代相袭。《中俄北京条约》签订后，沙俄把乌苏里江东居民尽驱乌苏里江西。原锡霍特山人把乌苏里江西新居的地名也称为倒木沟，实有留恋故乡之意。

1909年虎林设治，倒木沟始称久安社，1910年改为虎林县第二区为区分所所在地。1913年第二区设南北两个街，北街基是通化，南街基是吉祥。两地相距10余里，均临乌苏里江，与俄国隔江相望。早年由关内、辽宁来虎林落户的垦民，多是乘中东铁路火车到绥芬河，入俄搭西伯利亚火车到犁子丈，再渡乌苏里江回国至倒木沟，然后各自奔向他们去的地方。1933年前，北街基还有定期通往哈尔滨的轮船，倒木沟已成为水陆交通枢纽。流入虎林或外出的居民多汇集于此。每当收鸦片季节，赶烟市做生意的人纷纷来到这里，倒木沟又是中俄边境贸易的集中地。每年入冬，从现在的虎林县城至倒木沟北街基的大道上，满载大豆的爬犁络绎不绝，随着贸易的发展，北街基的通化出现了专门经营出口生意的豆庄。

但自1933年日军入侵后，倒木沟这个繁荣的小镇随之萧条起来。日伪在这里设了警察署，成立了保甲所及自卫团，还派驻一个骑兵连，从此，倒木沟人民生活在水深火热之中。镇压抗日武装的“讨伐队”，一次接一次窜入民间骚扰，奸淫掳掠，无恶不作。一个班的日本兵，闯入该镇王家，轮奸了一个16岁的姑娘。当另一家的年轻媳妇被轮奸时，她的丈夫操起斧子和日本兵拼命，结果全家4口惨遭杀害。往日的倒木沟八方云集，而这时很少有人来了。这里的老百姓，终年处在恐怖的气氛中，提心吊胆地过日子。这时，中国共产党饶河中心县委派毕于民来到倒木沟。他一方面在群众中组织抗日救国会、建立党支部，发动老百姓起来反对日伪的统治；一方面利用自己带来的一支队伍打击敌人。同时还对伪军、伪警、伪保甲所进行争取工作。当时在倒木沟的伪保长黄耀亭、伪警察署长刘日宣，以及大多数伪军都被他争取过来。他们主动把敌人的情报送到我地下党手里。因此，日军小股“讨伐”队，被毕于民的队伍打得头破血流，抬着一些尸体逃走。大股“讨伐”队，每次都扑空，因为毕于民的队伍早已得到情报提前转移。

在倒木沟，老百姓手里有自卫枪支，日本人想要强行收缴，却无一人上交。日本人气急败坏地说：“倒木沟是胡子窝”，要血洗倒木沟。

1937年7月，刘日宣得知日本三五警务指导官要带人“血洗”倒木沟的消息，马上通过我地下交通员报告毕于民同志。毕于民立即召集有关人员开紧急会议，传达布置，让群众迅速撤离。当晚，北街基的周姓“百家长”（百家长，比甲长大比保长小）带近80户居民，连夜过乌苏里江去了苏联。

第3天，三五警务指导官带领日伪军警共300余人杀气腾腾扑到北街基。毕于民布置群众撤离后，便动员伪骑兵连、伪保长黄耀亭、伪自卫队长屠某某，反击日军，这些人全被他说服。于是，毕于民带领他的队伍，与伪军骑兵连、伪自卫队联合袭击了三五警务指导官率领的“血洗”队，经一个小时的激战，击毙全部来“血洗”的日伪军。三五警务指导官身负重伤骑马逃脱。当晚，保长黄耀亭、伪骑兵连、伪自卫队，以及近50户老百姓连夜撤往苏联。

事后，日本宪兵队、伪警察署共20余人，从县城乘船到通化（即北街基）。在刘日宣忙于备酒菜招待时，随来通化的一名警察借上厕所的机会向刘透露：你的事犯了，他们是来抓你的。刘听后很镇静，期间借买醋之机逃回家，并带妻小渡江去苏联。捕捉刘日宣的日伪宪兵、警察没有抓到刘日宣，最后把倒木沟剩下的10名警察逮捕，押回虎林县城。后来，这10名警察全被杀害。

（四）虎林伪满劳工略记

在日伪统治者的“产业开发五年计划”、“北边振兴计划”和战时经济统治反动政策下，虎林从1936年至1945年间，有数以万计的中国同胞在中苏边境、关东军驻地，修筑地上和地下军事设施、飞机场、军用道路、挖河开渠、修筑兵营等。当时，对这些人通称为“劳工”。

1.无耻的强迫与诱骗

一部分是被诱骗来的。这是虎林劳工的主要部分。每项工程先由驻虎林关东军经理部，与日本在东北经营的各包工大柜签立劳工合同。当时驻在虎林县的日本包工大柜有清水组、高岗组、大野组、大仓组、神谷组、益群组、荒川组、长谷川组、安腾窑业、满洲土木株式会等十余处，分驻在虎林、西岗、宝东、虎头。每年都有10到20名办事人员。一个包工大柜的劳工最少几百人，最多几千人。各包工柜下有若干中国把头，通常称为“二柜”。各包工大柜承揽包工，他们承包后，就派人到各处去招骗劳工。当时在虎林的大把头有高凤坡、李国斗、马德良、谢水春、夏明久等。这些大把头，每个都派出若干亲信，到华北、辽宁、吉林一带，用花言巧语诓骗贫苦同胞。说什么到虎林去干活，一天能挣3至4元国币，月月开工资。吃得好、穿得好，住的也不错，春天去了，秋天送回来。为了取得被招人的一时信任，还先给每人预发10至20元钱，作零花钱，很多同胞上当，领到预支款，就身不由己了，被赶进戒备森严的大房子里，天官赐福的话，再也听不到了。招工的像个瘟神，手提大棒，严密看管，到了出发的日子，全被赶进瓦罐车（即密封的货车厢），车门有个工头把着，日夜兼程，不到目的地不开门。吃、喝、拉、撒、睡，都在车厢里，刺鼻的气味令人作呕。被招骗来的劳工究竟有多少无法精确统计，这里仅是根据一些知情人提供的材料，粗略地分析：

1936年起，安腾窑业从外地招骗1 200余名劳工，先后在太和、宝东、东风、西岗建了四处大型砖窑。胡德亮等就在宝东烧窑。

1938年12月，宋令昌、董占有等被从长春市南岭招骗到虎林高岗组当劳工，修小火车道，把头是李国盛。

1938年春，关东军建兵营，西岗清水组、高岗组的劳工和宝东大仓组的劳工，就有3 000名。

1939年，张庆祥等100多名木瓦工，被招骗到虎林清水组建筑房屋。

1940年4月，王攸桂等从大连市被招骗到大野组，先在密山关东军仓库当搬运工，1942年3月又在虎林县宝东站关东军仓库做工。

1940年9月，侯作秀等从牡丹江被高岗组招骗至虎头修关东军兵营。

1942年3月，王庆增等400人，在安东被把头夏玉义招骗至虎林县高岗组，在西岗为关东军盖营房。

1942年4月，陈方林、栾贵堂等100人被大野组招骗到虎林，在迎门顶子修通往宝清、八千米、团山子三条军用道路。至迎门顶子后，发现当时在那修路的有1 000多名劳工，全是大野组招的。

1943年，杨传平被安腾窑业招骗至虎林县宝东车站烧砖。当时，安腾窑业在宝东烧砖的劳工有300多人。

一部分是被日伪政府强征来的。伪政府规定：在各县派劳工，名曰“勤劳奉仕队”，一期六个月。按时发往指定地点服苦役。逃避者，按国事犯论处。

1940年6月，辽宁省东沟县征派李玉成等500名农民，组成“勤劳奉仕队”，发配到虎林水克站（今半站），由劳工大队长于文龙监管，由荒川组为包工大柜。修通往虎头的军用道路。在他们之前，已有500名劳工，在那挖山洞。

日军在大街上抓捕劳工

辽宁省黑山县，以“勤劳奉仕队”名义发配来的劳工，都在虎头修军用道路。

在抗日战争胜利的时候，东仓库有吉林省怀德县“勤劳奉仕队”劳工500多名。

一部分是被俘的抗日官兵。日本关东军从关内抓来的抗日官兵，把这部分人称为“特殊工人”，管理特别严，都是在武装监视下服苦役。

1940年1月14日，我党领导的抗日部队，被日本军队在太行山区俘虏的常永年等三四千人，在太原市押了1个多月后，用火车运到虎林县忠诚乡东南四五十公里处修军用道路。

八路军三五八旅武廷山在去抗大分校学习的途中被俘，关押3个月后，于1940年11月被送到虎林，与常永年一起修军用道路。

我一二〇师三十八支队的连指导员武玉贵、连长范明忠以及胡玉贵、崔振山等人，被俘后，送到虎林县城内为关东军仓库做苦工。

1944年深秋，新四军被俘人员500多名，在虎林县忠信屯附近挖掘新开河（这条新开河从1939年开始挖，把大、小穆棱河连接起来，通乌苏里江）。

一部分是以各种名义抓来的。大连市造船工人于丕喜、张为敬，1939年正在戏院子里看戏，就被抓了“浮浪”（无户口、劳动票等身份证明人员），送到虎林县水克站（半站）。下车后，他们被人用布蒙着眼带到工棚子，以后天天在火石山挖砂子，为修虎头地下要塞备料。挖砂子的劳工，有好几百人。

王福荣是河北省玉田县人，因生活所迫到沈阳谋生。1943年，在街上走就被抓了“浮浪”，发到密山日本关东军仓库当装卸工，不久，发至虎林关东军仓库当装卸工。

王锡先原是哈尔滨市皮鞋组合的制鞋工人。1942年2月的一天，正在独身宿舍睡觉，突然进来一些日本兵，将他抓到火车站。当时，还有修鞋工人40名、被服工人40名，都是突然被抓的，一起赶进车厢，发至密山关东军东仓库做鞋、做被服。同年4月又发至虎林关东军仓库。在虎林东仓库有500多名劳工。

2.残酷的压迫与杀害

在虎林，沦为劳工的中国同胞有数十万，他们是20世纪的奴隶，在日军的刺刀下服苦役，过着囚徒不如的生活。

劳工住在长筒形的席棚子里，两头留门，两边搭通铺，离地一尺来高，下边是一汪汪的水，中间有条过道。夏天阴暗潮湿，冬天寒彻入骨。吃的就更糟了，开始还能吃上发霉的小米和玉米面，后来就吃橡子面，喝的是馏锅水，不少人饿着肚子上工。穿的，先是黑粗布，后是更生布。在每个劳工后背都缝上一块四寸见方的白布，上面印有“劳工”两字。冬季衣服，棉花又次又薄，都是破布制的更生棉花，根本不保暖。一年只发一单一棉。为了不赤身露体，劳工们把水泥袋子抠三个窟窿套在身上挡风，腿上也用水泥袋子裹上。多数是披草袋子。

饱受折磨的中国劳工

暴力下骇人的劳动强度。一般是每天早5点上工，上工时排成队，两边由把头手拿镐把监视着，不准交头接耳。出发时，在工棚前由把头点名，收工时，再点一次名。一天劳动十几个小时。在劳动中，发现谁干得慢，即认为是怠工，工头们抡起镐把就打。有个把头一天打死七八个人，却满不在乎地说：“打死几个人算不了什么。”

大仓组，又名义和祥。早3点上工，晚9点收工，一天干18个小时，不是挑土篮，就是推轱辘马（小铁道上的推车），修石青山东的弹药库和炮兵阵地，被累死、打死的就有80人。石青山埋葬了100多具劳工尸体。当时有“吃了义和祥的饭，就得拿命换”的说法。

新四军的被俘人员被发到忠信一带，挖掘新开河。每天上下工，都由10多名荷枪实弹的日本兵押着。到工地按人分段，必须完成。收工时，要把锹、镐的头卸下来，和锹、镐把分别存放，防止暴动。每天都有人被累死、打死。

被抓来的、强征来的劳工根本谈不上什么工资。被招骗来的，有时虽然见到一点儿钱，也是少得可怜，又无处可花。因为每天都被严密监视着，工棚外围栏几道铁蒺藜网，门口有人把守，不得自由出入，工钱绝大部分被把头诓去了。1941年农历四月，高岗组下的把头马厚民，以每天工资3至4元为诱饵，从安东招骗了200名劳工，到10月，才给工人开了3次工钱，每人总共才得15元钱。其中有3名工人死于工地，4名工人得重病送回家后，不久也死了。陈文林等人从1942年4月被大野组招骗来修路，回去时每人只发30元钱。孙同修1942年被大野组招骗来，修了一年路，只发了5元钱。高岗组大把头马德良，长期克扣劳工工资，有一青年当众向他要，他恼羞成怒，抄起带钉的板子，当众把这个青年活活打死了。从此，谁也不敢提工资的事了。

由于劳动强度过高，饮食等条件太差，病倒的人很多。劳工有了病，不但不给治，还逼着去上工，说什么：“只要你脑瓜子硬，就得给我去干活！”许多病号被逼着去上工。劳工死了，就用苇席一卷，扔到荒山野沟。后来，因为死的太多，连苇席也舍不得用了，一扔了之。有些还没咽气，就抬出去，扔进了狼狗圈被活活咬死。

除被折磨死的，还有集体被日本军枪杀的。冈崎哲夫著的《北满永久要塞》一书，有两处记载枪杀劳工事件：“1940年，虎头要塞工程完成后，将抓来的中国军队俘虏，摆酒宴引至山谷间，正在吃喝之际，山顶上的机关枪一齐向这些人射击，全部被杀死。”孙同修曾在虎头修地下要塞，据他谈：“1941年在虎头小南山工地共有3 500来名劳工，到秋天向回送时，和北山工地的劳工加一起，才有2 000多人。”

王攸桂的一位乡亲告诉他：“我1938年在虎头红线台盖兵营，挖水沟，看见一个山崴子里有一大堆死人骨头。”

1943年，在虎林街长友部队北边小山，有近400名劳工，都是中国军队被俘人员，身上围着水泥袋子，从桦树往北山运料，没见走的，只见桦树小南山，天天扔死人，群众把这地方叫“万人坑”。

虎头从西沟至飞机场的军用公路旁，地下要塞周围的荒野里，石青山根，迎门顶子山沟里，忠诚新开河两侧，每处都埋着大量的劳工尸体。

3.劳工的自救与抗争

为防范劳工逃跑，工地住处戒备森严。工棚子周围置几道铁蒺藜网，大小公路均设日军岗哨。边境的住户，凡16岁以上，都发“居住证明书”，有不少人试图逃跑出去，又被抓回来，被活活打死了。

1939年8月，在西岗修弹药库的两名清水组劳工，冒着生命危险，逃到北山里，已经奄奄一息了。幸好被抗联发现得救。

1940年6月，在水克工地，李玉成用铁锹劈死劳工大队长、日本荒川组的头目及翻译，逃回了家乡安东。

大约在1940年至1942年间，有两名修洞子的劳工，卸完砂子藏在汽车大厢板下，逃出工地。跳车后，跑到仁爱村，在他们之后，又有七八个劳工逃到仁爱村。

1942年12月30日晚12点，常永年、伍廷山、郭来顺等五人（皆关内我军被俘人员）逃出后，经忠诚跑到乌苏里江边，越境去苏联，在伊曼边防站当上了侦察员。在他们之后，还有一些被俘人员逃出后，去了苏联。

对虎头修要塞工程的劳工，日军看管最严，防守也最严，但也没有止住劳工逃跑。

1941年，一名劳工，拉荒跑到山里，吃野菜，喝沟水，辗转了一个月，历经艰辛，终于逃回了沈阳。

1943年7月，一天午后，一名劳工从工地拉荒翻山逃到虎头火车站，碰到了唯一的中国人火车连接手。这位连接手，给他一锅刚烙好的高粱面饼子，一大瓶水，把他藏到装原木的货车厢里，使他安全逃跑到了哈尔滨，在虎头有很多劳工，借装木头货车逃了出去。

侵华日军残杀劳工

1944年，一名劳工听传说，修完洞子，劳工全给打“防疫针”害死。他想，在这等是死，不如豁出命来逃跑，兴许有一条活路。他白天将绑草的柳条插在地上作标记，夜间顺标记逃出了工棚。到清河吃了一顿饭，奔兴隆、平原，到杨岗合民村落了脚。

连年以来有不少人冒险逃出了，但从整体上看还是少数的，大多数是不得不留下来，忍受苦役煎熬。但是，他们的反抗意识增强了。

被大野组招骗来的劳工，到1942年冬，大部分送走了，还留200多名不放。他们几次要求送回沈阳都被拒绝了，于是联合起来，在刘大个子和周小把头的带领下，拥到大野组包工大柜，砸了大柜的桌椅，并且把日本人金井痛打一顿。附近的日本兵荷枪实弹气势汹汹地赶到包工大柜，将劳工们围住，号叫着责问："谁叫你们砸的？"刘大个子挺身而出，理直气壮地说："是我领着砸的！"大把头高凤城在日本兵面前，抄起大斧向刘大个子猛劈下去，刘的手脚灵活，连劈十几次，没有砍着。日本兵在那看了一会不知为什么撤回去了。不久日本大柜经理答应，年底一定送回去，大家听后，以为斗争胜利了。到了年底，日本人把刘大个子、周小把头叫到包工大柜，说是送回去，但他们一去就没回来，可能被害死了。留下的200多名劳工，一直挣扎到1945年日本侵略者垮台，才结束了苦役。

抗日战争胜利后，广大劳工重见天日。1945年8月19日、20日两天，有1 000多中国劳工，经过虎林街。他们穿着破烂衣服，背着小破行李卷，互相关照着，向西走去，一个个笑逐颜开，解放、归家的喜悦一时代替了多年的凄怆。

还有很多劳工并没有返回家乡，如大野组、东仓库、西岗等地的劳工范明忠、武玉贵、胡玉贵……就地武装起来，组成了一二〇师三十八支队虎林大队，范明忠当上了大队长，与汉奸李象山反动势力展开了针锋相对的斗争。逃至苏联作侦察员的常永年、伍廷山等返回祖国，也参加了三十八支队虎林大队。后来，这支队伍改为东北人民自治军合江军区虎林独立团。常永年、伍廷山分别担任团长、副团长，在我党的领导下，展开了剿匪活动。

还有少部分劳工，在虎林安家落户了。"土改"后，宋令昌、侯作秀、王攸桂参加了县、区地方工作，分别当了县民政科长、财经科副科长、区委书记。栾贵堂、王福荣、王锡先等当上了地方干部。杨传平、胡德亮、张庆祥、陈文林等在地方国营工业、商业、建筑部门当上了工人。

二、东北抗联五军、七军在虎林的抗日活动

（一）东北抗联在虎林的阶段性情况

抗联七军在活动上经历了5个阶段：创建抗日武装队伍阶段（1932年10月—1934年2月）；独立走向抗日武装斗争道路阶段（1934年2月—1935年7月）；依靠群众积极开展游击战争阶段（1935年7月—1936年10月）；扩大队伍打击日本侵略者阶段（1936年11月—1940年3月）；艰苦斗争阶段（1940年4月—1940年11月）。各阶段在虎林县的活动情况如下：

1.创建抗日武装队伍阶段（1932年10月—1934年2月）

中共饶河中心县委为创立抗日武装，在宝清县小城子沟创办军政讲习所。1932年10月，在饶河中心县委的直接领导下，组建特务队和不脱产的游击队。1933年4月21日，在饶河县大叶子沟宣告成立饶河工农反日游击队。队长崔石泉、政治部主任金文亨，开始只有40多人，很快发展到100多人。

1933年3月，虎林县伪警察中队长高玉山在虎林城（虎头）打起抗日旗帜，并成立东北国民救国军。同年5月，高玉山率队伍攻占饶河县城。饶河中心县委为扩大抗日武装力量，在饶河三义屯举办军政训练班。为保存我党领导下的抗日武装力量，饶河工农反日游击队改编为东北国民救国军第一旅特务营。营长金文亨，下设3个连，由朴英根、许成在分任连长。同年8月，随军驻防虎林县独木河。

1934年1月28日，东北国民救国军第一旅、第二旅攻打虎林县城，攻进县城后又退下来。第一旅特务营的许成在、崔锡龙等100余名同志光荣牺牲，营长金文亨、二连长朴英根等身负重

伤。撤出后从马鞍山回到饶河大岱河。

2.独立走向抗日武装斗争道路阶段（1934年2月—1935年7月）

1934年2月，特务营在饶河大代河召开党的会议，决定将特务营改编为饶河民众反日游击队，崔石泉为代理队长，不久即派四军政委张文偕同志任大队长。

虎林县公司有敌1个营260人，内有日军1个连、伪军2个连。张文偕大队长率250余人，于同年6月1日下午7时乘敌开会之机攻入公司，经4个小时的战斗，击毙敌40多名（多系日军），俘虏日军官6人，缴获20余支步枪和部分秘密文件。

同年8月28日，张文偕同志率领饶河民众反日游击队攻打三人班的敌人。当天晚上队伍分3路进攻，因雨大天冷，没能按时在预定地点会合，队伍只好在距离三人班4里多地的一个窝棚附近宿营。由于山林队行动不够隐蔽，被敌人发觉。到了半夜，四周突然响起了激烈的枪声，大批敌人把游击队团团包围。队伍如不立即撤走，就有全军覆灭的危险。张文偕当机立断，马上下令："我在这里用枪顶住，你们快撤！"同志们都担心大队长的安全，不同意他留下掩护。但张文偕同志为使队伍安全撤走，保护这支在战火中壮大起来的抗日队伍，把自己的安危丢在脑后，坚决命令队伍快撤。同志们怀着沉痛的心情离开了大队长。在阻击当中，敌人的子弹像密集的雨点射向张文偕同志。他顽强地进行着阻击，当队伍安全撤出敌人包围圈时，张文偕同志壮烈牺牲，年仅27岁。

张文偕同志牺牲后，党组织指定由李学福同志接任大队长。因为李学福又名叫李葆满，所以后来虎饶地区的群众称饶河民众反日游击队为"葆满队"。

同年8月，李学福同志带队攻打五林洞伪军1个据点，30多名敌人被游击队打死了17名，缴获30支步枪。

1935年5月，游击队为了解决部队夏装、枪械和子弹等军需问题，挺进虎林。李学福同志率队300人到虎林县腰营后，首先向该地伪军大力宣传了抗日救国道理，伪军主动给我军送来了子弹、给养和经费。我军继续向三人班兴隆沟前进的时候，驻在兴隆沟的伪军营部、警察署以及地方保董们，主动送来了子弹、经费（烟土）和给养，我军继续进到马鞍山西卡子的时候，驻在三人班伪军营所辖的1个排，表示，我军驻到何时，给养供到何时，并送子弹500发，杀猪慰劳。我军在短期休整后，分两路开展了游击活动。一路到虎头附近，一路去黑嘴子一带。6月初，游击队25名和五洋、君子人、长占、长兴等山林队90余人联合进攻黑嘴子。在距黑嘴子10余里处与30余名日军和120名伪军相遇，战斗从早9点打到晚8点，激战了1天，最后日伪军在40余名援兵的掩护下逃跑。我军打死打伤敌人13人，游击队牺牲1人、受伤2人，山林队牺牲2人、受伤9人。打退敌人，解决了夏装，然后回到马鞍山。去虎头的一支，因连日下雨，无法过河，返回了马鞍山，全队7月回到了饶河县。

同年农历五月，朴振宇同志率领第二中队30余名队员，联合反日山林队百余人在虎林黑嘴子一带活动。不久被敌人发现，我游击队便向莲花山转移，敌人紧追不舍。莲花山周围是一片草甸子，北面、东面是水洼甸子，敌人从几面包围上来，朴振宇同志率队沉着应战，激战了5个多小时，游击队有了伤亡，队员们从水洼甸子，经过3个小时的突围战，全部突围出去。第二天拂晓，敌人跟踪追来，游击队采取打打停停的蘑菇战术，即利用有利时机狠狠打击敌人。待敌人进攻时，游击队就迅速转移，这样，同敌人战斗了2天多，打死打伤敌人20余名，并甩掉了敌人，回到了游击根据地与主力部队会合。

3.依靠群众积极开展游击战争阶段（1935年7月—1936年10月）

1934年10月，中共满洲省委巡视员吴平，在哈达河沟里召开了密山县委扩大会议，决定密山游击队与人民革命军合并组成抗日同盟军司令部，任命李延禄为总司令，后改为抗日同盟军第四军，李延禄任军长。

1935年9月，中共吉东特委指示将饶河民众反日游击队改编为东北人民抗日同盟军第四军第四团。团长李学福、政委李斗文、参谋长崔石泉。

同年11月17日，四团为了贯彻执行党的抗日民族统一战线政策，积极扩大抗日力量，在大别拉子炕召集长兴、长占、民生、宝山（均是虎林县境内的）等6个反日山林队的头领举行会议。会上各反日山林队都表示愿意接受四团的领导，商定了联合作战的协定，并扩军96人。

1936年3月26日，部队在关门嘴子休整时，根据中共吉东党组织的指示，在中共饶河中心县委直接领导下，将第四军第四团扩编为东北抗日联军第四军第二师，师长郑鲁岩，副师长李学福、参谋长崔石泉，政治部主任崔荣华。

同年3月至4月间，师长郑鲁岩率部分队伍先后在虎林县黑嘴子、倒木沟、大荒山等地，协同县内各山林队，与日伪军多次交战，共歼灭敌人100多名，缴获步枪30多支，打毁敌人轻重机枪3挺。

4.扩大队伍打击日本侵略者阶段（1936年11月—1940年3月）

1936年11月间，中共饶河中心县委在饶河县关门嘴子召开党政领导干部会议，根据《八一宣言》和统一东北部队建制的指示精神，将东北人民同盟革命军第四军第二师改编为东北抗日联军第七军。活动于饶河、虎林、宝清、抚远、同江等地，广泛开展抗日游击战争。军长陈荣久、参谋长崔石泉。下设三个师。第三师主要活动于虎林县及附近宝清等县。景乐亭任师长。

1937年春，第七军军长陈荣久同志在战斗中牺牲。为了建立广泛的抗日统一战线，加强抗联第七军的领导，召开了第七军党委和一部分反日山林队首领联席会。抗联七军党委决定：崔石泉同志代理军长。将原第一、第二师合并组成新编第一师，李学福同志任师长。不久，收编了七省、天义、君子人、中央、新三江、天下好等8个反日山林队450余人，成立了新编第三师。

七军三师在虎林县的后岗、黑瞎子沟、独木河头道卡子、大顶子、独木河西木营等地战斗，取得了很多胜利。1937年春，抗联三师袭击了独木河西木营的运输队，打垮了伪军1个连，敌人伤亡19人，除全部被缴械外，并得了100匹马，以及大米、白面、鱼、肉等吃的东西。

1938年1月，周保中同志代表吉东省委在饶河召开了中共下江特委扩大会议，决定整编东北抗联第七军部队。会议宣布抗联七军直属东北抗日联军第二路军指挥部领导。第二路军总指挥周保中，总参谋长崔石泉。李学福同志当选为第七军军长和七军党委会执委常委。

1938年，七军军部及其所属各师派部分人员，在虎饶地区建立了密营。在密营里，部队除了种地、准备粮食外，还组织缝衣服、照护老弱病残者和抗联家属。七军三师在虎林县建立了独木河沟师部密营、大马山密营和迎门顶子密营。

1938年春，毕玉民在秃顶子建立了抗联七军虎林办事处，并任主任。在这个密营里成立了独立团。独立团是由收编的山林队“德胜”“七省”“东洋”“九江”“天义”“中央”等百余人组成。毕于民一方面管党组织、共青团、妇女会的工作；另一方面，担任军队的工作，贾瑞富任团长。独立团在密营里不仅种了几十垧地玉米，而且也修盖了能容纳二三百人的房屋和前后炮台。毕于民派副官潘能宽化装成商人在虎林县内几个村落里为部队筹集粮食、衣服等。

1938年农历七月，毕于民和贾团长（贾瑞富），带领七军队伍200多人路过九牌，在包家林子与日本守备队60余人发生了战斗，激战2个小时，打死日军五六名，打伤五六名，我军只牺牲1名战士。

1938年9月中旬，第七军政治部主任郑鲁岩，以毕于民与军部闹独立性为由，指使人杀害毕于民。同年10月郑鲁岩派李一平到密营，将独立团改为补充团，团长李一平、副团长李仁智、参谋长李明新、军需处长李登基、秘书汤景春、副官郑哲。团下辖两个连：第一连长贾德福、第二连长张福海。并组织了以金正万为队长的10余人缝衣队，有五六台缝衣机。补充团收容了近50名老弱病残者和抗联家属。李一平在补充团里组织青年团，对他们进行政治思想教育，宣传抗日救国的道理和苏联十月革命的胜利，组织文化学习，教唱革命歌曲，提高了他们的政治思想觉悟。

1938年春，周保中同志领导的五军三师，奉命到虎饶地区和七军一起活动。五军三师九团在师长李文彬、团长蒋继昌等同志率领下，于6月4日从宝清东部与七军会合。五军、七军工作会议决定两军联合活动。同年秋，五军三师九团来虎林地区与补充团并肩战斗。

1938年，由于敌人严加控制集团部落后，群众在屯子干活，中午饭每人只许带1个苞米饼子或2个窝窝头、1小块咸菜，不准穿新衣服和新鞋，以防给抗联送食品和衣服。因此我军在群众那里得不到粮食。补充团在秋季分头藏在山里过冬的粮食也被敌人和黑熊等野兽糟蹋。抗联战士不仅同敌人斗争，还要和饥饿、野兽斗争。这年冬天，补充团为了解决粮食问题，袭击水克站，抓了3名特务、3名汉奸，缴获了一些衣服和给养，接着又去七虎林河附近的后样子场。补充团乘天黑风急雪大，袭击日军驻守在样子场的骑兵排，补充团曲排长扒掉日军哨兵时，惊醒了屋内敌人引发战斗，补充团用两挺机枪封住了屋子，把敌人消灭在屋里，共打死敌人20多名。但因日军给养并未运到，没有得到粮食。

1939年2月中旬和3月初，补充团和五军三师九团先后袭击了虎林县八甲和四甲的宋家沟，缴获了一些粮食。

1939年3月，吉东省委下江三人团书记季青在虎林秃顶子召开七军党特委常委会议。参加会议的有：王效明、鲍林、崔石泉、景乐亭、金品三。郑鲁岩也列席了会议。经过三四天会议，重新建立了七军党特委会，并调整了七军领导干部，制定了七军在春、夏、秋季游击战争计划。会议决定：崔石泉任七军党特委会书记，王效明、景乐亭任常委，李一平、鲍林、赫永贵任执委，王汝起、金品三任后补执委。会议决定：景乐亭任代理军长（军长李学福1938年8月8日因病去世）、崔石泉任参谋长、王效明任政治部主任、金品三任军部秘书长兼教导团政委、团总支书记。撤销郑鲁岩军政治部主任职务，撤销云鹤英第三师师长职务、军特委候补委员资格，并以“三人团”和军特委名义给予警告处分，鲍林任三师政治部主任，隋长青任三师师长，王汝起任一师师长，彭施鲁任一师政治部主任，李一平任补充团长。会议讨论1939年游击活动计划：王效明率三师补充团到虎林与五军三师联合活动。

1939年春，五军三师政治部主任季青也在虎林和九团一起活动。他按照第二路军总指挥周保中同志的指示精神，向补充团团长李一平建议部队在虎林、宝清等地的山里种一点地，以解决冬季给养问题。李一平主动承担了2个团开展自耕的筹备工作。由于当时部队处于游击活动中，周围群众又归入大屯。敌人实行严密封锁。因此，筹备工作困难重重。李一平同志带领几十名战士在老秃顶子、马鞍山一带的深山老林里勘察了几块既隐蔽又适于耕种的小片荒地，约有30亩；他还通过各屯抗日群众，利用往地里送粪的机会，却把部队要的农具、种子藏在粪底下，一点一点地运出村外，转移进山。到同年5月，2个团都建立了自耕基地。到了秋天，这些自耕地虽然大部分遭受破坏，但是有些地块已留下来，到这年冬季，解决了给养燃眉之急。

五军、七军的2个团，并肩在乌苏里江虎林段沿岸各地经历了大小战斗几十次，与日伪军进行了艰苦顽强的战斗，在十分困难的环境下，不但保存了队伍的基干，而且还补充了部分新队员。

1939年8月初，补充团在山里救了两个奄奄一息的关里人。通过他们了解到：1938年下半年开始，敌人从关里陆续招募很多工人修筑地下军火库。工人在用铁丝网围起来的工棚里吃橡子面干活，不少人累死、病死，稍有反抗，轻者遭毒打，重者被扔进狼狗圈。许多工人试图逃跑，但因敌人看守严密很难脱离。听了这些情况，补充团决定解救受难的同胞。

李一平和季青以及五军三师九团团长刘学悦、政委姜信泰反复研究攻打该工地解救劳工的战术。经过多次派人侦察，了解敌人的兵力部署、工棚位置、柜房、仓库等情况，知道该工地有200多名劳工，在日军守卫部队和伪警察分队的看管下劳动，该处仓库还储存许多白面。他们从九团和补充团挑选了30余名精干的战士，组成小分队，由九团刘团长、姜政委率领，于头一天晚上悄悄潜入附近工地，利用庄稼地埋伏下来。第二天，李一平率两个连兵力于午夜前赶到黑嘴子城西工地接应。8月5日半夜，小分队包围了敌人驻地，迅速消灭了敌守卫部队。与此同时，李一平带队里应外合接应出200多名劳工，然后打开仓库，让每人扛一袋白面跟着出发，计划赶在天亮前越过七虎林河进山。驻在黑嘴子日本守备队少尉古田领75名敌人增援并用大批敌人追击我军，但在半路上受到补充团战士的阻击，使敌人不敢紧追。这次战斗，我军消灭守敌30余人、伪警察18人，击毙敌追击部队10余人，还打死了1名日本指挥官。接应出来的劳工，在敌人追击下，因天黑路生，又无作战经验，除部分逃散外，剩110名随部队入山。其中70余名工人补充了部队。

这次战斗后，敌人惊恐万状。驻守在黑嘴子的日军，连夜向伪新京日本关东军司令部报发急电，请求支援。于是敌人派重兵，以虎林县康德村（现新乐乡新民村）为兵站，向马鞍山附近的密营秃顶子进攻，尾随我军1个多月。补充团与九团，采取了分开活动，分散了敌人的目标。在我主力部队出征之机，使水粳地和密营遭受严重破坏。李一平的爱人缝衣队长金正万被捕，有老人、孩子40余人惨遭杀害，毁了庄稼，烧了很多布匹与棉花。敌人对被俘的抗日联军战士逼问大部队去向，但战士们宁死不屈，始终不暴露部队去向，使敌人毫无办法。

李一平同志在途中听到密营已失，率队向饶河转移。因在途中患病，部队派曹连长陪他留在阿布沁河口李老猎户窝棚养病。不幸第二天被敌人包围，李一平把老猎户推出窝棚，急令他赶快转移。便和曹连长退到林间石砬子阻击敌人，打死敌人10余人，最后李一平和曹连长光荣牺牲。

中共虎林县第一任县委书记、抗联七军补充团团长

李一平烈士牺牲地（虎林阿布沁河口）

补充团主力在饥寒交迫之中继续行军，进入到饶河县境内丁家大楼沟里的一个密营联络点里宿营时，被敌人袭击，我军边战

边退，打死敌人20余人，最后找到了七军部队。

1939年夏，七军三师政委鲍林带20余人，在独木河一带种地、打鱼，准备部队冬季给养。

此间，王效明率100来名战士到虎林、富锦等地开展游击战，到秋后返回饶河。

9月中旬，郑鲁岩被俘后叛变投敌。

1939年秋，七军在临时密营里所种的粮食在敌人以及叛徒郑鲁岩的破坏下，全被烧毁。当年10月，1 600余名日军和2 000余名伪军开始向我军大举“讨伐”。我军在没有后方基地的条件下，为了保存有生力量，在冰天雪地里马不停蹄地与敌人兜圈子。为了行动方便，我军化整为零，崔石泉带崔勇进团，王汝起带二团，彭施鲁带三团一个连，三团长刘某带三团另一个连，景乐亭带三师，王效明带一部分队伍，分头在虎饶山里活动。

1940年1月，根据吉东省委指示，缩编队伍，把补充团余部，并入教导团，归军部直接领导。

同年1月，王效明率七军由小佳河转入虎林县，经8天时间到了独木河，行军途中我军在七里沁河沟、五林洞与敌人遭遇，击毙敌人50名。这时，我军每个战士只有两三颗子弹，剩1挺机枪仅有百余粒子弹。部队给养异常困难，每人只用几个干鱼充饥，战士们不断出现冻伤，每天出现不少伤员，部队有减无增。3月，根据二路军总指挥的指示，崔石泉和王效明率部队到虎林小木河附近。

5.艰苦斗争阶段（1940年4月—1940年11月）

1940年初，抗联七军到虎林时，在独木河驻有60余名日军和伪军十八团团部，在五林洞驻有伪军1个连，在独木河西南森林老会房子及其附近驻有70余名伪森林警察，在大小木河驻有60余名伪警察和20多名自卫团，在公司驻有40多名伪警察。由于敌人严加控制集团部落农民，断绝我军同群众的联系，并且不时派兵搜索我军，又利用叛徒破坏我军给养来源。因此，我军给养常告断绝，服装弹药无从补充，部队仅剩100多人。

同年3月28日，二路军总指挥周保中和副总指挥赵尚志带小部队来到虎林县小木河北部，与七军取得了联系。在周保中的主持下，4月3日至9日，召开了七军党代表大会。通过会议总结了过去一年的工作，明确了今后任务。会议决定，在极端艰苦的情况下，对内约占35%的共产党员必须紧密地团结在党的周围，坚定不移地坚持抗战。七军为了保存现有的武装力量，从各方面努力工作，积极解决粮食、弹药军需物资，扩大队伍，发展党员。会议决定：把东北抗日联军第二路军第七军改编为东北抗日联军第二路军第二支队。支队下设两个大队和一个教导大队。王汝起任支队长，刘雁来任副队长，王效明任政治部主任，王汝起兼一大队长、李呈祥任副大队长；隋长青任二大队长、李永镐任政治委员、孙玉杰任副大队长；崔勇进任教导大队长、金品三任政治委员、赵永久任副大队长。会议宣布：崔石泉调二路军总指挥部任总参谋长、鲍林任二路军总指挥部虎饶宝密边区特派员，带四五人做搜集情报工作，王效明兼任吉东省委代表。

崔石泉在离开七军以前仍然和王效明在一起活动，率二大队和教导大队活动在虎林地区。1940年5月，部队到大木河的时候，发现敌人大风船拖了三只小船，从乌苏里江下游开过来。我军100多人，在王效明和崔石泉同志的指挥下，立即袭击这只风船，打死伪警察三四人，俘虏10余人，缴获了700多袋面粉和萝卜干、日本军服等物品，解决了我军急需的粮食和服装问题。我军将风船砸沉，粮食密藏在乌苏里江江心岛之后，立即转移到二道河子。

1940年5月，敌人为了“讨伐”在虎饶地区的我军，从宝清、富锦调伪军三十团和警察400余名，开到虎林地区。同时，日军骑兵近600人由宝清顺汽车道经密山来虎林地区。从5月16日起，敌人利用伪军十八团、二十八团、三十团以及300多名日军，东至乌苏里江，西至秃顶子、马鞍山、独木河，北至花砬子地区向我军疯狂“讨伐”。

1940年11月2日，二路军总指挥周保中写信给王效明：目前在公司、大木河、七虎林河口、三人班、秃顶子以东，臭松顶子以南都有敌人。同时，这些敌人不断出没搜索我军。因此，如果环境继续恶化，二支队可以过界。

这时，环境更加恶化，敌人重兵“围剿”抗联，实行“拉大网”“平推”战术，即使是宿营时也保持队形不变，就地燃起篝火监视，使地面上无隙可突。山里雪又大，经常吃不上饭，加上衣不遮寒。我军为了突围出去，便三五人一伙，从厚雪层下硬拱出去，绕到敌军背后，保存了一部分力量。

11月末，除了刘雁来同志率11名人员继续留在饶河外，其余暂避苏界。

（二）打击侵略者 烽火遍虎林

抗战时期，虎林不仅是抗日救国军、抗联四军、五军、七军的大本营之一，也是边疆人民全力以赴、肝脑涂地、鼎力支持抗日联军的革命摇篮。

1.高玉山举起抗日救国的大旗

远在日军侵占我国东北之前的1930年，中国共产党满洲省委即派崔石泉（崔庸健）等同志到饶河、虎林一带发展建立中国共产党的地方组织，当年成立了中共饶河县委。1931年改为饶河中心县委，办公地点在虎林境内现东方红林业局海音山一带，具体领导饶河、虎林、宝清、抚远四县的革命斗争。

日军侵占东北后，1932年6月饶河中心县委决定创建抗日武装，由崔石泉、金文亨等6名党员，利用仅有的一支手枪成立了特务队，经5个月的艰苦努力，发展到40多名队员。

1933年1月9日，日本关东军第九师团派密山支队人见顺士大佐率1 000多日军乘50辆卡车奔虎林追击吉林爱国将领李杜将军。李杜原为吉林省依兰镇守使。在吉林省长官投降日本后，他组织了吉林自卫军，任总司令，与日军进行斗争。在哈尔滨战役失利、依兰失守之后，率部队来密山、宝清，后转移到虎林，准备过江去苏联。

李杜到虎林黑嘴子后，即通知当时的自卫团长李象山（大汉奸、大地主），赶快接应由后边赶来的兄弟们。李象山满口答应，但他收拢28名李杜部战士后，却交给了日本关东军。除1人逃跑外，其余均被日军处死。

高玉山，辽宁义县人，1886年生，因家境贫寒，迁到虎林县独木河居住。他性格豪爽，胆量过人，为人正直，颇受乡亲信赖。因其枪法好，又当过炮头，后被推举为保安总队第一分队长。1928年，时任吉林军二十四旅旅长的李杜，来虎处理县署与驻军的纠纷时认识了高玉山。当李杜成立反日自卫军时，便任命高为吉林省自卫军第九大队少校大队长。李杜退到当时的虎林县城虎头时，于当日晚（1月8日）召见高玉山，并将部队的枪、迫击炮等轻重武器统统交给高玉山，让他秘密运到独木河沟里以备待用。

1月9日，李杜率2 000人马过江抵达苏联后，日本人见顺士部队才赶到，却已无可奈何。日军为了巩固在虎林的侵略统治，任李象山为虎林县自卫团总指挥，为利用高玉山，任高为副指挥。

1月中旬，日军大举进犯热河，将驻在密山、虎林的日军调往前线。2月2日，日本派参事官隐岐太郎和警务指导官佐藤重男、俄人翻译阿夫米多等来虎林县任职，又任李象山为虎林县警察大队长，下设2个中队，高玉山被任第一中队队长，驻守虎林县城——虎头。此时，中共党组织已派人到高玉山处做工作，饶河工农义勇军也开始进行反日斗争活动。

高玉山与其挚友仁和团饭庄会计王惠卿商议，准备伺机起义。王惠卿为山东泰安人，中共党员，曾担任过山东省大汶口特别支部书记，按山东省委指示打入军阀张宗昌内部，后因身份暴露，由山东迁至独木河沟里，很快与高认识，并成为莫逆之交，之后又到县城饭庄当了会计。

1933年2月28日，李象山率二中队到黑嘴子镇压一股山林队。虎林（虎头）城内的7名青年伪装成警察，在王惠卿的策划下，击毙了虎林县日本参事官隐歧太郎、警务指导官佐藤重男和翻译阿夫米多等人，推举高玉山为首领，宣告起义，控制了县公署和警察署、电报局，成立了东北国民救国军。兵员很快扩大到1 000余人，设立2个旅。

高玉山西征密山路经黑嘴子时受到李象山阻拦，高玉山不得不绕道去密山。此时密山山林队永好队李逢春的300人归顺高玉山救国军；属李杜自卫军的密山大队长张宝和也率部加入高玉山的救国军。高玉山任命张宝和为第三旅旅长。到密山城郊又逢李杜自卫军陈宗岱（陈东山）代司令的2 000人马，陈宗岱听说高玉山要攻打密山，前来配合。陈宗岱原驻守在宝清县（现八五二农场）的南横林子。两个部队合起来共为4 000余人。但由于李象山向密山通风报信，密山增加几个团的应援兵力，因此久攻不克，救国军、自卫军等阵亡200余人后，收兵回虎林。

饶河县长刘洪漠闻听吉林省署投降了日军，早就挂起膏药旗。因此，高玉山、陈宗岱联合攻打饶河，但由于饶河县城防守坚固第一次未攻下。陈宗岱部撤回宝清县。经过休整，高又单独率领本部的抗日救国军攻打饶河，利用李杜留下的迫击炮，一炮击中饶河一座木楼起火，部队攻入城内。伪县长刘洪漠弃城逃跑，保安大队长侯文才被击毙。饶河解放。救国军打开监狱，放出被捕的饶河县委书记徐凤山等共产党员及抗日骨干分子。

原李杜的武术旅旅长汝有才和杨占山等也来投奔救国军，高分别任其为五旅旅长和六旅旅长，全军达6 000人；后原李杜自卫军十二团团长袁福三赶来饶河要求加入救国军，高任袁福三为救国军前敌总指挥兼旅长。此时，救国军共扩编10个旅，达10 000人马。

经整训，高玉山又兵不血刃收复抚远。饶河农工义勇军也正式加入高玉山的东北国民救国军。高将其编为第一旅特务营，任金文亨为营长，崔石泉为参谋长，驻守独木河。至此，高玉山的救国军有了中国共产党的人民武装的支持。

1933年6月13日，高玉山、陈宗岱率大队人马攻打黑嘴子，黑嘴子守敌在虎林北迎战，激战数日相持不下。高、陈利用侦察部队30余人夜袭陶冶的军马队，炸死许多战马，迫使陶冶龟缩黑嘴子不敢出战，便让李象山带伪警队，据守黑嘴子的德胜屯。德胜屯围墙高而坚固，并不断向外放土炮，致使高、陈部队伤亡较大。高调饶河袁福山旅前来助战。袁福山部乘“铜山”、“铜泰”两艘客船来到虎林直奔黑嘴子。袁提出“放弃德胜屯进攻黑嘴子的建议”被采纳。7月8日救国军攻入黑嘴子，击毙陶冶。李象山见大势已去逃往密山。高玉山没收李象山的油坊、烧锅等财产，缴获步枪320支，子弹18 000发，大米2 030包，罐头1 800盒，至此，虎林、饶河、抚远三县全部解放。

1933年冬，日伪又集结重兵发起对虎林的进攻。高玉山被迫撤出虎林县城转入独木河山区。

1934年初，救国军孤军无援，在弹尽粮绝的情况下，决定再次攻打虎林城。从全军中抽出1 500名战士，每人发两个玉米面窝窝头向虎林发起攻击，经1个小时激战，一营和特务营攻进县城，特务营三连冲进日军司令部，击毙日军20余人，缴获轻重机枪5挺。一营攻入伪军十四团团部，团长仓皇向南退却。伪县长金国祯和日本参事官川田佐一郎，在慌乱中率30余卫兵逃到北山。正在这时，日军寻达明幸率1个团的兵力乘50辆卡车前来救援，救国军腹背受敌，特务连30多名战士壮烈牺牲，营长金文亨受重伤（战后送伊曼医院治疗无效后牺牲）。此次战役，救国军牺牲270余人，无奈，高玉山率部队从虎头下水捞撤入苏境。

2.抗联四军、五军、七军同日本侵略者的殊死搏斗

高玉山去苏后，中国共产党领导的饶河农工义勇军仍坚守在完达山的深山密林中与日军进行殊死的搏斗。1934年3月成立了中共虎林区委。1935年9月18日根据中共吉东特委的批示，在大叶子沟将游击队改编为东北人民革命军第四军第四团，团长李学福、副团长朴振宇，参谋长崔石泉，共250人。1936年3月又将四团改编为东北抗日联军第四军二师，师长郑鲁岩，副师长李学福，参谋长崔石泉，共500人。

1936年7月成立中共虎林县委，县委书记李一平。11月，又将四军二师扩编为抗联七军，军长陈荣久，参谋长崔石泉。第三师师长景乐亭，活动于虎林地区。

1938年春，毕于民在东方红秃顶子建立抗联七军虎林办事处，毕为主任，在密营中种了几十垧地，为部队筹集大量粮食和被服。

1938年6月，抗联二路军总指挥周保中将抗联五军三师带来虎林，与七军并肩战斗。

在这一时期内，从1935年至1941年，抗联七军、五军与日本关东军和伪军进行多次战斗，比较著名的是：1937年在饶河县大顶山下的天津班击毙了饶河县日本参事官大穗久雄；在挠力河畔西风嘴子伏击战中击毙了到饶河视察的伪满洲国军政府部要员日野武雄少将。

在虎林县也进行了无数次的战斗，比较突出的有：1935年8月伪靖安军1 000多人深入独木河“讨伐”，在新乐永平与抗联遭遇激战一天，击毙日伪军200多人。

1937年4月抗联奇袭了独木河西木营的运输队，抓获森林警察100多人和100多匹马，以及大米、白面等各种物资。

1938年8月，李一平与五军三师九团，解救西岗劳工200多名，消灭日军30人，伪军18人，扩大了抗联的有生力量。

1938年农历二月，伪军到迎门顶子“讨伐”、围攻抗联密营，被我军打死300多人。

1939年农历正月12日至16日，日军到七虎林和秃顶子一带“讨伐”，被击毙和冻死400多人。

从1939年起，日军将虎林境内的165个村庄合并成37个，全面封锁，严加管制，隔断民众与抗联的联系，又出动十万日伪军“围剿”。为了保存实力，抗联二路军总指挥命令虎林境内的抗联部队转移到苏境整训。

据统计，此间，东北抗联四军、五军、七军、抗日救国军和中共虎林县委共有8名团以上领导干部光荣牺牲，其中有抗联七军代军长景乐亭，张文偕、金品三、金文亨，李一平、徐凤山、毕于民、刘延仲等。

3.虎林人民在抗日斗争中做出的贡献与牺牲

自1934年3月成立中共虎林区委后，虎林人民的抗日斗争在党的领导下全面展开，开始在各地普遍成立抗日救国会，为抗联送情报，送粮食、衣服、鞋、盐、油等物资；为抗联送枪支、弹药等武器；为抗联办“良民证”以隐蔽身份；为抗联动员和输送兵员；为抗联建密营；为抗联送烟土、钱币；为抗联护送伤员、药品、接送抗联领导往返于虎林——苏联。在抗日斗争中，涌现了大批先进人物，其中最著名的有毕于民、韩有才、孙正藻、张旭武、李宝林、单立志、李连生等。有些同志为此英勇地献出了宝贵的生命。正是在虎林人民与抗联队伍肝胆相照、生死与共的共同奋战下，抗联英雄才得以在虎林大地上，在完达山的密林里与日军进行殊死搏斗，牵制了敌人，间接地支持了世界人民的反法西斯战争。

虎林人民在抗日救国斗争中，在小木河一带有一个抗日救国的秘密组织。这个秘密组织是由虎林党组织、抗联七军副官长毕于民同志精心培植和发展起来的。由伪虎林县小木河地区的警察署长（警佐）张旭武和白敬武警尉负责收集情报及在伪警察、自卫团中搞策反；孙正藻是伪保长、村长，负责组织、收集情报，为抗联负责后勤供应筹措给养（曾被抗联七军任为后勤处长）；村民韩有才住在乌苏里江畔的爱心泡，他与妻子俄罗斯人苏拉是由苏方派来搜集掌握日军情报的，也是抗联的联络副官。韩有才精通俄语，主要负责与苏方进行联络。就是这样一个秘密组织，从1933年开始到1940年4月16日期间8个年头，一直与抗联保持密切联系，成为抗联在虎饶一带的一个重要的情报站和坚强的后盾。但由于叛徒张继武的出卖，遭到日军的破坏。当时，他们将这一事件直报到伪满新京（长春），日本宪兵队亲自调兵遣将处理此案。日本关东军宪兵司令部首先将张旭武调到虎林监控起来，然后派都筑少佐专程到东安省宪兵本队，负责指挥破获行动，抽调东安宪兵队，半截河宪兵分遣队及驻虎林之牛岛部队共51人参与此案。他们首先在半站火车上逮捕了去虎林看望女婿的韩有才，接着逮捕了孙正藻（敌伪档案中对此案有详细记载）。在虎林一共逮捕了64人，西岗宪兵队组织57人的突审团，连续10昼夜，使用了各种刑具。这些被抓的人有的被打断肋骨，有的打瞎眼睛。日军在审刘福成时，刘用手铐砸日本兵的头，刮下日本兵的一面头皮，刘被扔进狼狗圈活活咬死。经1个月的审讯，又释放28人。1940年秋，有6人定为“首魁”，其余20人定为“首先”，均被先后处死。枪杀、刀砍，十分惨烈，日军在虎林的暴行罄竹难书。

三、虎林人民在抗日斗争中的英雄事迹

自1933年日军侵占虎林之后，英雄的虎林人民，在中国共产党虎饶地下组织的领导下，组建了反满抗日救国会、妇女救国会、共产主义青年团等各种抗日组织，广泛开展地下活动，动员和发动了全民抗日，诸如：进行抗日宣传；为抗联部队筹集军需；接待、掩护革命队伍；侦察敌情、跑交通；破坏敌伪交通设施；组织人民群众参加革命队伍，等等。这些行动都是在极其艰险困难的环境中进行的，从而涌现出许多机智灵活、严惩敌寇的光辉事迹和视死如归、可歌可泣的民族英雄。

（一）姜基云与将军岭

完达山脉那丹哈达拉岭，像一条臂膀，伸展在虎林、宝清、饶河的疆界之中，它是抗联的故乡。

1942年，一支抗联队伍在完达山东麓二龙山地区扎下了营盘。他们发动群众，打击日军，闹得日军头目山本太郎十分恼火。他挖空心思进行策反，企图寻找线索进行“围剿”。

康德屯（今新乐乡新民村）的伪村长赵某，通过金钱美女，收买了一个叛徒。这人原是大同屯（今新乐乡团结村）的浪荡公子，是抗联二龙山支队的文书。伪村长如获至宝，从叛徒口中了解了山上抗联的详细情况后，连夜派人给山本太郎送信。

伪村长赵某家有个长工叫姜基云，人们都叫他姜大叔。他原来是个铁匠，因为上了年纪，就在赵家打更。他是康德屯唯一的共产党员，是抗联的内线，代号叫“将军”。

姜大叔经常上山给抗联送粮送油。他认识这个叛徒，这个叛

徒也认识他，当他得到叛徒叛变的消息，脑子轰的一下，心里乱成了一团麻。

北方的冬天，下午4点钟就黑天了。姜大叔12点钟还没有睡觉。他在长工的小屋里来回地踱着：去送信吧，恐怕山下早已设了卡子；不去吧，又恐怕叛徒领日军进山。他坐到炕沿上抽烟。火光一闪一闪，突然心里一亮，他看见了墙角边放着一把他昨天刚刮好的柞木新镐把。他拿在手里沉甸甸的，思索了一下，眉头一皱，牙一咬，转身闪出了大门。

伪村长还在民团集训的帐篷里为这个叛徒接风洗尘。帐篷里吵吵嚷嚷一片混乱。姜大叔提着镐把，蹑手蹑脚蹭到帐篷后边，从缝隙里看到叛徒正坐在帐篷后边抽烟。这时正巧伪村长给他敬酒，他站起来接酒杯。因为叛徒个子比较高，把帐篷顶出一个大包。姜大叔眼疾手快，抡起镐把，使足力气，像打铁一样，砸了下去，不偏不斜，正砸在叛徒的天灵盖上，叛徒当场气绝，帐篷里顿时炸了锅。

姜大叔迅速扔掉皮手套，绕道回屋睡觉去了。

第二天一早，日军队长山本把全村人集中到一起，用狼狗闻闻镐把和手套，再逐个人寻找。姜大叔被查出来后，又被逼着为日本兵带路，去二龙山寻找抗联队伍。姜大叔带着日军来到一座无名大岭，在森林里转来转去。最后他突然大喊一声：“二龙山，抗联就在这里！”说完仰天长啸。山本知道上当了，发疯似的向他开了枪。姜大叔倚在一棵大树上，露出胜利的微

将军岭

笑。这时，暴风雪越刮越猛，气温降至零下30摄氏度。山本和100多个日军大多被冻死在这片森林里。

为怀念这位优秀的共产党人、抗日英雄姜基云同志，这座无名山岭从此被人们称为“将军岭”。

（二）九牌伏击战

虎林市域内的穆棱河下游，有一块冲积平原，它的南岸有一个村庄，新中国成立前叫九牌，新中国成立后叫仁爱村。日本关东军入侵虎林后，九牌是抗日游击区，有反日会员140多人，为抗日斗争做了许多贡献。一箭双雕打击日军就是其中的一个辉煌战例。

1936年农历七月间，抗联七军前身——东北人民革命军第四团200多人来到九牌（现虎林市东诚镇仁爱村）。晚上，革命军贾团长召开抗日积极分子会议，了解情况，准备打仗，党支书（当时九牌有伪政权，党支部在地下活动）说：“队伍刚成立，群众很高兴，又捐钱，又献粮。如果再打几个胜仗，老百姓就更加鼓舞了。”团支部书记刘广生接着说：“和平屯有个狗特务，很可恶。他倚仗日本人的势力，欺压老百姓，砍伐我们单家林子里的杨树，送给日本兵，群众很气愤。反日会有什么活动，这小子闻到味儿就去报告日本守备队。我们军队一定要惩治他。”贾团长听完汇报，连夜同刘、孙两位团副研究制定了一个先除掉汉奸、引日本兵出动，再打伏击的连环战斗方案。第二天晚上，由刘广生当向导，领着一个排的革命军摸进了和平屯。在狗特务家中将其抓获后押回九牌，又转移到包家林子革命军指挥部。

第二天，黑嘴子日本守备队，得到和平屯一个汉奸的报信后，立刻集合了60多个日军，带两挺歪把机枪，并要求伪政权包生禄带自卫团20人，配合作战。贾团长得知日军的行动后，按照原定的作战方案，把部队分成三个支队，一支队在左，二支队在右，三支队在后，在漂筏甸子周围形成了一个口袋形伏击圈，整个部队全潜伏在三个林子里，就等着日军和伪军来送死。

太阳升到半天空，十点钟光景，日军和伪军，像一群野兽，气势汹汹地向九牌扑来。他们深一脚浅一脚地进入了沼泽地，闯入了包围圈。贾团长的指挥所设在包家林子。他看时机已到，拔出短枪，大声喊道："打！"顿时枪声大作。领头的几个日军前仰后翻栽倒在烂泥塘里。日伪军遭到伏击，慌成一团，一个个都趴在泥水里进行还击。两挺机枪架在塔头墩子上，向林子里盲目扫射。革命军封锁了两头的路口，日伪军在沼泽地里，滚来滚去成了泥人，进也进不去，出也出不来，守备队长嗷嗷叫，日伪军乱放枪，两挺机枪打得很猛，不让革命军接近，贾团长命令两组神枪手，分头迂回到日军的背后，一阵排枪，把两挺机枪都打哑巴了，直到天黑，守备队才狼狈不堪地冲出包围圈，逃向黑嘴子。

这次伏击战，日本守备队伤亡14人，其中死6人，伤8人。革命军缴获机枪两挺，步枪四支，子弹数千发，革命军有一位姓朱的战士光荣牺牲了。

次日，革命军撤走了，日本守备队叫包生禄自卫团去收尸，找了半天，只在漂筏甸子里找到两具日军的尸体，后来又用军犬去找，仅叼回四顶日本兵的帽子，自卫团跟着军犬寻找，又在水泡子里拖出四具发臭的尸体。

（三）胆大心细李忠义

抗联老战士李忠义，全国解放后曾任解放军某团团长，晚年是黑龙江省军区离休干部。撒传单、买乌拉，是李忠义参加抗联之前，在太平村西山屯（现虎林市伟光乡胜利村西山屯）时支援抗联进行抗日斗争的两件事。

李忠义

撒传单

1935年，抗日斗争已经进入了艰苦阶段。那时，虎林县太平村有地下党支部，李忠义是党员。有一次，山里来人，组织党员开会，布置任务：一是抓紧时间做好抗日宣传工作；二是给游击队当好后勤，组织好粮食、衣物的运送工作。临走时留下一大捆传单，要求到黑嘴子街进行抗日宣传。

撒传单不是件容易的事情，日军正在搞“强化治安”、实行“归屯并户”“百家联保”。那些唬洋气的狗汉奸、伪警察也跟着活跃起来。特别是黑嘴子街里，什么“西大营”“东大营”的，一个挨着一个，到处是黑乎乎的日军。

这个艰巨的任务交给了李忠义。他晚上躺在炕上，一直在琢磨怎么完成这次撒传单的任务。半夜，他推醒了睡在身边的三弟，找来线麻搓成麻绳，然后编织出一个2尺多宽、3尺多长、鸡蛋大网眼的网兜，并把网兜绑在爬犁辕子和铺板间的空地上，把传单一卷一卷地插在网兜眼里，下面露个头，大半截在上面，放倒后，就像小枪筒一样，一排一排地躺在网兜片上，在这上面装上了喂牲口的豆秸，然后装上柴火梓子。

天亮后，李忠义就赶着爬犁出发了。快进城时，他装着冻脚的样子，把脚插在豆秸里。那时进城卖柴火样子的爬犁很多，伪警察见惯了，有时也不怎么检查。这天偏巧碰上了个瘦猴儿样的伪警察拦住了李忠义的爬犁，李忠义从爬犁上下来，一边跺着脚一边说："卖样子的，你们局子要吗？"这家伙也没吭声，就在李忠义身上乱摸了一阵。没摸出什么玩意儿，抽出洋刀就向豆秸里捅去。李忠义立即迎上去，弯腰扑向豆秸，挡住了他的洋刀，假装要往下抱豆秸，并瞅着他脸问："喂牲口的豆秸，拿下来看看？"他见李忠义这么一说，抽回洋刀走了。

李忠义又坐上了爬犁，脚插进豆秸，往城里赶。

进到城里，李忠义装着兜揽顾主的样子，跟在大帮爬犁后面，从前街赶到后街，从东街赶到西街。走一段，见没人，脚一蹬，传单顺着网兜眼就掉了出去。眼看就要完成任务了，这时就听后面喊："站住！站住！"

李忠义知道敌人发现有传单了，就把最后两卷传单也踢出去了！

这时一个警察狗腿子一手拎着枪，一手拿着一卷传单跑过来，还未等靠近李忠义的爬犁，就又拣到一卷。

"这是什么？哪儿来的？"不由分说，上来就把李忠义爬犁上的豆秸撅了满地，什么也没翻出来。他又叫李忠义卸柴火样子，李忠义一边卸一边说："兴许是前面爬犁掉的吧？"

这时又有一个警察追来，这个警察把手向前一指说："快去把前面那些爬犁堵住！"李忠义把柴火样子全卸完了，他也没翻出什么，恶狠狠地瞪了李忠义一眼，便向前面的爬犁撵去了。

李忠义不慌不忙地重新把样子装到爬犁上。这时全街都紧张起来，纷纷传说，游击队进城了，发现了传单。有钱的人都躲起来，没人买样子，李忠义就把柴火样子拉出城扔到路边，赶着爬犁顺利地回家了。

这件事儿，让日本侵略者紧张了好几个月。

买乌拉

1936年冬天，日军进山“围剿”抗联，山里的同志在大山里和日军捉迷藏，有的同志鞋磨破了，有的同志脚冻坏了，捎信来，让李忠义买乌拉。黑嘴子街“关家皮铺”就做乌拉，可是从街里往外运那么多乌拉，很难躲开伪警察的盘查。

李忠义村里有个叫姜春田，他在黑嘴子街“马车组合社”当头目，给日军当走狗，和伪警察熟悉，李忠义就巧妙地利用了他，完成了送鞋任务。

快到春节的时候，李忠义装了一爬犁柴火柈子，带了两条麻袋进街了。他把柈子卖了后，就在“关家皮铺”买了60多双乌拉，用麻袋装好绑在爬犁上，便到马车组合社去找姜春田，对姜春田说：“天气要坏，坐我的爬犁回去过年吧。”姜春田说：“还有五六天过年，先等等。”李忠义说：“过几天大雪封路，平地的雪都托马肚子了，哪里还有爬犁进街？”姜春田才动了心，说：“也好。”就拿了些东西和一条口袋出来了。

在街里，姜春田买了一些糕点等年货，装进口袋放在李忠义的爬犁上。他见爬犁上有两条装满东西的麻袋，就用怀疑的目光看着李忠义，李忠义嘿嘿一笑说：“买了点菜，给邻居捎了几双乌拉，出街时警察要问，你说给你拉的年货，他们连个屁也不能放就过去了，谁还敢把你怎的？”

姜春田起了疑心，迟迟疑疑地不想坐上爬犁了，李忠义上前一拽，说：“快点吧，姜先生！家里人都等你呢。驾！”李忠义就势一晃鞭子，马撒腿跑开了，姜春田在爬犁上一直阴沉着脸。

刚一出街口，一个伪警察上前拦住了马头，问：“拉的什么？检查！”

李忠义给姜春田递眼色，示意他说话，可是姜春田怕受牵连，就是不说话，李忠义便回头盯住姜春田说：“马组社姜先生的年货！”可伪警察说：“不行！公事公办，谁的都得检查！”

李忠义看出伪警察是想捞一些年份子钱，不一定怀疑拉的东西有问题。可是李忠义已经没有钱打点伪警察了，就说：“公事公办，查查好，两下都便当。”

警察狗子见他俩都不肯出油水，便真的来翻爬犁。就在这当儿，李忠义趁着警察松开马头往后来的空儿，用鞭杆向马屁股捅了一下，马一惊，猛地跑开了，姜春田没坐稳，四脚朝天的摔到地上。李忠义一边捅着马屁股一边喊：“吁！吁！吁！”爬犁却越“吁”越远了。

李忠义赶着爬犁直接奔向山里，把乌拉送到了指定的联络地点。腊月二十八那天，山里下来人，安全地把乌拉取走了。

（四）普通百姓曲吉成

“九一八”事变后，中国共产党领导的抗日队伍打击日伪军，虎林人民知晓民族大义，纷纷暗地里支援抗日。1905年出生的曲吉成，就是其中的一员。

送急信

曲吉成22岁的时候（1936年）从辽宁岫岩到虎林种地，住在小南山（现虎林市新乐乡新民村附近），只有二三十户人家。有一天吃过晚饭，小南山卡长给曲吉成一封信，说是日军明天一早就要打莲花山，让曲吉成给莲花山的抗联送信。到莲花山虽然只有10多里路，可是没有大路，只有一条山路，长着半人深的草，曲吉成过草甸穿树林，把手和脸都划破了，还要躲开盘查。大约走了6里地，突然被两个伪军用枪逼住。这时，曲吉成认出其中一个伪军班长名叫董鹏久，这个董鹏久暗地里和抗联有来往，也认出了曲吉成。董鹏久说：“三哥，是你呀！这么晚了怎么还出来？”曲吉成说：“山那边老母亲得了急病，我得去看看。”董鹏久望了望对面的山，大约猜到了什么情况，指着前面对曲吉成说："老潘家前面那段道没有人站岗，你从那儿过去。"

曲吉成

（新中国成立后留影）

曲吉成到了莲花山东坡，向一个穿灰衣服的岗哨说明来意，哨兵把曲吉成领到王木匠家里，见到了郑司令（四军二师师长郑鲁岩）。曲吉成把怀里掖的信交给郑鲁岩。这天晚上，曲吉成就住在王木匠家。半夜一过，抗联队伍就走了，大约有300人。抗联一走，曲吉成就摸黑回家。天刚放亮，日本兵的大队人马就开进莲花山。很快乡亲们就传开了，说日本兵扑了个空。

送子弹

曲吉成去莲花山送信后，在黑嘴子街又遇到董鹏久，董鹏久对曲吉成说："我有些子弹，山里要不要？"曲吉成愣了下说："这事你怎么问我？"董鹏久说："不是问你，你进山时给我问问。"曲吉成就在给抗联送粮时，问了连长潘连贵和一个姓董的处长。潘连长说："拿来吧，我们要，钱不能少给。"曲吉成转告了董鹏久，决定给抗联送子弹，由于子弹比较多，曲吉成怕背不去，就问董鹏久："你敢不敢和我一块儿去？"董鹏久又找一个伪军，他们三个人一起进了山。七虎林河水很宽，对岸有人接应，他们坐着木槽子过了河。一过河，就是"大黑林子"（在草甸子里的一片孤树林），林子里有一个地窨子，里面有粮食，再往林子深处就是抗联的根据地，他们把子弹交给了接应的人。从那以后，董鹏久又往山里送过几次子弹，后来还有个姓张的伪军，也让曲吉成帮着卖三八大盖枪和匣枪子弹。

送粮食

1938年，日军实行并屯政策，曲吉成所住的小南山散户被日军用枪逼着搬到康德屯（现虎林市新乐乡新民村）。1938年6月，抗联收编的山林队李德胜在地里遇见了曲吉成，说并屯以后，山里缺粮，问能不能想办法送点粮，又问什么时候能送去。在并屯以后，给抗联送粮是件十分危险的事，是在敌人眼皮底下、迎着刺刀尖送粮，弄不好就要掉脑袋，还要祸连全家。当时康德屯修了一丈高的围墙，围墙外有两米多宽、一米多深的环墙沟，围墙四角都修了高高的炮楼，只在南面留一个大门。四角的炮楼和大门都有伪军把守。屯基里有个姓屠的伪军连长，抓住通抗联的就送给日军领赏。

曲吉成
（1904年生人，1998年去世，享年94岁）

曲吉成为了给抗联队伍送粮食，吃不下饭，睡不好觉，想不出万全之策，最后决定冒险。为了麻痹敌人，曲吉成干脆不在傍黑天时送，而在大清早，把一麻袋小米子装上马车，上边压上草料，把犁杖也架在车上，像每天铲地那样上路了。表面看来，好像没事一样。村口就是鬼门关，车上装的是定时炸弹，眼看就会爆炸似的。到了村口，曲吉成用眼盯着站岗的兵。他在木板岗楼外边站着，无精打采地看着这些眼熟的村民，每天不知多少次地从他眼前出来进去，他看惯了，粮车就是这样出了村。当天曲吉成把粮食运到联络点的时候，从林子里出来四个人，其中一个是李德胜，曲吉成把粮食交给抗联战士才回去。

盖密营

1938年春天，卡长吕海臣和曲吉成商量，让曲吉成出劳力去山里土顶子（今虎林市东方红镇东村西北）给抗联盖营房。曲吉成到了土顶子东北10多里的林子里，和50多个村民干了20多天。土顶子周围有五座密营。在曲吉成他们去之前已经盖好一座，在土顶子山的北半坡，能住50人左右。曲吉成他们到了以后，在山西北20多里处，又建了一座能住50多人的密营，在土顶子山的东南和东北两地方，各建了一座能住200人的大密营。在东北密营的门口，建了个能容10来个人的伙房。所有的密营都是大木头搭起来的，就连天棚也是一排排的圆木，密营都建在半山坡，有一半在地下，一半在地上。上边压上土，栽上草皮，出门就是大树林，不走到跟前是看不见的。曲吉成参加盖了两座密营，就是东北面那个大的和门前的伙房。

七军三师师长景乐亭经常到工地，密营完工的早晨，景乐亭给每个村民发了一块红布，上边有黑字，盖着印章。他对村民说："你们出力了。等我们胜利后，你就拿它来找我。如果我不在了，就找他俩（指布上盖的印章）。"还叮嘱说，"好好藏着，别让日寇得去。"可惜的是，后来怕日军搜查，曲吉成把它烧了。

（五）孤儿走上抗联路

虎林县林业局退休干部张树林，特别喜欢布谷鸟的叫声，"布谷！布谷！"每当他听到这种鸟叫的声音，就回想起少年时代他参加抗日活动的情景。

张树林

张树林的父亲是抗日义勇军战士，打黑嘴子德盛屯，负重伤牺牲了。为了生活，张家兄弟姐妹只好各奔他乡。

1937年张树林12岁，去大王家（现虎林市虎头镇大王家村）投奔一个亲戚，在那里遇到了毕于民，也是张树林父亲的领导。所以，张树林见到毕于民就像见到自己的亲人一样，抱住他的大腿，哭诉了家破人亡的遭遇。毕于民安慰地说："小兄弟，别哭了，你父亲牺牲了，今后我就是你大哥，只要有我吃的，就有你吃的，有我住的，就有你住的。"就这样，张树林住在倒木沟毕于民家。

毕于民工作很忙，早出晚归，有时通宵开会，研究部署对付日伪军的办法，经常给张树林讲抗日的道理，毕于民说，日本侵略中国，实行"三光"政策，即烧光、抢光、杀光。倒木沟有好几户全家都被杀害了，日本人要叫中国人当亡国奴，就是当牛、当马、当奴隶。我们是有骨气的中国人，不能受日本人的欺辱，我们要发动群众，拿起刀枪，把日本侵略者赶出去！在毕于民的教导下，张树林逐渐明白了一些道理，坚决要求参加抗联。毕于民答应了，叫张树林当他的小通讯员。就这样，12岁的张树林走上了抗日救国的征途。

毕于民布置给张树林的第一个任务，就是去树林里学鹁鸪鸟叫，要求学得一模一样。张树林把嘴唇都练破了，终于学得惟妙惟肖。第二个任务就是学走路，翻山越岭，过草甸子，练得快步如飞，也学成了。以后，毕于民走到哪里，张树林就跟到哪里，从不掉队。张树林三天两头去南街基、北街基、傅家亮子、小木河口亮子、土顶子山等地送信传递情报，有时还从南街基伪警察署带回子弹、日用品转送给抗联。毕于民召集有关领导开会，张树林就上树、上房站岗放哨，一发现情况，就学鹁鸪鸟叫（这是信号），一般情况叫得慢，紧急情况叫得快。别人不知道，只有毕于民能听出来。

有一天晚上，抗联的一个班人去北大通（现虎林市八五八农场附近）联络站老李家，一进门看到老李家五口人都躺在血泊中。老李手中还握着一把大斧子。经过了解，原来是一帮日伪军袭击了这个联络站，逼着老李说出毕于民的联络点，老李转身操起一把大斧子同敌人搏斗，日伪军开了枪，把大人都打死了。老李的儿子只有六岁，见爹妈死了就扑了过去，凶残的敌人用刺刀把孩子也挑死了。抗联战士怕敌人继续毁尸，就把老李家菜窖打扫干净，用席子和被褥把尸体包起来埋在地窖里。战士们都哭了。毕于民说："血债要用血来还，我们一定要报仇雪恨！"

1937年的夏天，日伪军强迫老百姓归屯子、修围墙，张树林给土顶子送去情报，毕于民带了抗联补充团，狠狠打击了日伪军，使敌人的并屯计划受到挫折。日本三五警务指导官要血洗倒木沟，情况十分紧急，毕于民连夜动员群众迅速撤离，张树林往来于南街基、北街基来回传送情报，组织大批乡亲过江到苏联。

这天中午，毕于民带张树林去北街基布置任务，他俩拉开段距离，张树林在前面走，毕于民跟在后面。突然树棵里钻出两个日本宪兵和一个伪军（他们是去黑嘴子送信调兵）。"布谷！布谷！布谷！"布谷鸟叫了三声。毕于民立刻做好了战斗准备，日本兵走到他隐蔽的高岗前，"叭！叭！"两枪，把两个日本宪兵全撂倒了。伪军想溜，毕于民和张树林两头堵，把他抓了回来。

几天后，抗联又收到情报，日伪军要到北大通抓人。毕于民带领抗联战士在离北大通不远的路上，设下了埋伏圈。张树林爬到了一棵枝叶茂密的大树上瞭望。不一会儿，日伪军过来了，一个个扛着枪，大摇大摆地往前走。"布谷！布谷布谷！……"连续叫了十声。布谷鸟声一停，枪声骤起，"哒哒哒！""叭！叭！叭！"带有深仇大恨的子弹飞向敌人，敌人还没有反应过来，就七倒八歪地被打倒了。这次战斗，干净利索，消灭了9个日军、1个汉奸，缴获了8支三八大盖、2支手枪。抗联战士把敌人尸体拖到附近的漂垡甸子里，挖一个洞，塞了进去。毕于民说："让侵略者下泥沼，永远见不到天日。"

又隔了一些日子，日本三五警务指导官，带领300多日伪军，前来血洗南街基。形势十分紧急，张树林奉命通知所有抗日组织，召开了紧急动员大会。毕于民作了总动员，进行了详细的战斗部署：一部分人在街里挖工事固守，补充团在外围打伏击，张树林和另一个战士在房顶上放瞭望哨，密切注意敌人的动向。“布谷！布谷！布谷！”布谷鸟的叫声，一声比一声快，一声比一声紧……日伪军刚刚踏进南街基，毕于民一声号令，里外夹攻，枪声四起。打得日伪军人仰马翻，丢盔卸甲，蒙头转向，四处逃窜。三五警务指导官负了重伤，落荒而逃。他在一个汉奸的帮助下，好不容易才突出包围圈，骑马过了河，躲在草垛里，第二天溜回黑嘴子。

张树林（前排右二）全家留影

1938年，江边一带实行并屯，日伪军加强了控制和封锁，抗日军民的活动更加困难了。毕于民同志牺牲以后，张树林被编到抗联少年营（武装儿童团），由尚秋云、王德领导。全营有几十人，大的20岁，小的12岁，大的有枪，小的有梭镖和手榴弹，仍在倒木沟一带进行抗日活动。秋天收青苞米的时候，抗联少年营在南索伦营（现虎林市东诚镇仁爱村附近）和日本“讨伐”队遭遇，激战了两个小时，抗联大部队赶到，把“讨伐”队赶跑了。这次战斗抗联少年营伤亡惨重，指导员尚秋云、连长王德和吕茂堂等同志都负了伤，小锁子等7个战士牺牲了。

领导为了保存革命力量，决定抗联少年营大部分人员护送抗联伤员和家属及老百姓，乘周家两条大船，过江去苏联。抗联少年在伊曼学习、训练了7个月。伤员在医院治疗，尚秋云的胳膊截了肢，王德的腿也截了肢。1940年2月2日，张树林被送到新疆，后回到虎林务农，1950年加入了虎林县公安队伍。

（六）宁死不屈宋瀛洲

1951年7月23日，虎林县人民政府召开公审日伪特务高德山大会，受害者纷纷上台控诉。其中一位中年妇女和一位少女，悲痛欲绝，要求偿还血债！她们是抗日地下工作者宋瀛洲的妻子和女儿，当年，宋瀛洲就是因为高德山向日本宪兵队告密而被杀害的。

宋瀛洲，1928年前从虎林去苏联做小买卖，后被选调到驻苏中共党校学习3年，毕业后又到伊曼学习报务3个月。1931年被派过江回虎林，在杨木桥以开店为掩护做情报工作。日军侵占虎林，宋瀛洲便将店铺迁到伪县署所在地（现虎林市虎头镇），与周炳道合伙开杂货铺为掩护。每隔40天，便以讨账为名暗中过江去苏联送情报。后因日本兵大军压境，江岸防守严密，宋往返困难，苏联便于1935年5月派孙进先携带一部电台来虎林配合宋瀛洲工作。宋瀛洲将孙进先安排在乡亲张祥九家做长工。从此，搜集到的情报便由孙进先向苏联拍发。

1938年，伪县署迁至虎林，宋瀛洲的情报点又随之搬到虎林街，仍开杂货铺。张祥九和孙进先也搬到虎林，在穆棱河南岸买了一垧地，盖了两间房，以种地为掩护继续做情报工作。后因电台失灵，苏联派情报人员来虎林与宋瀛洲接头，把情报带回去。

此后，苏联边防军不再派人，要求宋瀛洲仍隔40天过江送一次情报。由于日军在沿江一带封锁越来越紧，导致情报中断半年之久。苏联边防军司令部以为宋瀛洲出事了，就在1940年11月份，派情报员张海山由倒木沟到荒岗，绕过日本的防守区来到虎林，找孙进先、张祥九探听情况。在张海山快到张祥九家的时候，天还没有黑，不好靠近，就在离张家20里外一间空房子里休息。他经过几天跋涉，十分疲劳，一坐下来便睡熟了。正在睡时，被人叫醒，睁眼一看是日本关东军测量队的士兵，立刻掏出手枪，不料枪出了故障，打不响，因而被捕。在他身上搜出苏边防司令部给宋瀛洲的信、伪币。当即被押到虎林宪兵队，又转到特务机关。当晚，特务头子王治安、任少轩、刘子明等人，把张海山带到一家饭店，摆上了"酒肉"。张海山怕吃"罚酒"，当场供出了宋瀛洲、张祥九、孙进先。

离开饭店，特务们把张海山押回特务机关，王治安领刘子明随即逮捕了宋瀛洲，带到特务机关对质。宋瀛洲一眼认出了张海山，知事已暴露，便先发制人抢先说："哎呀，张大哥什么时候到这儿了？现在做什么生意？"

"我……"我支吾着。

宋瀛洲进一步问："还种菜吗？"

王治安接过话头问："你们认识？"

宋瀛洲说："认识，十几年前我们一块在苏联种过菜，以后我就回国了，再没见面。"

张海山听到这里惭愧得"哇"一声哭了。说："兄弟，对不住你，我都讲了。苏联边防军给你的信和钱都被他们搜去了。"

宋瀛洲气愤地骂道："你这个混蛋！"

于是，宋瀛洲被关押起来。

第二天，王治安领日本宪兵到张祥九家逮捕了孙进先，后又去逮捕张祥九。张祥九、孙进先二人在特务机关被打得死去活来，拒不承认通苏。不久，因伤重相继去世。

40天后，宋瀛洲、张海山被日本特务机关长西尾“逆用”。宋瀛洲名义上为日本工作，实际仍为苏联工作。开江的时候，日本特务乘火车将宋瀛洲、张海山二人送到月牙，再用日本军用小船送过乌苏里江去苏联。宋瀛洲将发生的情况全部报告给苏边防军司令官，张海山当即被送往煤矿劳动，宋瀛洲继续来往于中苏边境做情报工作。

当时在虎林有个义和轩理发店，做饭的叫孙乐平，他家与宋瀛洲家仅隔一道板障子。1941年11月一天，孙乐平告诉宋瀛洲说：“我夜里上厕所，在月光下看见特务高德山、任少轩、张吉成三人在你家窗前偷听，要加小心啊！”

过了2个月，孙乐平又告诉宋瀛洲：“我夜里在厕所向你家望，看见宪兵李悦强和特务高德山在你家窗前往南看，还有两人背着月光没看清。你被盯住了，快想办法逃吧！”

宋瀛洲感到在虎林的处境危险，便安排好家事去苏联报告了被监视的情况，要求不再回去了。苏军司令官不同意，说：“你不回去不行，不能断了联系，回去吧，多加小心。”宋瀛洲无奈带着一部电台又回到了虎林。

1943年秋的一天，宋瀛洲去理发店，刚要进门，后边伸过只手搭在肩上，宋瀛洲回头一看，原来是高德山狞笑着说：“你的事犯了。”宋瀛洲厉声说道：“我的事不是早就犯了吗？你白天黑夜都在保护我，感谢啊！”说完袖子一甩走了。高德山这条日本人的忠实走狗，向宪兵队长龙泽报告说：“宋瀛洲在这边的情报没有，净往那边使劲。”

宋瀛洲知道自己早晚得被抓，已经走不出去了，便和同房好友沈桐俊老头说：“我不知哪一天就被抓走了。你没看到我一动就有人盯梢吗？连夜里睡觉也有人监视。”老沈头劝他快走，宋瀛洲说：“走不了啦，一离开虎林他们就会把我抓起来。”宋瀛洲嘱托道：“我要回不来了，你照顾照顾她娘俩，等我闺女长大了，你告诉她，她爹是一个真正的中国人。”

1944年11月21日晚，钟表店的一个朝鲜人到宋瀛洲家叫门，声称有事。宋瀛洲披上大衣开门一看，见宪兵队长龙泽、特务高德山、李悦强就在门外，随即把宋瀛洲押到宪兵队。第二天晚上，高德山、李悦强、龙泽等几人又来宋瀛洲家叫门说：“我们是宋瀛洲的朋友，刚从密山来，开门吧。”老沈头住在宋瀛洲的前屋，他把门一开，龙泽等人一拥而进，气势汹汹冲宋瀛洲的妻子要苏联电台。宋瀛洲妻子说没有。他们便翻箱倒柜，把炕也扒了、火脖也拆了，连屋里地面都挖了，也没有找到电台。12月初，这伙人再一次来宋家审讯宋瀛洲妻子，要电台和情况。宋瀛洲妻子仍回答说：“没有，”“不知道。”他们临走时把李悦强留下。李每天花言巧语探问情况，晚间还有个特务在窗外听风，龙泽每天晚上都来宋瀛洲家听一次汇报。李悦强在宋家住了20多天，什么情况也没捞着。12月21日，特务把宋瀛洲的妻子女儿都抓到宪兵队，上了手铐脚镣，追问电台。宋瀛洲妻子还说不知道。又上了大挂审问，吊了一天才放下来。接着把宋的女儿也给吊起来一个多时辰。因一无所获，娘俩被关押了8天才放了回来。

宋瀛洲在宪兵队，龙泽亲自审问，严刑拷打，宋瀛洲只字不吐，坚贞不屈。不久，被送往长春宪兵总队杀害了。

1945年8月12日，苏联红军解放了虎林。苏联边防军司令官亲自到宋瀛洲家慰问宋瀛洲的妻女，看着她娘俩凄惨的生活，落下了同情的眼泪。他举起手中的文件夹说：“宋瀛洲绘制的地图，日本部队分布情况、军事设施，县署、警察署位置，等等，都准确地报给我们了。为我们攻打虎林，提供了可靠的资料，他对革命是有功劳的！”说完向随员示意，随员拿出一沓红军票子给宋瀛洲妻子作生活费。临走时苏军司令官对宋瀛洲妻子说：“以后我们会经常来看你们的。”

8月19日，苏军逮捕了高德山，将他带回苏联审讯。1950年11月2日，从苏联把他引渡回国，被虎林县人民法院判处死刑，经松江省法院核准。1951年7月23日，在虎林召开全县人民公审大会，枪毙了这个血债累累的特务。

李悦强于1952年也被虎林县人民法院判处死刑。

（七）刘二姐名垂青史

20世纪30年代，一户刘姓人家从辽宁省东沟县（现东港市），逃荒来到现在的虎林市伟光乡永胜村东北角2里远下的一个小山边，搭了个马架子定居下来。丈夫叫刘长青，妻子叫刘某氏，夫妻俩都近40岁了。

刘二姐长女刘桂兰，酷似其母（1910年生人，在虎林桦树村定居，享年77岁）

刘长青是个皮匠，外号刘皮夹子，有一手熟皮子的手艺。两口子勤劳能干、头脑灵活，靠开荒种地、采集山货、打猎、熟皮子维持生计。虽不算太富裕，但小日子过得也算殷实。那时进山挖参、打猎、种大烟、拉木头的人，大多要路过刘家，这里就成了过往行人打尖歇脚的地方。

刘某氏在姊妹中排行老二，她为人爽快热情，后来乡亲们都亲切地叫她刘二姐。刘二姐热情好客很快赢得了好名声，时间久了人们就把刘二姐居住之地称为“刘二姐林子”了。刘二姐育有

1男3女，后来又收养了赵姓邻居的女儿（其父母被胡匪杀害）。至此刘二姐共有4个女儿。

1933年日本关东军侵占虎林，随之，抗日烽火燃遍虎林大地。“刘二姐林子”北面是莽莽苍苍的森林和一望无边的沼泽。抗联部队就在北部深山密林里活动。冬天，大森林里的地窨子就成了抗联战士的营地。

1933年严冬季节，日伪军500多人由日军的一个少佐率领，并有50多张马爬犁给日伪军拉给养，开进“刘二姐林子”，企图剿灭抗日队伍。刘二姐一看情况不妙，便让丈夫刘长青趁日伪军不注意时从后山小道溜走给抗日联军送信。日伪王翻译官带着日军少佐找到刘二姐，让她给找向导带路进山。刘二姐满口答应，并哄骗王翻译官说：“白天进山容易被发现，天眼看要黑了，我现在给你们做饭，等人吃饱了，马也喂饱了，天黑下来我找人给你们带路再悄悄进山。”其实她是在给抗日联军争取更多的准备时间。

王翻译官和日军少佐叽里咕噜了一阵，日军少佐阴沉的脸上有了笑容，夸刘二姐大大的良民。晚饭后，刘二姐领着刚给抗联送信归来的丈夫去见日军少佐，推荐自己的丈夫领他们进山，日军官随即命令部队立即出发。刘长青领着日伪军在山里走了几个小时。这时天气突变，鹅毛大雪纷纷扬扬，到半夜又刮起了“白毛风”，气温骤降，狂风夹杂着雪花乱舞。林子里顿时大雪没膝，迈不开步。刘长青把日伪军诱到了抗联部队的伏击圈。日军官下令扎营，日伪军冻得实在受不了，在雪地里挖洞避寒，一会就冻得全身麻木了。这时抗日部队踏着滑雪板逼近敌人营地，向日伪军突袭，机枪猛烈开火，手榴弹在日伪军头上爆炸。这一仗把日伪军打得鬼哭狼嚎、晕头转向，被打死的、打伤的，冻死的、冻伤的不计其数，仅剩下小部分敌人得以逃脱。

农历腊月二十四这天，抗联一位团长和四名战士带着缴获日军的战利品来到刘二姐家专程致谢。

第二年夏天，久旱无雨，刘二姐四周的涝洼地都能跑车马。日伪军想趁此机会消灭抗联队伍。派出了两名便衣来到刘二姐住处，再次让刘二姐找人充当向导，进山打探抗联。恰巧，抗联军需官毕于民下山搞给养，此时就住在刘二姐家。刘二姐谎称毕是自家兄弟，由毕于民带他们进山。毕于民把两个便衣密探带到了抗联驻地当场擒获。

1940年秋天，已近天命之年，为抗联做出过重大贡献的刘二姐因病辞世。抗联七军领导闻讯，无不深感痛惜。

日伪军屡吃败仗，发现了刘二姐的秘密，已升任中佐的日军官再次带领人马来到“刘二姐林子”，要对刘家人进行报复，可他们没有找到人，只是在山上找到了刘二姐的坟墓。日军官气急败坏，下令把刘二姐的墓穴掘毁。

刘二姐的坟墓至今难以找寻了，但刘二姐感人的故事一直在虎林老区人民群众中流传。她深明大义、报国爱国的志士情怀将永远激励着老区人民，不忘初心，为家乡繁荣和发展做出新的贡献。

（八）张万成智勇救劳工

张万成
（1909年生人，
1972年病故）

杨木河是虎林境内穆棱河的一条支流，20世纪30年代，张万成家独居在杨木河畔。张万成祖籍山东省文登县，随父亲张臣闯关东到吉林磐石。“九一八”事变后，张臣组建了一支抗日队伍。一次，张臣率领队伍与大队日军遭遇，后被敌人重兵包围，在这种情况下，他带领抗日志士英勇杀敌，最后全部壮烈殉国。张臣牺牲后，为躲避日军对抗日家属的追杀，当年40多岁的张万成带领全家逃离了吉林磐石来到虎林，在杨木河边搭了两间小木屋住了下来。

当时虎头修建地下军事要塞，大量劳工被折磨至死，因此有劳工冒死外逃，但很少有人能逃过月牙、火石山、仙鹤三道日军设立的关卡。

仙鹤站位于虎林县城东北的杨木河南岸，距杨木河铁路桥有四五里地，这座桥是通往县城及出境西行必经的关卡。日伪时期，仙鹤火车站有日本宪兵和一个排的伪军驻守，他们经常挨家挨户搜查抗联人员和出逃的劳工。汉奸也和日军狼狈为奸，欺压百姓，残害抗日志士，对出逃的劳工极为残忍，抓回去就扔进狼狗圈里活活咬死。

一个深秋的夜晚，正在熟睡中的一家人被大黄狗惶恐的撞门声惊醒。张万成立刻想到，这八成是来了狼群，便点燃了几束草把走出门外。但奇怪的是狼群没朝这边来，而是密密匝匝地围住距房后几十米处的一个草垛。张万成从闪烁在暗夜里的蓝光判断，这群狼至少在几十只。草甸子里有不少这样的草垛，是日军征用的羊草。这些天日军的马队和伪军经常过来，好像是在追捕什么人。张万成不敢多想，急忙回屋拽着儿子张友，又点着几个草把冲了出去，将火把一个个投向狼群。狼群一阵骚动，瞬间消失在夜幕中。

不出张万成所料，在狼群散去后，有6个人从草垛顶相继滑下来。他们个个骨瘦如柴，蓬头垢面，穿的是印有编号的劳工服，年龄都不超过30岁，其中有一个操着一口很重的胶东口音的人，小腿肚子受了枪伤，拄着个棍子，从言谈中听出来是领头的，张万成就叫他“拐子”。

张万成冒着巨大的风险收留了这6个人。张万成说：“你们的命真大，这么一帮人搅在一起活着跑出上百里路，真不容易啊！但是再往外走就难了，就凭你们自己是根本过不去的。既然今天留下你们，我的身家性命就和你们拴在一起了，你们只管放宽心，老老实实藏在这里，等避过了风头，咱再一起想招儿离开。”

此后，这6个逃出的劳工白天藏在羊草垛里，天黑就悄悄地来到张万成的茅屋。几天过后，这几个人气色好了许多，都有了精神头儿。他们相继换上了张万成从十几里外村屯讨弄来的普通百姓衣裤。即便如此6个人也不能同时露面，一是有很重的胶东口音；二是目标大，很容易引起日军、汉奸和特务们的注意。

恰逢赶集的一天，张万成带领2个普通农民打扮的人，每人挑着装鱼的担子，趁天没亮就出发了。走到仙鹤站（现虎林市东诚镇杨木河桥南侧五百米处）时，太阳还没升起。把守关卡的伪军迷迷糊糊与张万成搭讪了几句，就把他们放行了。赶到县城集市，不到半天鱼就卖完了。张万成就把这2个人送出了县城，并反复叮嘱他俩一直往西走，避开村屯，少与路人搭话，晚上可沿铁路线走，趴煤车还能逃得快些。

张友领着另2个人在太阳一竿子高的时候来到关卡，检查的伪军看看这个用木棍挑着一个煤油瓶子，再看看那个肩上搭着个泛黄的咸盐布袋，一摆手都放过去了。“拐子”因腿伤未愈，还一时走不了，由另一人陪护留下继续养伤。张万成除了每天用盐水给“拐子”清洗伤口，还采来了些治外伤的草药敷在伤口上。10多天过去了，“拐子”的伤好多了，可以扔掉拐杖行走了。但这时形势发生了变化，日军对这一带加强了封锁盘查，没有日军发的证件就不能通过关卡，而且在张万成家继续隐藏着也越来越不安全了。

“拐子”很着急，经常与张万成商量过关卡的办法。有一天早饭后，张万成划船逆流而上，船上装着渔网和一个用柳条编的大鱼篓。船行至杨木河桥下时，守桥的日军在桥上向下看了看张万成双手向上举着的证件后，又向船里查看了一下就放行了。张万成便习惯地从鱼篓里抓了几条大鱼甩上了岸，边打着招呼船就过了桥。避开守桥日军的视线后，船很快就靠了岸，张万成取出鱼篓里的青草，里面钻出一个人来，他就是陪护“拐子”的那位劳工。张万成叮嘱他在草丛中藏好，等明天“拐子”来了再一起离开。

张万成老人（中间端坐者）1958年与儿子儿媳
及长孙张宝贵、次孙张宝福等晚辈合影

翌日，张万成又和昨天一样把船划到了桥头，守桥的日军吆喝着要把鱼篓里的鱼统统留下。这时张万成有些手忙脚乱，船迟迟没靠上岸。日军有点急了，拉动枪栓，举枪瞄向了张万成。张万成一惊，船身一晃，鱼篓滚进了河中。岸上的日军气得哇哇直叫，张万成只好停下船，弯腰伸手抓起鱼篓与船身相连的绳子，慢慢地从河里拽出了鱼篓，里面一条鱼也没有了，日军很无奈，只好将其放行。张万成慢慢地划着船离开了桥头。船行到了隐蔽的地方，他轻轻地敲了两下船帮，有一个人贴着船身冒出了水面，嘴里还叼着一根芦苇管，这人就是“拐子”。张万成指了一下他的工友昨天藏身的地方，并告诉他天黑后向北，翻过“闫大岭”，绕道穿过县城西行，就能逃出去了。

张万成先后4次，送走了家里隐藏的6个逃难的劳工后，心里总算安稳下来。此后，张万成从不对外人提及此事。

新中国诞生后，美帝国主义又把战火烧到了鸭绿江边。20世纪50年代初，全国上下，万众一心，投身到“抗美援朝，保家卫国”的热潮中来。虎林县成立了几百人的担架队，支援前线，奔赴朝鲜战场。张万成自愿报名参加了担架队，成为担架队年龄最大的队员。虎林担架队成立不久，就开拔来到了朝鲜。

朝鲜战争后期，有一位志愿军首长专程来虎林担架队打探一个人。他竟然在几百号人的人群中，认出了当年救过他命的张万成。张万成也认出了这位首长，就是当年的“拐子”。正是这次朝鲜前线的奇遇，才得知另外5名逃出劳工的下落。他们有的加入了抗联队伍，有的逃到鸡西煤矿当了挖煤工……

四、抗联故事

（一）阿布沁河中的弃婴

虎林市完达山脚下，有一条阿布沁河。当年这里曾发生一件令人心碎的故事。

1939年，东北抗日斗争进入极端艰苦时期，日本帝国主义对抗联进行残酷的大“讨伐”、大“围剿”、大追捕，企图把抗联一网打尽。可是，抗联战士在党的领导下，更加勇敢、坚强，与日本侵略者进行着艰苦卓绝的斗争。这年夏季，抗联七军补充团在虎林县境内的抗日据点被敌人破坏，为了保存实力，全团奉命转战于深山密林之中。抗联的被服厂有12名女战士也随军转移。

一路上，爬山越岭，涉水趟河，走沼泽过泥塘。连续走了几天几夜，这些女战士也累得筋疲力尽了。其中还有一个怀着9个月身孕将要临产的女战士，她是副团长李德胜的爱人许洪青，大家都叫她许大姐。许洪青不到30岁，过去是家庭妇女，曾经裹过小脚，现在虽然已经放开，但脚骨已经折弯变形，走路格外吃力，需要靠人搀扶着走。由于长途跋涉，她的腿被榛柴棵子、草叶子划出了横一道竖一道的口子，渗着血水。当过沼泽泥塘的时候，带血的伤口被有毒的泥水浸泡，开始溃烂化脓。她咬紧牙仍然坚持行军。遇到雨天，就躲在树下避雨。虽然大树参天，却难遮风雨。大家怕许大姐受凉，脱下衣服给她披上。雨越下越大，时间长了她也浑身湿透，冷得她牙齿直打战。这对一个快要临产的孕妇来说，该是多么的艰难痛苦！

行军中，给养没有了。许大姐也和战士们一样，渴了饮沟塘水，饿了吃野菜树皮，晚间露宿深山，蚊虫叮咬。

1939年7月中旬的一天，抗联队伍来到虎林的深山密林，许大姐突然肚子疼痛，可能要生产了，但是抗联女战士年岁都不大，不知道该怎么办才好，大家七手八脚搭了个草棚子。在这荒山野甸就算是她的产房了。女战士问许大姐："我们这些人没有会接生的，怎么办？"许大姐咬紧牙关说："不要紧，我自己来！"过了很长时间，突然"哇"的一声，小孩降生了！婴儿出生后，许大姐要了把剪子，割断了脐带。可是，没有任何药物，她就找点破棉花烧成灰撒在上面，这就是"消炎药"。又找块破布把孩子包了。许大姐吃的是炒面、野菜，身体虚弱，当然不会有奶，就给小孩饮点沟塘水，用茶缸冲点炒面。可是刚刚降生的婴儿怎么能吃得下呢？孩子饿得哇哇直哭。

突然有一天听到岗哨报告，敌人又追上来了。他们只好背着孩子，搀着许大姐继续行军。许大姐不能安静地坐月子，不得不拖着虚弱的身体去长途跋涉，任凭风吹雨打。

一路上小孩饿得直哭。怕敌人听见哭声，就对着小孩的口、鼻喷上一口鸦片烟，麻醉一下小孩的神经，让她睡觉。就这样坚持到小孩满月。可是，孩子渐渐长大了，哭声也渐渐大了。追赶的敌人距离也越来越近，有时晚间能看见敌人点燃的篝火，有时竟能听见日本兵的动静。许大姐怕孩子连累同志，想把孩子送给人，可是深山老林连个人影也见不到。

转眼到了初秋，抗联队伍来到虎林境内的小马鞍山。在山脚下的阿布沁河北岸搭起窝棚，暂时在这里宿营。妇女班的战士轮流照看孩子。

这天晚间又发现了敌人的火光，据推测距离大概只有一二十里。团部决定晚上好好休息，第二天转移。静静的夜里，又听见了孩子的哭声，这声音传得很远。可是鸦片已经用完了，妈妈又无奶，再没有什么办法能使孩子不哭。许大姐和李副团长怕这哭声让敌人听到殃及全团战士，夫妻俩暗暗地商议着，最后背着大家做出了可怕的决定。

第二天中午，战士们像往常一样，把孩子抱过来。大家都围拢着逗着孩子，要给孩子起个名字。有的说叫林生，有的说叫路生，七嘴八舌，名字也没起出来。这时李副团长直奔孩子走来，接过孩子，看了又看，亲了又亲。从孩子生下来到现在，他还是第一次这样爱孩子。李副团长把孩子抱到许大姐跟前，夫妻俩相对无言，默默地望着孩子，两个人的眼泪同时落在孩子的脸上。李副团长对许大姐说：“为了保障

阿布沁河

200多战士的生命安全，我们牺牲一个孩子算得了什么！”许大姐哭着说：“我同意了，可是当母亲的下不得手，我也没有这个勇气走到河边去，你走吧……”李副团长刚要抱孩子走，许大姐又喊了一声：“老李，再让我看一眼。”许大姐只是望着孩子流着眼泪，再什么也没说。李副团长刚走出草棚子，许大姐已经哭出声来。他又安慰许大姐：“不要哭，别让同志们听见……”说完抱着孩子径直向河边走去。

李副团长又亲了亲孩子，凝望着孩子的脸，想深深地记住孩子可爱的模样，可时间容不了他在河边久站，最后说了声：“孩子，爸爸、妈妈对不起你呀！”一狠心便把孩子扔进滔滔的阿布沁河。，他睁开被泪水模糊的双眼望着水面，看到包孩子的破布散落开来，孩子浮在水面上顺水漂流，李副团长心一横，拽起悲痛欲绝的妻子，扭头追赶部队去了。

（二）神秘的“付疯子”

1936年春，虎头关帝庙内出现一个疯子，提起此人，很有来历。他是抚远县东安镇人，原名叫付德海，念过私塾，学过拳棒，智勇双全。

1933年1月中旬，日本关东军第十师团广濑部的小浜士善中佐支队侵占东安镇。付德海家惨遭不幸，母亲失踪，哥哥不知去向，父亲被杀。当时他在外地亲戚家，听说日军害了他全家，怀着对敌人的刻骨仇恨到处找抗日队伍。1934年秋，他找到了徐凤山，收他在饶河作地工人员。1936年春，徐凤山派他到虎头关帝庙作秘密联络员，接转苏联寄给抗联的文件和情报。付疯子住在关帝庙的后厅里，饿了他就去海军司令部拣倒掉的剩菜剩饭，当然也是刺探情报的好机会，常了也没人在意。

新中国成立初期的虎头关帝庙

海军司令部西边有个郑老道（地下工作者）。他白天化缘，将化来的东西留一些给“疯子”吃。“疯子”白天在街上走，小孩就拣小石头打他，“疯子”连骂带笑躲开，但从不还手。

1936年7月间，中共虎林县成立，李一平任县委书记。11月，李调任抗联七军三师政治部，由徐凤山接任书记兼虎林救国会会长，住在腰营附近。有一次他让侦察员到关帝庙找“疯子”联系，接头暗号和动作都告诉了我。下午一点左右，侦察员来到关帝庙，“疯子”正坐在关帝庙台阶上抓虱子，嘴里嘟嘟着。侦察员在离他十米左右的大石头上面对“疯子”坐下。侦察员用右手三指夹着帽檐，把帽子摘下仰口放在右腿上，用右手拍左胳膊弯三下，又用左手拍左膝两下。这时“疯子”搭话了：“从哪来？”“从页丁家。”“到哪去？”“晏宾楼。”“多少号？”“84”。暗号对上了，“疯子”用眼睛撩一下，见四周无人，小声说：“进庙。”他从关羽神像边底座下拿出一个黄蜡丸说：“这是苏联转来的重要信件，如遇到敌人把它吞掉，勿落敌手，千万，千万。”侦察员上午十点返回腰营，顺利完成任务。以后，毕于民和徐凤山交给侦察员一封信，要求送交“疯子”，转给苏联交通员。还有一次，毕于民要侦察员到“疯子”那里，并把取物暗语告诉了侦察员。

“来干啥？”“取铁穿。”“吃饭怎么办？”“由你管。”

暗语对上了。他从庙外后边石头底下拿出一支苏造七星子手枪，带50发子弹，并告诉侦察员：“今晚一定返回原地交差。”侦察员立即起身顺小道返回，交了任务。

据侦察员了解，早在1931年，原在杨木桥子开店的宋瀛洲和1935年8月由苏联派遣的孙进先，所带的电台都是通过“疯子”转给抗联的。与“疯子”有密切联系的还有虎林的张祥久（苏联情报员）、盖福生、韩有才、苏焕章（中苏交通员，他们都会俄语）、孔庆玉、刘森山、蔡凤春（苏中联络员和谍报员）。

苏中联络员，他们多由抚远对岸“伯力”和“饶河”江东的“兰奇国夫”车站对岸大别拉炕登陆，到饶河三义屯小河边的龙王庙，签发伪造的证明书印章（抗日地下机关就设在龙王庙内），活动在虎饶国境线上，搜集日军的各种情报。

当时抗联总情报机关、宣传、印刷机关都设在海参崴市，我地工人员为抗联提供准确的情报，敌人一行动，抗联就知道。

日军屡屡失败，把原因找在“疯子”头上，1937年春，虎头日军宪兵分遣队逮捕了“疯子”，用各种酷刑将“疯子”折磨得死去活来，遍体鳞伤。他总是疯疯癫癫地乱说一通。对日军宪兵说：“你们是抗日队！”又指面前的刑具、桌椅、墨水瓶说：“他们都是抗日队！”宪兵们抓不住证据，难以给他定案。最后想出一个毒招，把带有活蛆的牛屎盆拿到他面前，宪兵们说：“给你拿来饭啦！”“疯子”张开大嘴哈哈大笑：“快拿来黑馍馍。”没等特务递给他，抢过来就吃，并指着面前的宪兵特务：“你们快来吃啊！”就这样将“疯子”折腾二十多天又把他放了。

可是宪兵队还是不死心，派人在暗地监视他。郑老道给他送去药和食物。

不久付德海伤势痊愈，但腿被宪兵队折腾得受了伤，总是一瘸一拐的，看样子挺厉害。1937年7月4日，师部派侦察员和胡安春（赫哲族名号小崽子），去虎头关帝庙护送付德海归队。晚10点左右到庙，拿出信给他看，他马上精神起来，洗了脸，换上衣帽，一个箭步窜出庙门，在小山脚的大石头底下取出一支短八分匣枪，一支20响的长苗匣枪及一支苏造七星子和一支左轮枪，对来人说："这次出发非同一般，日军发觉我没有了，定要到处追捕，要立即离开这危险境地，随时准备战斗！"为了打消两位同志的顾虑，他接着说："打仗是锻炼，要随机应变，绝不当俘虏，路由你俩带，发生战斗我指挥。"

三个人手拎武器离开关帝庙，直奔独木河方向疾速前进。小虎山（现在虎头白塔）附近有日本一道重要防线，他们屏住气隐蔽前进，当他们穿过防线约50米，付把脚下一支干树条踩断，发出"咔"的一声，夜深人静，这声音传出很远。日军哨兵一声怪叫："达利嘎（谁的意思）？"三个人急忙蹲下隐蔽，日军又连叫几声没有反应，他们认为是野物，也就不再喊了，三个人起来用脚趟着走，就这样通过了敌防线。

到七虎林河，天已亮了，在一个孤独林子里每人吃两个"杠子头"（面制品），喝点泥坑的积水，继续赶路。

三个人都会游泳，渡过七虎林河，泅渡刘寡妇泡子（二道亮子附近）直奔三岔路。附近有个董老窝店（现小木河乡所在地）有一道日本关卡，专门盘查来往行人。于是他们绕路过去，手拎枪，弹上膛，进入树林，快速前进。突然发现四个日军，背着三八大盖，枪口朝下，正在倒木上摘蘑菇，这时敌我双方几乎同时发现了对方，日军急忙从肩上摘枪，付德海叭叭两枪，两个日军的头被揭盖了，另外两个卧倒在地向他们射击，付德海命令说："你们俩吸引日军，我绕到侧面消灭这两个家伙。"付德海匍匐前进。敌人察觉了附近有声音，刚想回头，付德海叭叭两枪结果了这两个敌人的性命。

4支步枪，4个弹盒，100发子弹，4把刺刀，4块手表，成为他们的战利品，当敌人的援兵赶来时，他们已走远了。

日军气急败坏，抬回尸体，集合全排顺草溜子追，边追边放枪。他们在前边猛跑，直到下午6点才甩开追兵，脱离险境。9时到顾家屯附近的一个地窨子，又累又饿，每人只剩2个杠子头，付德海问："到驻地还得几天？"同事说："照这样拉荒走，还得两天。"付德海说："每人先吃半个杠子头，留一个半以防万一。"此时阴云密布，伸手不见五指，他们在地窨子附近一棵大空筒子树里避雨，付德海在另一棵倒木下避雨，又冷又饿，好不容易挨到天亮。"吃点干粮我们赶紧出发！"雨越下越大，身上衣服全部湿透，同事说："找棵大树避避雨吧。"付德海说："平常下雨对我们不利，今天下雨是帮我们的忙，敌人不会出来追咱，放心大胆地走吧。"

下午4点雨过天晴，三人来到大荒山附近的西南岔，休息片刻，吃半个杠子头，继续前进，沿途还采些蘑菇、葡萄叶等充饥，吃得口吐酸水，嗓子发麻。忽听前边林里有说话声，三人被吓一跳，从树隙中仔细看去，是穿黑色服装的，背着枪在打木耳，认定是小股山林队。这时对方也发现了付德海三人，他们从肩上摘下枪，听大拴"咔咔"响。付德海下令："准备战斗！"付德海大声问道："你们是干什么的？""山林开荒队！""哪部分的？""七省队。"对方看他们穿便衣，不是"讨伐"队，便反问："你们是哪部分的？""七军抗日队。""啊！自己人。"那就两便吧。

三人走到点灯时，忽然发现前面有火光，仔细看去，是从地窨子门透出来的松树明子光。付德海叫侦察员进屋问一下，果然是两个40多岁的人，一个名叫姜基云，一名叫李福年，原是清河镇人，一起在此种大烟。姜基云是地下党内线联络员。姜基云搞清他们的身份后，舀出一大碗小米给他们熬粥吃，没油就放点盐和菜，他们吃得比什么都香。后来得知，李福年在1939年冬日军搜山时被杀害。姜基云于1940年搬到黑嘴子康德村（现虎林市新乐乡新民村），1942年被山本太郎抓去带路找抗联。姜基云把他们骗至深山老林中而被杀害。

经过几天的跋山涉水，忍饥挨饿，穿过两处封锁线，击毙4个日本兵，终于在1937年7月8日到达四五九高地（秃顶子）。抗联师里负责人崔石泉（崔庸健）、毕于民等代表师部表扬奖励了3个人，给付德海记特等功一次，绵羊票子15元，给另外2人各记一等功一次，绵羊票子10元。

不久，虎头宪兵队发现“疯子”失踪，放出特务明察暗访，不见人影，才知“疯子”是抗联要员，后悔莫及。因此日军下令将虎头江边的居民全部迁到街里居民区，房子烧掉。江边竖起一块牌子：“天黑不准任何人到江边挑水、钓鱼，违者格杀勿论”。虎头关帝庙联络站，至此完成了它的历史使命。

2018年的虎头关帝庙

五、中共地下党、东北抗联在虎林抗日活动大事记（1930—1940）

1930年，中国共产党满洲省委派人到饶河、虎林发展和建立党的地方组织。当年建立了中共饶河县委。中华民国档案《十九年度调查北满特区管辖境内共产党及反帝大同盟会计划统系表》中载："哈尔滨至饶河间，虎林，查有共产党十余人，饶河查有共产党二十人。"

1月14日，日本关东军人见顺士（大佐）委任汉奸李庆云（又名李象山）为自卫团正指挥后，带全部侵略军回哈尔滨。

年初，中共饶河中心县委派毕于民（又名刘镇东），在九牌（现东城镇仁爱村）、倒木沟沿江一带进行建党。

2月3日，伪虎林县警察指导官佐藤重男改编伪虎林县警察组织，委任李庆云（李象山）为警察大队长，高玉山为警察大队第一中队长，衣洪山为第二中队长。

3月1日，高玉山率部起义，枪毙了伪县公署参事官隐歧太郎、警察指导官佐藤重男，联合聚集到虎林县城的东北军余部，成立了"东北国民救国军"，公推高玉山为救国军总司令。

1933年4月，毕于民同志在九牌建立了党支部。

同月，崔石泉领导的特务队改为饶河工农反日游击队。

5月，救国军攻占饶河后，饶河中心县委领导下的饶河工农反日游击队与高玉山救国军联合，6月编为东北国民救国军第一旅特务营。

8月，东北国民救国军第一旅特务营驻防独木河。

年底，中共饶河中心县委，增派徐凤山、李一平、金品三、金昌龙、黄太浩、申永新（女）、景乐亭、于华南等同志来虎林开展建党工作。

1934年1月28日，高玉山率东北国民救国军第一旅、第二旅攻打虎林县城，占领半天后退走。

2月，东北国民救国军第一旅特务营脱离了高玉山部队，又改称饶河民众反日游击队。

3月，中共虎林区委会成立。

8月28日，饶河民众反日游击队大队长张文偕同志在三人班作战牺牲。

1935年5—7月，大队长李学福同志率游击队在虎林境内活动。

9月，饶河民众反日游击队改编为东北人民革命军第四军第四团。

1936年3月，以饶河中心县委为基础，改组为下江特委，领导虎林、饶河、同江、富锦、绥滨五县。

3月26日，东北人民革命军第四军第四团改编为东北人民革命军第四军第二师。

4月，第二师在黑嘴子、倒木沟、大荒山等地打击日军。

7月，中共虎林县委会成立，县委书记徐凤山。下设虎林、腰营两个区委。

11月，东北人民革命军第四军第二师改编为东北抗日联军第七军。军长陈荣久，参谋长崔石泉。

1937年3月，四方林子党员单立志、李忠义和青年姜经阳、梁广才、单有志等九名同志参加了抗联七军三师七团保安连。

1937年10月，成立东北抗联第二路军，总指挥周保中。下辖抗联第四、五、七、八、十军及王荫武救世军、救国军、姚振山义勇军。

1938年春，毕于民在马鞍山附近秃顶子建立了抗联七军虎林办事处，任主任，并在这个密营里成立了独立团。

5月，下江特委所属组织遭到破坏，成立了七军特别委员会，领导军队和地方党的工作。

9月，毕于民被七军政治部主任郑鲁岩指使人骗杀。

10月，独立团改为补充团，仍驻秃顶子密营。李一平任团长。

1938年秋，五军三师九团来虎林地区和补充团并肩战斗。

1938年冬，补充团攻打虎林附近的柈子场，打死敌人20来名。

1939年3月，吉东省委“下江三人团”书记季青在秃顶子召开七军党委常委会议。重新建立了七军党特委会，调整了七军领导干部，制订七军1939年的游击战争计划。会议决定，崔石泉任七军党特委书记，景乐亭任代理军长、崔石泉任参谋长、王效明任军政治部主任，率三师补充团在虎林与五军三师联合活动。

8月，补充团与五军三师九团攻打虎林西岗在建日军营房工地，解救110名工人随部队入山，其中有70余名工人主动参加了部队。

1939年夏，七军三师政委鲍林带20余人，在独木河一带种地、打鱼，为部队准备冬季给养。

1939年夏，王效明率100多名战士在虎林开展游击活动。

9月，秃顶子密营在日、伪重兵进攻下失守。

9月中旬，郑鲁岩在秃顶子被日本“讨伐”队抓去，叛变投敌。

1940年3月28日，二路军总指挥周保中、副总指挥赵尚志在小木河北部主持召开七军党代表大会。将第七军改为东北抗联第二路军第二支队。支队长王汝起，政治部主任王效明。

11月2日，二支队除刘雁来同志领11人留在饶河外，全部过界进入苏联。

爱国将领李杜、高玉山分别于1933年1月和1934年1月，
由虎头江边率队转移苏境时故址

第三章　日本关东军虎头要塞

第一节　日本关东军虎头要塞基本情况

一、虎头要塞基本情况概述

黑龙江省虎林市虎头镇，位于完达山南麓，乌苏里江左岸，与苏联（前俄罗斯国名，从叙述史实角度，以下均用“苏联”）伊曼市隔江相望。在历史上，虎头镇曾是沿江通往佳木斯、哈尔滨等城市的重要航运驿站。

侵华日军在虎头镇修建军事要塞，具有十分重要的军事战略价值。由于乌苏里江过于偏向大平原的东侧，使得苏联境内的平地显得十分狭窄。因此，苏联境内的战略机要中枢，大部分都集结在西德亚林山脉的支脉塔基达尼安山山麓的带状平原上。苏联的萨里斯基军事区、西伯利亚铁路、伊曼市、伊曼铁桥等都位于距乌苏里江国境线2公里以内。在中国黑龙江省中苏边境线上，自哈巴罗夫斯克（伯力）至符拉迪沃斯托克（海参崴）800公里的铁路线之间，中方可以看到西伯利亚铁路的地方，只有虎头一处，而且虎头对岸伊曼市恰好位于哈巴罗夫斯克与符拉迪沃斯托克的中点。站在虎头的丘陵上，眺望乌苏里江对岸的苏联，其军事设施和主要交通设施可一览无余，尽收眼底。同时，虎头镇又是远东苏联军队进入中国东北腹地的便捷通道。侵华日军在虎头构筑军事要塞，可以扼制苏联远东滨海边区和东乌苏里铁路交通枢纽。因此，侵华日军把虎头作为天然的桥头堡，凭借周边的大沼泽地带来抵御苏军的奇袭和机动作战，并将虎头区域作为对苏联发动进攻及防御的战略基地，在这里构筑大规模的军事要塞工程。

1934年6月，侵华日军开始在虎头修建公路和铁路（林口至虎头），大量运进各种资材，陆续开始修筑虎头要塞。正是由于虎头在侵华日军对苏联战略中的重要地位，因此侵华日军在此耗巨资，征用劳工数十万，历时6年，至1939年基本完成虎头要塞的修筑。但是，连接要塞各阵地之间的砂石路、兵营、官舍、野战阵地等辅助性工程，一直修筑到1945年8月日本战败投降。

虎头要塞位于虎头镇周边完达山余脉的丘陵中。其范围，西起火石山，东至乌苏里江左岸；南起边连子山，北至虎北山。中心区域正面宽12公里，纵深达30公里，在此方圆数百平方公里的地域内，大小十余处要塞阵地修筑在海拔100米至150米的丘陵地带。因虎头要塞规模庞大、结构复杂、设施齐全而被当年的侵华日军吹嘘为东亚首屈一指的“北满永久要塞”。

虎头要塞主要有猛虎山、虎东山、虎北山、虎西山、虎啸山5个阵地组成，此外，还有腰营野炮阵地、虎头台反坦克阵地和临江台、边连子山等阵地。地上军事设施主要有火石山（水克）列车炮阵地、41厘米巨型炮阵地和榴弹炮、加农炮、高炮、野炮阵地及各种碉堡、掩蔽部、指挥所、机枪掩体、弹药库、交壕、反坦克壕等，还有军用机场、陆军医院、日军兵营等。各阵地外围堑壕、交通壕蜿蜒数十公里，沟通各主要阵地。地下军事设施有指挥所、弹药库、粮秣库、燃料库、兵舍、将校室、医务所、厨房、浴池、厕所、上下水道及水井。通往地面设有观测所、竖井、通风孔、反击孔，出入通道的要隘处设有陷阱、射击孔。大型地下工事还备有发电所，架设电线、电灯，用以照明及通讯联络。

虎头要塞防区是以猛虎山阵地为中心，即日军虎头国境守备队地区司令部所在地，北、南、东有虎北山、边连子山、虎东山3处要塞阵地，中有虎西山阵地，西有虎啸山地下军事工事，并且在西猛虎山西南、中猛虎山西北、虎东山以西、平顶山东南配有包括41.30.24.10厘米榴弹炮、15厘米加农炮及火石山24厘米加农列车炮在内的重炮阵地。

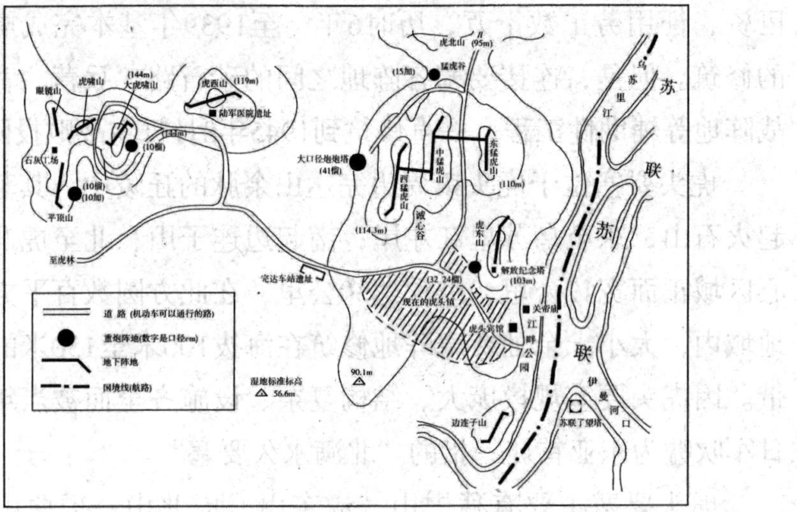

虎头要塞阵地示意图

虎头要塞侵华日军整个军事布防态势：猛虎山主阵地为虎头要塞防区的核心；虎北山、虎东山、边连子山3处阵地为其两翼前沿阵地，成钳形以南北两线呈护卫阵势；西猛虎山阵地为中路策应猛虎山主阵地；平顶山、虎啸山、大虎啸山、下虎啸山、眼镜山阵地为纵深阵地，从背后支撑猛虎山主阵地中心枢纽部，形成第三道防线。乌苏里江左岸驻扎侵华日军江上舰艇，形成第一道天然屏障。

虎西山和虎啸山阵地都位于猛虎山主阵地的西侧。虎西山阵地靠近猛虎山主阵地，海拔约119米；虎啸山阵地在虎头要塞的最西端，海拔约144米。这两个阵地的地下设施，大体与猛虎山的设施相同，但规模比猛虎山主阵地小。这两个阵地是猛虎山的后方第二线阵地，主要任务是护卫主阵地，担负守备完达军用车站及阻击由猛虎山背后沼泽地带和腰营河一带从西面或南面攻击而来的苏军。

虎头要塞各阵地为防御苏军飞机轰炸和大口径重炮的轰击，各地下工事均在山体底部挖掘，所有地下设施顶部均浇筑混凝土，重要部位的钢筋混凝土的厚度可达3米。在地下阵地的地表上，利用土地、丘陵构筑成环绕山体的战斗掩体和交通堑壕，形成具有一定纵深的、便于平面立体交叉发挥火力的地面工事，并设有出入地下工事的通道、观测所、射击口及通讯联络设施，使地上地下军事设施形成一个整体。为防止苏军坦克的攻击，在各阵地周围设置铁丝网障碍，在虎头台阵地用钢筋混凝土和钢轨设置坦克障碍设施。

二、虎头要塞的战略意义和特点

（一）虎头要塞战略意义

虎头要塞一方面是侵华日军抵御苏军进攻的军事堡垒，一旦苏军进攻东北，侵华日军可以利用虎头要塞至少可抵挡3天时间，进而为侵华日军后方部队军事部署及军队调动赢得时间。另一方面，又是为了在击败苏军攻势后或主动攻击苏军时，保障部队发起反击攻势的依托和支撑点，用强大炮火摧毁苏联境内的军事设施和消灭有生力量。因此，在侵华日军国境要塞阵地中，虎头要塞在进攻苏军的初期，具有十分浓厚进攻依托和进攻支撑点的特色。从虎头要塞的构筑特征和在战略战术上承担的角色来说，这是侵华日军重点打击苏军补给线、切断远东苏军的后勤供应，从左翼保证东宁、绥芬河一线侵华日军主力部队决战攻势的顺利展开。

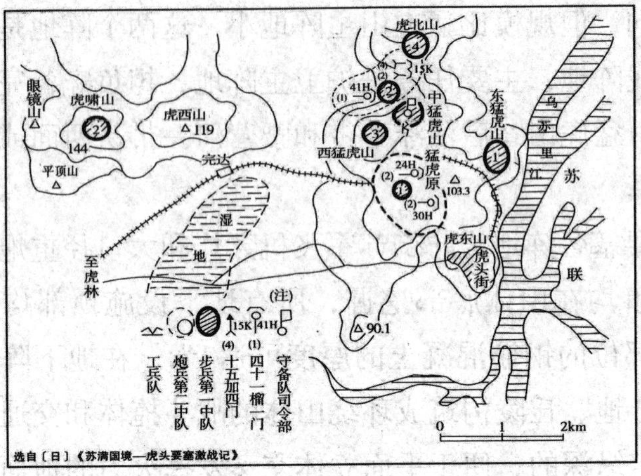

日军第十五国境守备队阵地示意图

（二）虎头要塞特点

（1）虎头要塞备受日军重视，投资巨大。虎头要塞是日本关东军国境军事筑城中的第一期工程中的第一批，是投入大量资金，动用数十万名劳工，历时6年才基本完成的重要军事工程。

（2）虎头要塞工事构筑强度坚固。虎头要塞工事构筑强度一部分是“特级”阵地，重要部位的钢筋混凝土覆盖厚度可达3米，能够抵御30厘米以上口径炮弹和1吨重型航空弹的轰击。

（3）虎头要塞炮火配置最为齐全。日军军部专门为虎头要塞装备了当时亚洲最大的陆上重型巨炮41厘米口径榴弹炮和机动性很强的90式24厘米口径加农列车炮，在所有要塞中仅此一处。另外，再配有24厘米、30厘米口径的榴弹炮各2门，10厘米口径的榴弹炮8门，15厘米口径的加农炮6门等重炮，构成虎头要塞强大的炮火力量。

（4）虎头要塞火力配置强大。这个要塞每公里正面有7个炮兵永备火力点、12个机枪永备火力点、8个机枪土质火力点、6个观测所、2个钢帽堡、6个炮兵阵地。

（5）虎头要塞地下工事设备先进。在虎东山地下工事中，除其它应有的设施外，炊事、暖气设备全部电气化。这在当时世界范围内，地下工事中装有暖气设备的唯有虎东山一处。

三、虎头要塞在对苏作战中的作用

1945年8月9日零时，苏联远东第一方面军第三十五集团军渡过乌苏里江，切断了虎林与虎头的公路和铁路交通。苏伊曼市附近军事基地的炮兵部队开始猛烈轰击虎头要塞，同时，苏空军也对虎头要塞阵地进行了大规模轰炸。8月10日，苏军攻占了虎头镇。8月12日至19日，苏军陆续摧毁日军炮兵阵地，攻占虎头要塞所有制高点。日军守备队此时已完全失去反攻能力，遂转入要塞地下工事负隅顽抗。8月18日，苏军发出通牒，命日军投降并派军使进行劝降，日军守备队将苏军军使杀死。在此情况下，苏军发起全面进攻。8月19日，苏军攻占日军守备队本部、步兵队本部、步兵炮中队和炮兵队本部，驻守虎头要塞的日军绝大部分被歼。8月21日，西猛虎山日军步兵第三中队被歼。8月26日，虎啸山日军步兵一中队被歼。至此，虎头要塞支撑点的日军守备队计1 378人，除53人逃离阵地被苏军俘获外，其余全部被消灭在要塞中。号称“伪满永久要塞”——虎头要塞被彻底摧毁。

虎头要塞虽然在阻止苏军进攻上发挥了一定的作用，但实际上未能给苏军造成无法克服的困难。苏军先头部队在攻占虎头镇之后，从虎头要塞西南直插密山方向，而将围攻虎头要塞日军的任务交给了第三十五集团军二四六师等部队实施。这个曾被日本关东军吹嘘为可坚持6个月、不怕围困的“永久要塞”，仅18天就被摧毁。

苏军第三十五集团军二四六师攻克虎头要塞后部分官兵合影

第二节　虎头要塞设施

一、营房

（一）关东军第11师团

日本关东军第十一师团又称“善通寺”师团，为日本王牌精锐部队之一。该部队于1939年11月分别驻守虎林的宝东、太和、西岗等地。司令部位于北纬45° 30′ 34″、东经113° 35′ 32″、虎林城区西2.5公里处，（现虎林市委、市政府所在地）占地面积10万平方米。

（二）日本关东军第四国境守备队

1938年3月1日，据日军令陆甲第8号令，编成虎头要塞第四国境守备队。该守备队司令部通称满洲第三十一部队，守备队通称满洲国第九四八部队城第五〇七七部队。同年12月25日，［据军令陆甲第83号］令，对第四国境守备队加以调整，调整后辖3个步兵地区队、1个炮兵队、1个工兵队及虎头陆军医院，分别驻守虎头要塞各阵地。

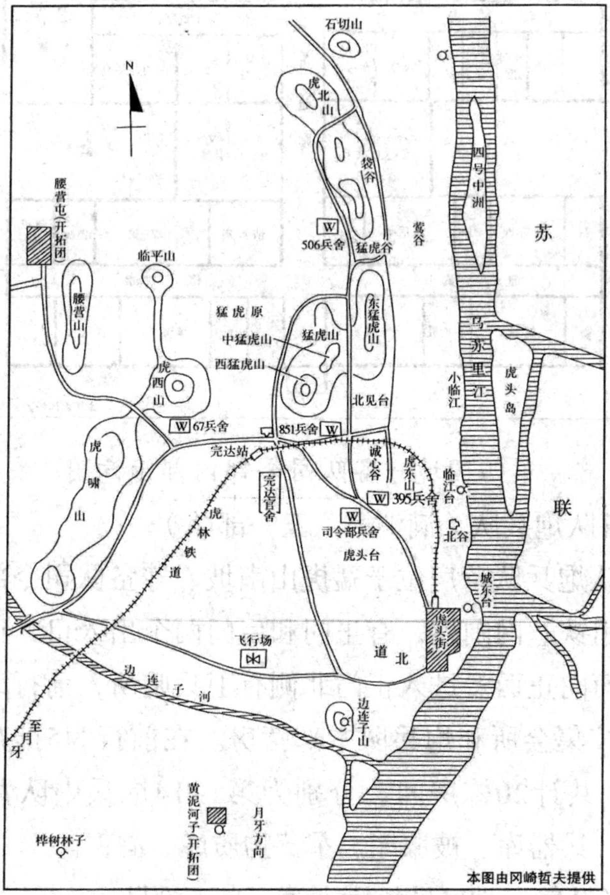

虎头要塞兵营示意图

1.守备队司令部（满洲第三十一部队）

守备队司令部营房位于猛虎山南坡，分前后两栋，中间由长廊相连通，长廊中央两侧分别为参谋官食堂和高等官食堂。共有大小房38间，前栋房间有守备队队长室、副官室、参谋室、高级部员室、作战室、情报班、事务室、印刷室、经理室、通讯班、筑城班、兵器班、厕所等。后栋房间有值班问讯处、下士官居室、气象班、特别室、仓库、配膳室、勤务兵居室等。

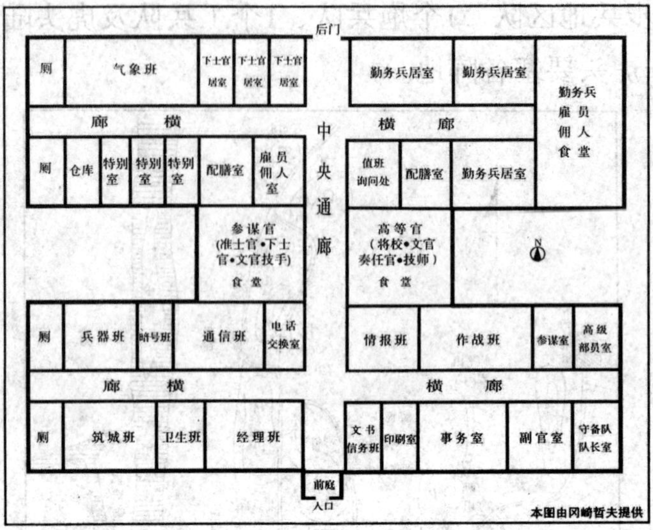

第四国境守备队司令部内部示意图

2.守备队炮兵队（满洲第八五一部队）

守备队炮兵队营房位于猛虎山南坡、守备队司令部营房的西侧。始终用铁丝网围栏，有正门和后门两个出入口。正门面向正东，后门面向正西。进入正门北侧有卫兵哨所，前行北、南两侧分别为将校集会所和炮兵队本部营房。在前行为5排并列房间，每排4栋，共计20栋房间，分别为第1–14炮兵中队营房及炊事场、浴场、兵器库、被服库、军营物质库、酒保。

3.守备队第一地区队（满洲第三九五部队）

守备队第一地区队营房位于虎东山西南坡下，四周用铁丝网围栏，有正门（东北侧）、西门、北门3个出入口，北门与虎东山北入口相连通。共有大小营房19间，分为第1–4步兵中队营房及地区队本部、医务室、被服仓、弹药库、枪工厂、炮厂、浴室、酒保、厨舍等。

4.守备队第二地区队（满洲第五〇六部队）

守备队第二地区队营房位于东猛虎山西坡，北面和东面用铁丝网围栏，西面为沼泽地带，有正门和北门两个出入口。共有大小营房16间，分为第1–4步兵中队营房及地区队本部、集会所、酒保、仓库、炮厂、浴室、粮库、炊事场等。

5.守备队第三地区队（满洲第六十七部队）

守备队第三地区队营房位于虎西山阵地东南坡下。四周用铁丝网围栏，西侧隔铁丝网与虎头陆军医院相邻。有正门和北门两个出入口，正门面向南侧。共有房间6栋，分别为地区队本部、第1–4步兵中队营房及炊事场和浴室等。

6.虎头陆军医院

虎头陆军医院遗址位于虎西山东南坡下，北纬45°59′57″，东经113°37′26″。遗址内有房基数个，房基北侧有连接地下道的痕迹，地下道已全部塌陷。地下道为混凝土结构，厚0.8米、宽7米、全长121米。地下道南侧有6个出入口，出入口宽1.4米、长7米，均与交通壕相连。

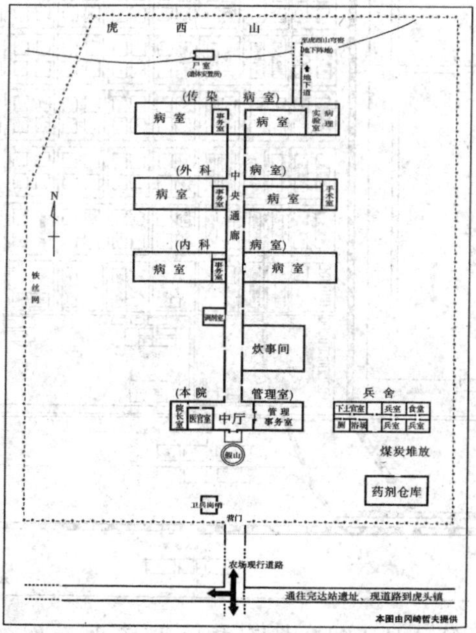

第四国境守备队虎头陆军医院图

二、仓库

关东军大仓库位于虎林镇东，即十七野战货场（老百姓称“东粮库”），番号为“二六四四”部队，是日军对苏战略重要军事物资供应点，有铁路专用线库房16栋，总面积约120万平方米。仓库储有大量的军用物品，另有制鞋厂、被服厂等；有中国劳工500名；有日军的1个小队驻守。

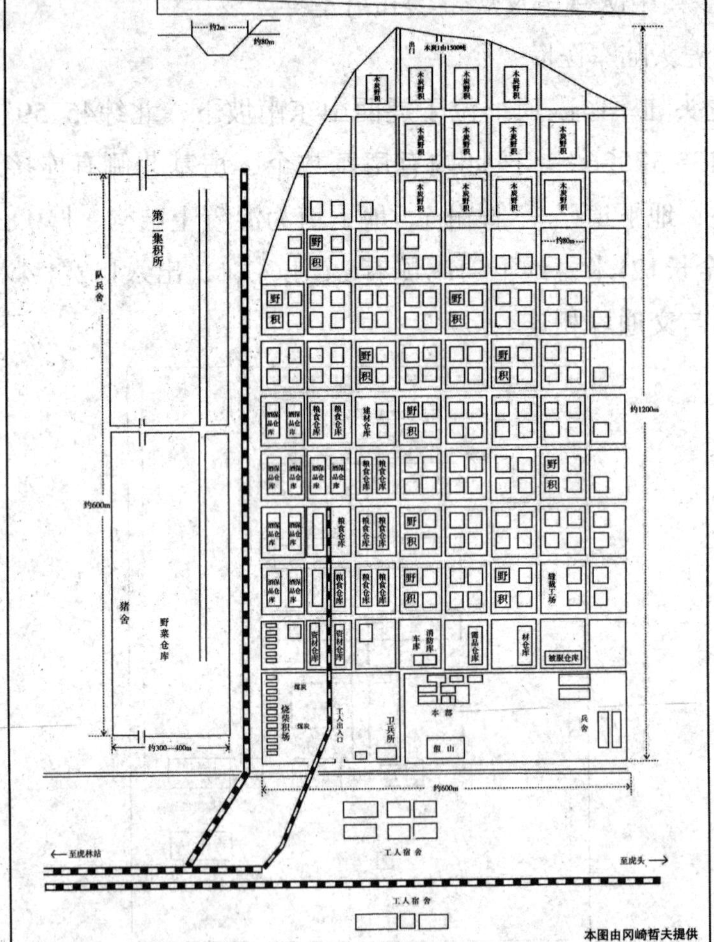

第十七野战货场虎林支场平面图

三、慰安所、酒保与神社

（一）慰安所

日本关东军在虎头设有两个慰安所，有日本、朝鲜慰安妇40人左右。

（二）酒保

虎头日本驻军各独立或分驻的大队以上营区均设有供应官兵常用日用品及烟、酒、糖、茶、罐头、饼干等食品的酒保，归驻军营区后勤管。一般酒保都设在营区内，也有的设在营区外附近地段，规模大小不一。

（三）神社

在虎头要塞虎东山阵地第一地区队营址设有军用神社一处，现存有遗址。

四、电力、通讯与水源

（一）电力

日军侵占东北时期，在鸡西市建立了火力发电厂，向黑龙江省东部边境供电。1937年将输电线路架到虎林（黑嘴子）。1940年输电线路又从虎林架到虎头。虎林境内设宝东、西岗、虎头三个变电所，由伪满洲电业株式会社东安支店虎林供电营业所统一管理。共有职工20人，其中有3个日本人。除宝东、西岗、虎林、虎头外，其余地方不供电。

（二）通讯

1933年日军侵占虎头后，成立满洲邮政虎头邮政局，设局长1人及信差、邮差共5人，属满洲邮政哈尔滨邮政管理局。同年，将满洲电信电话株式会社虎头电报电话局改为满洲电信电话株式会社虎林电报电话局，先属哈尔滨电报电话管理局。3月1日，由县农务会、商务会出资兴办了长途电话局。通话区域：县城（今虎头镇）——安乐镇（今虎林市）——清河镇（今太和乡）——密山县平阳镇。1938年后，虎林、虎头对外长途电话业务开通，由电报电话局办理业务。

1937年，虎林电报电话局属牡丹江电报电话管理局。设局长1人，还设有局务工手（机线员）、配达手（送电报）等，共5人。

1938年7月，伪县公署搬迁后，虎头电报电话局，仍属牡丹江电报电话管理局，局长为日本人担任，设电报员、工手、配达手等岗位，共17人。1941年设市内电话，增加电话员4人，全局人员共11人。1943年人员增加至12人，除2名中国人外，其余全是日本人，后人员逐渐减少，至1945年，全局只有8人。

1934年后，邮路除夏季通往哈尔滨的水路邮路与通往密山的陆路继续使用外，还有航空邮路，即虎林（虎头）至哈尔滨空路725公里，虎林（虎头）至饶河空路100公里。1937年林口至虎头铁路全线通车后，开始有铁路的邮路。这时虎头至密山的陆路邮路取消，只有虎林至和气（今伟光乡伟光村）、虎林至安兴、虎头至饶河的三条陆路邮路，直到1945年8月。

（三）水源

日军侵占虎头后，所用水源均来自乌苏里江，用水泵分级提水至泵房，然后输送到各个用水点。虎西山东麓有一个泵房，地下为泵库。地下深3.5米，整个泵库面积120平方米，分成6个小泵库，总容积420立方米。通过清理发现有铸铁管、弯头、阀门数个，上面铸有“昭和十九”字样。

五、交通

（一）公路

1933年日军侵入虎林后，出于军事上的需要，从1934年开始强迫大量的中国劳工赶修军用公路。同年6月，密山至虎林（虎头）公路长160公里完工，1937年12月全线通车。到1939年，虎头至饶河、黑嘴子至通化、半站至通化、水克至通化、通化至大青山的公路都先后修通使用。在虎林县境内的穆棱河段，共建5座大型木桥，分为共乐南桥、同和桥、忠诚桥、水克桥、半站桥。重点桥梁和道口都设有日军哨卡，盘查行人。另外，沿乌苏里江左岸300公里地带都修建了军用路和巡逻道。路上通行的均为日伪的军车和军人，老百姓不准通行。所修公路总长为1 500公里。

伪满时期县内修筑的区道（乡道）总长130公里。

（二）航运

1933年日军入侵虎林后，在虎林县设立了江运局办事处，对乌苏里江段、松阿察河段和大穆棱河段的通航实施江运管理业务。

乌苏里江边码头

1934年4月，恢复了乌苏里江的航路。哈尔滨至虎林通行的是名山、广州2艘轮船。富锦至虎林通行的是三省、华太、沪江、宏麟、金泰5艘轮船。之后，大穆棱河、松阿察河相继恢复航行。从虎林发往密山的有平安、日昌、日太3艘轮船。至1945年，从哈尔滨到虎头的船只有21艘（次），其中轮船9艘（次），帆船4艘（次）。从佳木斯到虎林的船只有53艘（次），其中轮船38艘（次），驳船14艘（次），帆船1艘（次）。

1935年，每5天就有从哈尔滨经松花江、黑龙江发往乌苏里江虎林的船只，往返至少需要20天；从富锦每9日就有开往虎林的船只，往返至少需要10天；经松阿察河段的航路，从虎林发往密山当壁镇的船只每周1次，航路全长350公里。1937年，哈尔滨到虎林的客货轮船定期4日发1回，往返需21天，富锦开往虎林的船只也定期发往。

原虎头船坞长100米，宽6至10米，仅可停泊2艘小型轮船。1938年，重修了码头，增加了船坞的宽度，使船只泊位增多。同年，从江边的火车站又铺设了铁路专用线到船码头，使水陆运输连接一起。

（三）铁路

日军入侵虎林后，按计划修筑了林口至虎头的铁路，称林虎线。铁路全长335.7公里，分为林密线和密虎线。林密线起点为林口，终点是密山，全长170.9公里，1934年开工，1936年6月30日竣工，7月1日正式通车。密虎线起点为密山，终点为虎头，全长164.8公里。1939年又对林虎线进行了复线化建设。

密虎线设有14个车站。其中完达站是军用车站，主要作用是为虎头要塞运送兵员、军用物资、武器弹药和修筑虎头要塞的大批劳工及大量资材。其中一条铁路引入线一直修到虎头要塞主阵地猛虎山北坡，另一条引线修到水克列车炮地下阵地，其发射阵地位于密虎铁路线上。

1946年，苏军撤退时，将密虎铁路铁轨枕木和桥梁等铁路物资设施全部拆除，运往苏联国内。

虎林堡垒式火车站

乌苏里江边铁路

（四）民用航空

1934年，在虎头西北9公里处（今虎头镇飞机场村）修筑了飞机场，名为“航空株式会社虎林张所”。

飞机场的修建，使虎林与哈尔滨之间、虎林与密山之间和虎林与饶河之间有了定期空运之便。空运主要以客运和“传递邮讯为主，不收包裹”，搭乘者主要是日本人和伪满人员。每星期五飞一次，为老式双翅膀螺旋桨飞机。1945年8月日军投降后停飞。

六、虎头镇建设

（一）街道建设

宣统二年（1910年）县治（虎头）本在江滩山麓之间，五步一沟，十步一壕，并无车马大道，因徒步难行，同年11月在北岗上另放城基，拉街道，召集商民建房设肆。

1939年，日军出于军事目的，召集大批劳工，在虎头全面修筑简易砂石公路，城道干线分别与通向密山和小木河的公路连接。

（二）房屋建设

雍正年间，采参人从内地成群结队跋涉远来，进入江东山区采参。当时采参人众多，获利丰厚，揽头和放山者倡导捐资在呢吗口江畔高阜陡崖之间兴建关帝庙1座，为虎头有史以来的纪元建筑物。关帝庙为木制四周花墙，庙顶黑瓦，为台梁式建筑。有廊檐，并4根明柱，下端鼓石做基础。乾隆二年复修关帝庙，嘉庆年间再次复修，庙宇附近兴建楼房，居民众多。1910年11月，在北岗另放城基，召集商民建房设肆。庭署开始租借民房，后筹款填造草房三间“暂事办公”。民国4年（1915年）5月，有县城国民小学1所，改良私塾1所。民国17年（1928年），由私人出资在虎头建立大小戏院各1座，大戏院可容纳800人，小戏院可容纳500人。戏院内雕梁画栋，规模较大。光复前，大戏院失火烧掉，小戏院也在日本人逃跑时烧毁，2个戏班在光复前迁往内地。

1935年，日军把铁路铺到了虎头，并开办客货运输。

1936年，虎头的商业比较兴盛，沿江十字路口满是商业楼房和摊铺。

1945年8月，虎头的日军工事全部被苏军炸成废墟，房屋、机场、楼房、医院也在炮火中炸毁。

日伪时期乌苏里江畔的虎林县城

第三节　虎头要塞驻军与武器装备

一、虎头要塞建成前的日本驻军部队

1933年，虎头镇内驻军主要以伪军为主。

（一）伪军警备骑兵第4旅

1933年初，住密山县平阳镇伪吉林省警备骑兵第四旅少将旅长郭宝山，派王振生等团驻虎林县黑嘴子，因与汉奸李庆云（李象山）产生矛盾，驻防不久即撤回密山。6月12日，郭宝山又派独立营营长陶冶部（后称陶团）驻防黑嘴子。7月8日，黑嘴子被高玉山、陈东山部攻破，将陶击毙，该团溃败回密山。当年夏季，伪吉林省警备骑兵第四旅旅部由平阳镇移驻虎林县城。8月12日，伪吉林省警备骑兵第四旅改为伪军混成二十一旅驻防虎林。旅部设于县城，少将徐海任旅长，下设二十八团和三十二团，由李云集和戡振兴分别任团长。该旅共1 580人，至1939年全部调走。

（二）伪江防航队虎林办事所

1936年，设伪江防航队虎林办事所，负责往来舰队的燃料、物资供应。在虎林县城（虎头）沿乌苏里江左岸修筑了船坞，可停泊炮艇4艘。所长是一位日本少校。1940年后改江上军，所长是一位中国上校。1945年光复时所长是一位日本上尉，在苏军解放虎头炮击时败退，被所部伪军击毙。

（三）关东军铁道守备队

1934年12月21日，满铁警备队侵占安乐镇（今虎林县城），驻防队员20名。后改称关东军铁道守备队，至1939年增至1个中队（相当于连）的兵力。

二、日军专驻虎头要塞防卫部队

（一）关东军第四国境守备队

1.沿革

1938年春，虎头要塞工事大致完工。同年3月1日，据［日军令陆甲第8号］令，编成虎头要塞第四国境守备队，3月14日编成完毕，当日进入猛虎山阵地驻守虎头要塞。该守备队司令部通称满洲第三十一部队，守备队通称“满洲国”第九四八部队城第五〇七七部队。同年12月25日，据［军令陆甲第83号］令，对第四国境守备队加以调整，将3个步兵大队改编为第一、二、三地区队，即3个联队。各地区队下辖4个步兵中队、1个炮兵中队，炮兵队为联队编制，辖2个炮兵中队，工兵队为大队编制，辖1个工兵中队。

1940年12月1日，据［军令陆甲第50号］令，第四国境守备队得以大大加强，守备兵员达8 000人，相当于1个加强旅团编制，其火力配置相当于1个加强师团的能力。

1941年，“关特演”期间是第四国境守备队全盛期，兵员增至1个师团编制，达12 000人，装备也迅速扩大。

1945年3月30日，据［司令陆甲第9号］令，第四国境守备队建制撤销，改编为陆军一二二师团，第四国境守备队的司令部主力编入该师团司令部调往掖河。第一地区队主力编入该师第二六五联队，调往掖河；第二地区队主力编入该师第二六六联队，调往穆棱；第三地区队的一部分编入该师第二六七联队，调往桦林；炮兵主力编入野炮兵第一二四联队；工兵主力编入第一二二联队。

2.兵力部署

（1）步兵第一地区队（满洲第三九五部队）。

该部队主要部署在虎东山阵地周围，位于主阵地猛虎山阵地东南，是距边境较近的独立阵地。步兵第四中队驻边连子山阵地及虎头街南台地。

（2）步兵第二地区队（满洲第五〇六部队）。

该部队驻守猛虎山主阵地（守备队司令部）和虎北山阵地；步兵第二中队驻守东猛虎山阵地；步兵第四中队驻守在中、西猛虎山阵地。

（3）步兵第三地区队（满洲第六十七部队）。

该部队驻守虎西山和虎啸山阵地，为联队级编制。步兵第一中队驻守大虎啸山阵地；步兵第二中队驻守虎啸山阵地及平顶山阵地；步兵第三中队驻守虎西山阵地；步兵第四中队驻守临平阵地。

（4）炮兵队（满洲第八五一部队）。

重炮第一大队下辖4个炮兵中队。第一中队部署在猛虎山阵地南侧诚心谷中，配置2门30厘米榴弹炮；第二中队也部署在猛虎山阵地南侧诚心谷，主要配置2门24厘米榴弹炮；第三中队部署在猛虎山东侧猛虎谷，主要配置4门15厘米加农炮；第四中队部署在猛虎山地下阵地内，主要配置2门15厘米加农炮。

野炮第二大队下辖4个炮兵中队。第五中队部署在猛虎山阵地南侧诚心谷中，配置九五式野炮若干；第六中队部署在猛虎山东侧猛虎谷中，配置九五式野炮若干。以上两个中队主要任务是掩护重炮阵地，作为重炮的配炮；第七中队部署在虎头台处，主要配置4门10厘米榴弹炮；第八中队部署在虎啸谷处，配置4门10厘米榴弹炮。

高射炮第三大队下辖4个炮兵中队。第九、十中队驻守在虎北山南麓，配置10门高射炮；第十一、十二中队分别驻守在大虎啸山和平顶山，配置8门高射炮。

九五式24厘米加农列车炮第十三中队。该中队直属炮兵队，该炮部署在虎头要塞西30公里处水克（车站名）列车炮地下阵地中。

41厘米榴弹炮第十四中队。该中队直属炮兵队，该炮部署在猛虎山西北麓、猛虎原处。

（5）虎头陆军医院（关东军第六十八陆军医院）。

虎头陆军医院番号为满洲第八七八部队，1938年编成，为虎林陆军医院虎头分院，同年改称虎头陆军医院。1945年改称关东军第六十八陆军医院。

（二）第十五国境守备队

1.沿革

据［日军令陆甲第106号］编成令，以原日军第四国境守备队第三地区队主力为基干，从第一方面军第五军（牡丹江掖河）所属部队调入约600名日军，重新编成满洲第十五国境守备队。该守备队通称满洲第九四八部队城第一三〇九七部队。守备队辖步兵队、炮兵队和工兵队，总兵力1 400人。

步兵队辖4个步兵中队、1个高射炮中队、1个步兵炮中队；炮队辖2个炮兵中队、1个水克列车炮中队；工兵为1个工兵中队。

2.兵力部署

（1）步兵队

步兵第一中队驻守虎东山阵地；步兵第二中队驻守虎啸山阵地及虎西山阵地；步兵第三中队驻守西猛虎山阵地；步兵第四中队驻守虎北山阵地；高射炮中队分两部分，一部驻守虎东山阵地，另一部驻守虎西山阵地；步兵炮中队也分两部分，一部驻守虎东山阵地，另一部驻守西猛虎山阵地。

（2）炮兵队

炮兵第一中队驻守猛虎山阵地南侧诚心谷及猛虎山西北麓猛虎原处，主要在30厘米、24厘米、41厘米榴弹炮阵地守备；炮兵第二中队驻守猛虎山阵地东侧猛虎谷及猛虎山地下阵地内，主要在15厘米加农炮炮塔阵地及15厘米加农炮穹窖阵地守备。

（3）工兵队

工兵中队战时驻守在中猛虎山地下阵地。

（4）虎头陆军医院（关东军第六十八陆军医院）

1945年8月9日，苏军进攻虎头要塞时，日陆军医院院长阿部铁男少佐率领全部人员以及患者50名进入东猛虎山阵地开设战时地下医院，进行伤员收容和救治。8月19日阵地被攻陷，除2名脱逃外，其余全部自爆或战死。

（三）善通寺第十一师团（满洲第四一〇部队）

日军在虎林的西岗、太和、宝东建成大批营房后，于1939年11月，第十一师团进驻了上述地区。师团司令部设在西岗，为师团级编制，对外称满洲第四一〇部队，因来时的师团长是牛岛满少将（调走前升中将），也称牛岛部队。下辖6个联队：步兵第十二联队，驻守在宝东，对外称满洲第九三六部队，为联队级编制；步兵第四十三联队，驻守在虎林，对外称满洲第七一二部队，为联队级编制；步兵第四十四联队，驻守在太和，对外称满洲第一五〇部队，为联队级编制；骑兵第十一联队，驻守在宝东，对外称满洲第五十二部队，为联队级编制；野战炮第十一联队，驻守在西岗，对外称满洲第五二一部队，为联队级编制；辎重兵联队，驻守在太和，对外称满洲第九三〇部队，为联队级编制。

三、其他军警

（一）关东军宪兵队虎林分队

1935年，在县城（虎头）成立关东宪兵队虎林分遣队；1939年迁至西岗，改称关东宪兵虎林分队。为中队级编制，宪兵队队长军衔为上尉或中尉，归东安宪兵队管辖。分队内设军警、监视、审讯、警务、事务系。下辖虎头宪兵分遣队（队长为准尉军官）、虎林街宪兵诘问所、虎林车站取缔所。

关东宪兵队虎林分队主要任务是镇压中国人民的反满抗日活动和对苏进行谍报活动。并在各阶层的中国人民中发展了大批密侦联络员，建立许多秘密联络点，采取各种方式，如种罂粟、伐木、打鱼、狩猎等形式，在县内大量发展“烟特务”“鱼特务”“狗特务”等。

1940年4月，在新京（长春）宪兵司令部、东安宪兵队的直接指挥下，在虎林县内破坏我地下交通情报组织，逮捕了64人。7月，将其中张旭武、孙正藻、韩有才等26名地工人员送往佳木斯绞刑杀害，称之为骇人听闻的“虎林事件”（也称张旭武事件）。平时被关东宪兵队虎林分队以“反满抗日”之名抓进监狱的人不计其数。将人抓住之后，施以往鼻子里灌凉水、辣椒水、汽油，装在麻袋里抬起摔、用竹签子钉指甲、坐老虎凳、吊在半空用竹剑抽打、用烙铁烙、用子弹夹手指、用烟头烧等酷刑，甚至扔进狼狗圈里撕咬，进行折磨。多数的受害者经过一番折磨后被害死或“特别输送”到哈尔滨七三一部队做细菌试验。

（二）日本陆军特务机关虎林分机关

1937年，日本陆军特务机关虎林分机关成立，驻于虎林街，其正式名称为“关东军情报部”，主要是对苏联和中国人民的抗日斗争进行情报、破坏、颠覆活动，隶属于哈尔滨特务机关和东安特务机关。虎林特务分机关长均由上尉军官担任，分机关内设主任、事务员及翻译3人。

虎林特务分机关下设若干特务据点。分机关内设监狱，施酷刑和关东宪兵队虎林分队一起进行反苏、反共、迫害人民的罪恶活动。

第四节　虎头要塞阵地

一、猛虎山核心阵地

（一）概貌

猛虎山阵地是侵华日军修筑在虎头5个要塞阵地中的核心阵地，由主阵地中猛虎山阵地和辅助阵地东猛虎山、西猛虎山阵地组成；位于虎头镇周边完达山余脉丘陵中。主峰位于北纬45° 59′ 33″，东经113° 39′ 30″，南距虎头镇3公里，东距乌苏里江左岸约1公里，其右翼（南部）为虎东山阵地，左翼（北部）为虎北山阵地，成钳形以南北两线呈护卫阵势；西部以虎西山、虎啸山2阵地为依托，从背后支撑猛虎山主阵地中心枢纽部。各高地之间构成没有防御死角的防御平面，面对相隔数百米草原湿地的乌苏里江，同对岸苏联境内波隆卡山筑垒地域相对峙，对西伯利亚铁路、伊曼市、萨里斯基军事区构成威压。

猛虎山核心阵地为突兀隆起的三个丘陵组成，分东、中、西猛虎山，海拔114.3米，相对高度50余米。猛虎山其形如猛虎横卧，东猛虎山为虎头，中猛虎山为虎腰，西猛虎山为虎尾。其周围是沼泽地带，形成难以通行的天然屏障。

猛虎山核心阵地由日本关东军第四国境守备队第二地区队2个步兵中队及炮兵6个中队和1个工兵中队驻守。其武器装备十分齐全，除了部署一些炮座、机枪座外，还有41厘米巨炮阵地、15厘米加农炮塔穹窖（即地堡地下要塞设施军用术语）阵地和30厘米、24厘米重炮阵地及10厘米榴弹炮阵地，分别部署在猛虎山核心阵地的前后左右。猛虎山阵地是虎头要塞核心工事，处于整个要塞的心脏部位，是日本关东军国境守备队司令部和指挥中心。地下工事规模宏大、结构复杂，总长1.5公里。有的部位分上、中、下三层，兵力及火力部署强大；工事修筑坚固，地下工事一般深入地下10米以下，最深可达30米。地上工事的混凝土厚度一般可达2米，最厚可达3米，可抵御1 000公斤炸药的轰击。猛虎山主阵地由东、中、西猛虎山阵地组成，由一个地下通道连成遥相呼应、相互支援、易守难攻、交叉配合有效的主体火力网。

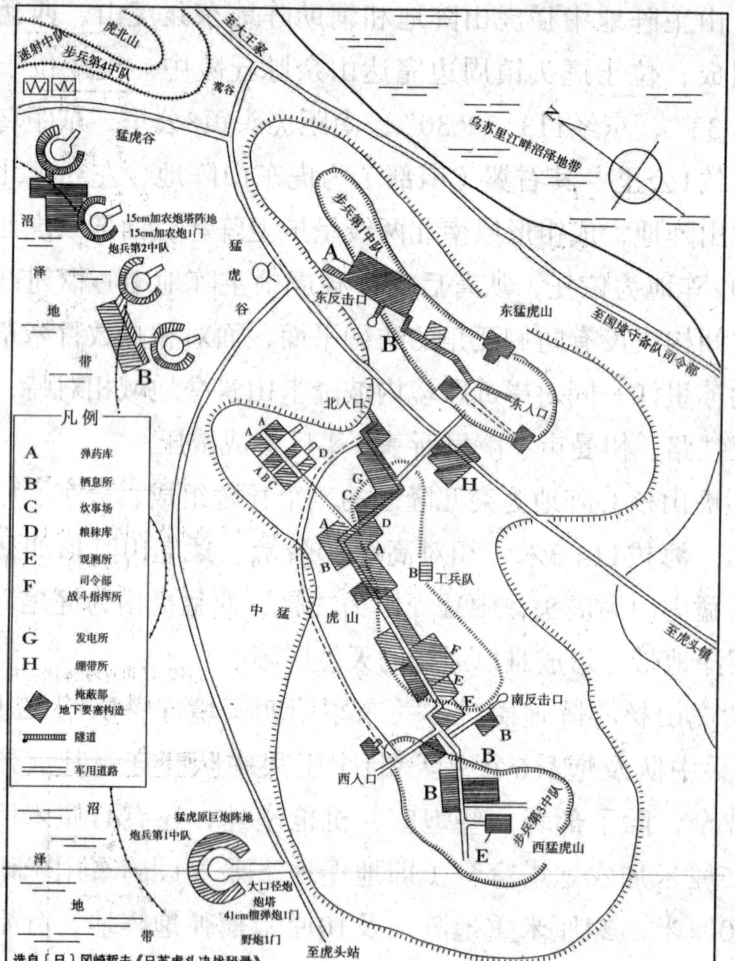

选自〔日〕冈崎哲夫《日苏虎头决战秘录》

猛虎山阵地地下工事设施平面图

（二）主阵地

1.概貌

猛虎山核心阵地以中猛虎山阵地为主阵地。中猛虎山阵地位于猛虎山阵地中部，海拔111.8米，距虎头镇2.2公里，距东、西猛虎山直线距离分别为350米和300米，距乌苏里江左岸约1公里。中猛虎山阵地驻守有日军国境守备队司令部、步兵第二地区队第四中队部分及工兵中队、炮兵第二中队，配备武器有15厘米加农炮6门、野炮2门、41式山炮2门、轻机枪1挺、穹窖重机枪4挺。

2.地面工事

在中猛虎山阵地地面上，除特定的军用道路和通道外，还分布着交通壕、反坦克壕、碉堡、机枪阵地、掩蔽所、观测所及炮阵地等地面工事。透过茂密的原生林，可看到地面上纵横交错的铁丝网，铺设成大约15厘米直角的棋盘格子，使人很难行走和上爬。

中猛虎山阵地的交通壕，呈“V”字形，深度在80至100厘米之间，壕的两侧用土堆成堤坝状，其走向各不相同，沟通地上地下各类军事设施。

中猛虎山阵地的机枪眼为宽60厘米、高30厘米的矩形洞口。四周为厚度达2米的水泥壁，洞口深处有坚固的可开启铁门，铁门上有用白油漆书写的大标号数字。

中猛虎山阵地遍布反击口，位于山地相当高的地方，开口部位被山顶隐匿，上有圆形的铁盖，打开铁盖可沿竖井的铁梯子通向隧道，与观测所、枪眼、地堡相连通。反击口远离沼泽地，又处于苏军攻击力死角的最深部。当苏军占领山顶或封锁要塞出入口或山坡遇敌猛烈攻击的情况下，可在反击口迅速攻击山顶上的苏军，并在山中布列阵势。各处反击口一旦盖上铁盖即被杂草淹没，很难被发现。反击口即使偶然被发现，在山谷间和山坡上的各处枪眼和碉堡就一齐对着它，形成一个环形包围圈。

中猛虎山阵地观测所位于中猛虎山最高点，上有一个球形的铁制天盖露出半个身位在地面上。球形天盖用厚度为15.6厘米的铁钢板制成，上面凿有一个能勉强容纳1人的双眼的小孔（高10厘米、宽20厘米），面向四周旋转。因其为球形天盖又称“大鲁马”观测所（球形观测所）。观测所高4米、宽4米，墙壁为2米厚混凝土构建，下面有30至40米的竖井。竖井壁上安装直线或螺线型铁梯子，还在竖井的上部建有可封闭的铁门，并按竖井深度的比例，中间建有一两个可封闭的铁门，在出现意外情况或在苏军占领山顶或圆形铁盖被爆破时，可以上下阻断。在地下要塞最深处的司令室，在指挥所近处的通道上设置一个房间，开有通向这个竖井的攀登口。

在观测口东侧连接一处8×20平方米（前面数字为宽，后面数字为长，以下同类情况均按此顺序表示）的掩蔽所，该所上盖为1.5米厚的混凝土构建。隐蔽所由宽0.8米、高4米的小通道连接3个直径为3.5米的碉堡和1个直径为3.5米的反击口。碉堡是用于立、跪射击的小地面堡，属半地下堡。每处碉堡设置两三处枪眼。其中位于隐蔽所东北角1个碉堡还由宽0.8米、高4米的通道连接1处直径为1.8米的圆形机枪座堡。

中猛虎山阵地从反击口向西1.5米处一字排开的4个炮座，依次间隔为9米、25米、12米。炮座直径为4米，为41式山炮炮座或野炮炮座。在两个炮座中间有一处隐蔽所，靠隐蔽所正南边墙壁下有竖井口，有铁梯可通往地下通道。

在阵地上的许多地方，都设有地下各种工事通往地面的换气孔、烟囱，均为直径10厘米左右粗的铁管子，露出地面10厘米上下，安装时尽量避免直线，采取弯弯曲曲的结构，以防苏军潜入或战时向地下工事里投掷手榴弹或炸药包。

在中猛虎山山腰部的军用道路旁半干涸的小溪上，或堤坡下的洼地草丛中，或山体突出部背阴处，都架设有土桥。在土桥周围建有高度和宽度均为2米的洞口，里面用原木搭起坑道。纵深数米处有木门，开启木门便是水泥浇筑的地下通道，沿通道进去数米的尽头上有枪眼，通道下有可开启的盖子，下面是很深的陷阱。苏军如接近入口打开盖子可以阻止其前进，并可从枪眼内射击入侵苏军。陷阱的左右侧或枪眼边上，都有可开启的铁门，铁门上有用白油漆书写的大标号数字。

15厘米加农炮穹窖、炮塔阵地位于中猛虎山山腰处，距中猛虎山地下要塞北出入口100米，地理位置为北纬45° 31′，东经133° 18′。穹窖阵地内装备四五式15厘米加农炮2门、野炮2门。东西长22.7米，南北长22.8米，呈正方形。现遗址四周有无数巨大的水泥块散落，四周墙壁塌落，南面、北面有残壁。西壁有出口与猛虎山地下通道相通。15厘米加农炮炮塔阵地位于穹窖阵地东北20米处，标高约为80至90米，呈圆形，圆壁为水泥浇筑，直径约10米，正面壁厚约3米，后部约1.5米。炮塔上部为半球形钢铁顶盖，炮塔入口有长5至6米水泥浇筑的通道，内部结构由于破坏严重情况不明。该阵地有4座钢筋混凝土炮塔，配备15厘米口径加农炮4门，并有隧道通往中猛虎山要塞。炮塔间及与中猛虎山要塞相连的隧道已全部塌陷，炮塔下部残存壁体呈“U”形，大致可确定其规模。从遗存的残破状态可看出当年战斗的激烈程度。四五式15厘米加农炮身全长7.515米，口径为14.91厘米，高低角为-8° 至30° ，方向为360° ，弹重量40.2公斤，最大射程20 200米。

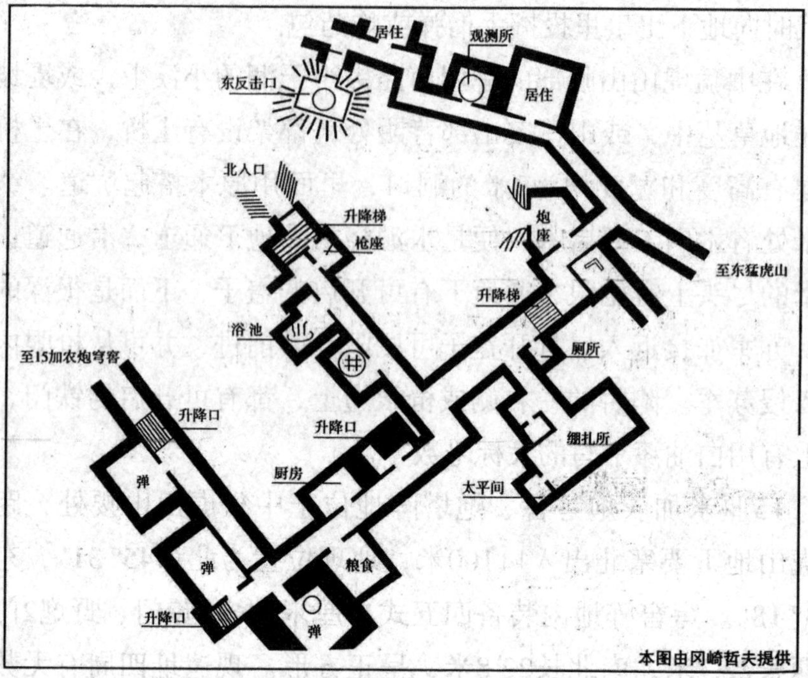

中猛虎山阵地地下穹窖示意图

3.地下工事

中猛虎山地下工事较长，主通道总长约1 000米，巨大爆炸坑向西13米处有一个2×4平方米的发电所；再往西有对称的两个大房间，南为3×7.8平方米的厨房，有灶台两个，上壁有通气孔数个，背面是一间3×14平方米的休息室。中间有两个深3米的蓄水池；再向西有一个“T”字形房间的地下医院，面积为3×24平方米加3×30平方米，地面发现有零散遗骨。地下医院隔壁有一个1.6×10平方米的厕所。厕所的对面为北出入口，长约29米。据冈崎哲夫（虎头要塞日本关东军的53名生还者之一）回忆，此处是侵华日军国境守备队集体自爆自杀的地方。沿通道向西7.3米处有一间发电室兼通风所，面积为2.5×10.7平方米。沿通道向西24米，有厨房和指挥所，厨房有两个灶台，面积7×3平方米；厨房对面的指挥所面积22×3平方米，指挥所内有一个将校室。

向西37.25米，有一个面积为5×38平方米的大房间，为圆拱顶，拱高5米，入口处宽1.2米。再向西30.5米处，有一个长约59.7米、宽1.6米的支通道，通往15厘米加农炮穹窖阵地。沿通道向西延续68米，即是15厘米加农炮的4座弹药库发生大爆炸处，后经清理维修仅存有一段通道。弹药库形状面目皆非，形成方圆为50平方米的大炸弹坑，被当地老百姓称为“飞马坑”。坑中发现印字为“四五式”两袋炮药，以此印证加农炮为“四五式”15厘米加农炮。炮阵地观测所位于炮穹窖阵地西北20米处，地理位置为北纬45°59′3″，东经113° 39′ 18″，由通道与主阵地地下工事相连，有一处6×17平方米的房间，有观测口数个。由“飞马坑”向西16米，有长约20米、宽0.8米的支通道可通往地面的碉堡。由主通道再向西有一弯角，角度为135°，弯角处宽0.8米、长34米的支通道也可通往地面碉堡。主通道弯角折向西南28米处有一个向上的竖井，竖井上部已炸毁不能通行。沿主通道延续8米，有一个3×13平方米的指挥所，指挥所内有一个向上的竖井，上面不通。指挥所对面有一个竖井，向上9米处有一转弯平台，再向上2.3米为一房间，再向上为观察所和反击口。主通道再向西南13米为宽1.2米、长36米的西出入口。沿主通道再向西南有一个3×7.5平方米的房间和一个1.8×3.4平方米的发电所，沿台阶向上有一个宽0.8米、长23米的支通道。向西南延续18米处，有一个带有装饰痕迹3×6.5平方米的房间，疑似日军虎头国境守备队司令官休息室。向西5米处为一个冒顶的大爆炸坑，再向前不能通行。顺爆炸坑向西约300米，为地下工事不能通行地段。

据冈崎哲夫回忆，打开中猛虎山北口标号NO:12538的铁门，里面便裸露出鲜明的灰白色地表，宽1.5米、高2米的水泥隧道逐渐升高，呈一条直线延伸。沿途墙壁上的各处都记有红油漆写的号码和箭头标记。拱形天棚上每隔10米安装一盏电灯，两三条要塞内的电话线和电线装在铁管子里，因这里不是主堡（即地下要塞的主要地段），所以埋线的铁管子较细。隧道沿途还有几处安有铁门，铁门上必标有数码，无论是数码还是箭头标记，只要和号码账一核对，即可明了是仓库还是栖息所，或是特殊通道。进入深百米有余的尽头，突然出现又窄又高的阶梯，安有铁栏杆，很陡的阶梯上边有门，打开门便进入没有装修过的水泥小屋，大小有3.2米见方，这里就是暗堡。水泥地上嵌有钢铁台座，安装了粗大的螺栓和螺母，随时都可固定火炮和机关枪用于作战。台座边安有展开长长扇翼的巨大的电扇，用来排除炮弹发射时产生的毒瓦斯气，在电扇发生故障时还备有手摇式风扇。入口的一侧安有固定桌子，桌上备有传声筒、电话、油灯等物品。

入口对面，即碉堡正面墙中央装有大摇把舵轮，转动舵轮即可缓慢开启地堡的铁门，光线立即射入室内。

从枪眼往外看，山坡上、沼泽地带、乌苏里江及对岸苏联境内一览无余，极有利于观察。走下机枪座再沿折回的隧道向前，半道上有个门，打开门就进入了直角分支的另一个隧道，这就是分堡（连接主隧道的支隧道）。各处设有栖息所，再分为交叉的几个隧道。沿岔道向前便是大型隧道，宽度和高度均为3米，顶棚上粗大的铁管子纵横交错，上面安装着几个大电灯泡。这一带是中猛虎山地下要塞最深的部位。地下工事主干道回廊上，各处都有直角拐弯的岔道，从整体上，犹如巨大的闪电形状贯通猛虎山山底，用一条主干连接中、东、西猛虎山，并通过闪电形状结构的通道将3个阵地从地下延伸贯通。这样可以非常有效地防止其中一个局部被破坏可波及整个地下工事的严重后果。中猛虎山中央最深部，就像一个大楼的办公区，要塞地区战斗指挥所、电话交换室、电信所、无线电信室、将校休息室、观测所等都集中在这里。通过那里可到达大隧道的另一端，转过直角拐弯处就可看到发电所、扬水场、浴池、厕所、水房、粮库、医务所等设施。发电所铁门里边有个小房间，正面宽度3米，纵深5米左右，发动机占了房间的一半，送电铁管通往要塞的各主干道。扬水场约4米见方，水井中安装有电动水泵和手动水泵。浴池靠近北入口的枪座房，浴池用水由扬水场输送，通电加热烧开。连接主干道的弹药库和石油贮藏库在更深一层的地下，这一带的燃料库、弹药库、粮库、栖息所的面积都很大，宽5米、高4米，纵深达20米。

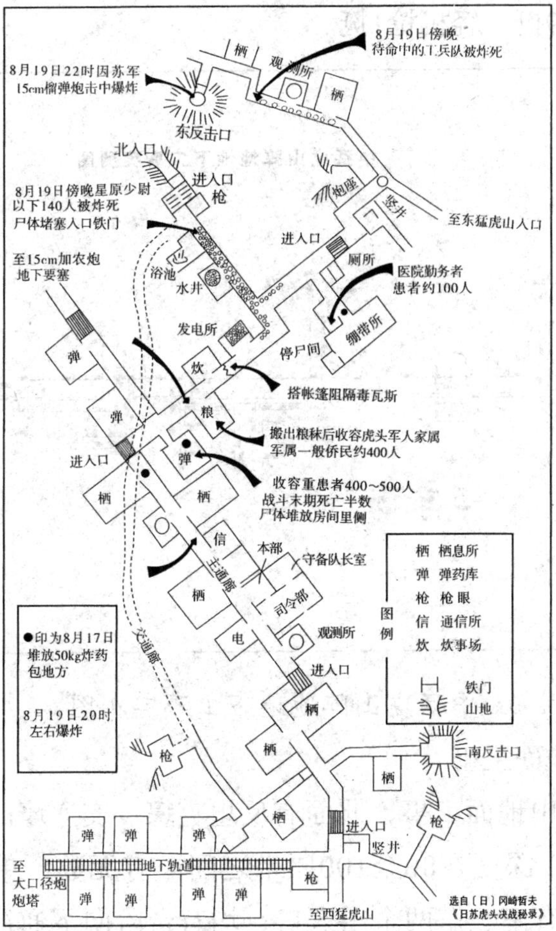

中猛虎山阵地地下工事设施一部断面图

（三）辅助阵地

1.东猛虎山阵地

（1）概貌。

东猛虎山位于猛虎山主阵地的东麓，为猛虎山虎头的位置，海拔113.9米，属猛虎山对苏军的最前沿阵地。东猛虎山阵地由日军第四国境守备队第二地区队步兵第二中队及3个炮兵中队驻守。其火力为山南坡250米处有24厘米、30厘米榴弹炮重炮各2门，山上有穹窖阵地10厘米榴弹炮2门，穹窖阵地41式山炮3门，穹窖重机枪9挺，轻机枪1挺。

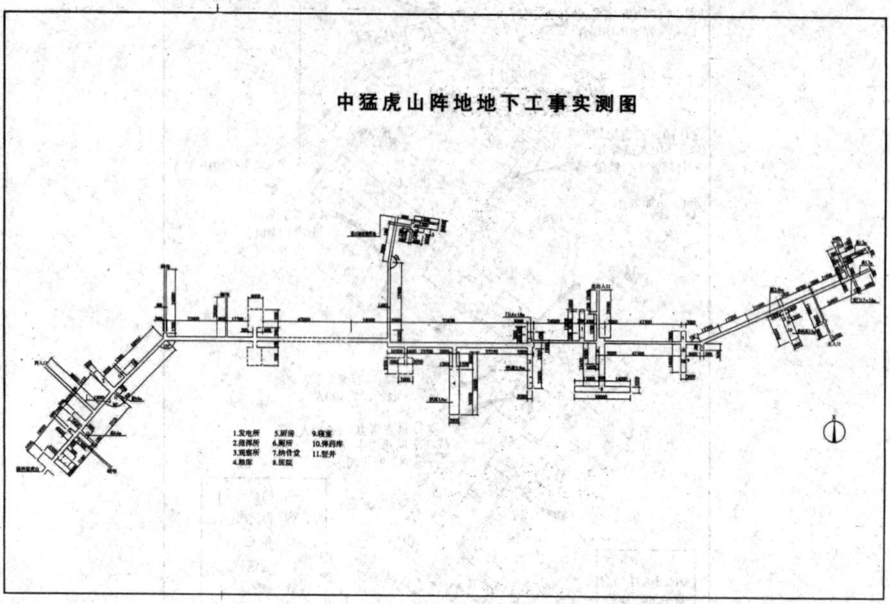

中猛虎山阵地地下工事实测图

（2）地面工事。

东猛虎山地面工事，北面有反坦克壕、交通壕曲折纵横，呈“V”字形，深度在80至100厘米之间，有无数个单人和机枪掩体。山腰处有南、东两个出入口，均有台阶向下通往地下。山顶上有1处观测所，2处反击口，反击口宽均为0.8米，长度分别约为

15米和10米，均由竖井铁梯连接通往地下。东猛虎山顶向西100米处，有一直径为20米的大爆炸坑，疑似弹药库发生爆炸而形成，水泥厚度达3米。山脊处有单体野炮遗址，包括炮座、露天弹药堆放场及隐蔽所等，均与交通壕相连。

在东猛虎山西南面有30厘米、24厘米榴弹炮阵地遗址各一处，10厘米榴弹炮遗址位于东猛虎山南坡，距其西南的30厘米、24厘米榴弹炮阵地约300米，其地理位置为北纬45° 59′ 51″，东经113° 39′ 20″。4个炮座呈直角排列，东侧2个呈南北排列，西侧2个呈东西排列。2组炮座之间距离50米，1号炮座与2号炮座之间距离、3号炮座与4号炮座之间距离均为20米，炮座直径为4.5米。

（3）地下工事。

东猛虎山阵地东入口地下通道长约23米，然后入主通道，由此向西18.7米处有一座5×18平方米的弹药库，为砖、混凝土混合结构，并在砖与混凝土之间夹有油毡，地面为中间略高凸形，沿墙壁四周有小水沟槽。整个东段地下通道总长为140.1米，再向西由于有一个直径20米的大爆炸坑而不通。越过大爆炸坑就进入了猛虎山地下阵地的中部。

据虎头要塞日军生还者岗崎哲夫回忆，由猛虎山要塞主通道进入东猛虎山处，凿有10米见方的竖井，上下贯通，竖井内装有升降机、卷扬机、铁梯等设施。站在水泥脚手架上，看到有几个楼层面对竖井，上下重叠整齐地排列，最上层开口连接几个支通道联络各个碉堡；第2层连接主堡，在那里排列着2个炮座。如此巨大的岩石空洞，专为方便上下左右调动大量的兵员和重型武器，可以说是立体式的大型轮转机。升降机底座安装在地下电动轨道上，可以左右移动。为了搬运重型弹药和巨炮，电动轨道同重炮弹药库以及位于猛虎山背后的大口径炮塔相连接。

3.西猛虎山阵地

（1）概貌。

西猛虎山位于猛虎山主阵地的西麓，为猛虎山虎尾的位置，海拔114.5米。西猛虎山阵地由日军第四国境守备队第二地区队步兵第四中队部分及炮兵二个中队驻守。配备武器为猛虎原处41厘米榴弹炮1门、穹窖41式山炮2门，重机枪3挺，轻机枪2挺。

（2）地面工事。

西猛虎山西麓主峰位于北纬45°59′46″，东经113°38′32″。分布有掩蔽部所遗址18处，该掩蔽所当地人称之为“十八站”。每个掩蔽部面积约200平方米以上，各掩蔽部之间距离27至30米不等。这18处掩蔽部可藏18个中队的兵力（相当于一个旅团）。在西猛虎山的西北麓，有巨炮41厘米榴弹炮阵地。

中猛虎山和西猛虎山的山脊连成一体，分成舌状半岛形的北侧，突出的沼泽地带和猛虎脊部分，在这一带设置了以15厘米加农炮为主的重炮阵地。在半锥体形山东侧，修筑起如城墙一样的水泥断崖，高1米、宽约2.5米的炮门排列数个。炮门内部为10米见方的炮座并排一列。

战时此处有15厘米加农炮2门、野炮2门。猛虎谷的15厘米加农炮炮塔群与其他重炮阵地相组合，有炮塔座4座，15厘米加农炮4门。

（3）地下工事。

西猛虎山通道总长60米，支通道有3处，总长45.5米；有向上竖井4处，由于均受到较严重破坏，都不能通行；还有3×11平方米房间一处。沿主通道向东约300米与猛虎山中段相通，由于爆炸阻断向西，300米地下工事情况不明。

二、虎北山阵地

（一）概貌

虎北山阵地由主阵地虎北山及辅助阵地袋台、猛虎台组成。主阵地位于猛虎山北约2公里，地理位置为北纬46° 00′ 53″，东经113° 39′ 03″，东临乌苏里江左岸，西北为开阔的沼泽地带，由猛虎台与猛虎山相连。虎北山山势较低，呈细长的防护堤状，海拔94.6米。

虎北山阵地工事设施的军事作用在于护卫猛虎山主阵地的北部，并阻击来自毫无遮拦的广阔北方湿地的偷袭苏军，保证猛虎山背后和41厘米巨炮阵地的安全。在虎北山东侧、北侧及西侧各有一条防坦克壕，形成猛虎山主阵地的东北防护屏障。

虎北山主阵地由日军第四国境守备队第二地区队2个步兵中队及高射炮第三大队第九、十队驻守。武器装备为野炮2门、高射炮10门、轻机枪6挺、重机枪14挺。

虎北山主阵地地面主要有炮阵地和指挥所、掩蔽部、机枪阵地、碉堡、野战工事、交堑壕等组成。

（二）主阵地

1.地面工事

虎北山野炮阵地位于虎北山山脊处，共发现野炮座2个，直径8米，两炮座之间距离20米。

虎北山高射炮阵地位于野炮阵地东侧约150米，地理位置为北纬46° 00′ 17″，东经113° 39′ 17″，有高射炮台遗址10座，均与交通壕连通。炮台内径均为6米。据文献记载，虎头要塞共部署高射炮18门，分别在临江台西北、虎头台北、虎北山东北和虎啸山东南各处。现虎啸山4门、平顶山4门已确认。可以推定余下10

门即在虎北山部署。炮台西北100米处，有疑似露天弹药库，土堆而成，土墙高3米，呈长方形，面积20×30平方米。用土堆成高墙，以防在火药库爆炸时伤人及其他设施。此处为野炮和高射炮弹药集中堆放地。

在弹药库西北60米处，有掩蔽部3处，均由交通壕相连通，面积为7×20平方米、7×15平方米不等。另外，虎北山有观测所2个，一处位于虎北山山顶，一处位于馒头山山顶，都因大爆炸而面目全非。

2.地下工事

虎北山尚未发现较完整的地下工事。据文献记载，虎北山地下要塞工事很深，而且有规模。现只发现一截台阶而下的约长20米地道，因塌陷而无法前行。

3.辅助工事

虎北山的辅助阵地主要有位于主阵地南部的袋台和猛虎台阵地。袋台高地多为地面碉堡、交堑壕、掩蔽部野战工事。猛虎台主要为炮阵地，炮兵队重炮第一大队第三中队4门15厘米加农炮和野炮大队第六中队若干九五式野战炮部署这里。

三、虎东山阵地

（一）概貌

虎东山阵地由虎东山主阵地和辅助阵地边连子山、诚心谷、虎头台组成。位于虎头镇1.2公里处，东距乌苏里江左岸0.85公里，海拔103.3米，地理位置为北纬45°59′，东经113°40′。虎东山阵地是虎头要塞的前沿阵地，为猛虎山核心阵地的右翼阵地，西距30厘米、24厘米榴弹重炮阵地0.5公里，西北距猛虎山核心阵地1公里，东距虎头台野战阵地0.4公里。

虎东山阵地是虎头要塞中最早完工的阵地之一，阵地工程质量上乘。虎东山要塞规模较小，但设备较为完善，远优于猛虎山；地下炊事、采暖热水全部电气化，当时在地下要塞内安装采暖设备的，全世界仅此一处。地下阵地分为上、中、下三层，其构造科学合理。虎东山阵地由日军第四国境守备队步兵第一地区队4个中队及炮兵队野炮第二大队第七中队驻守。武器装备有10厘米榴弹炮4门。

（二）主阵地

1.地面工事

虎东山阵地主阵地地面工事分为两种类型，一种是由地下通道贯通的地面工事；另一种是由交通壕连接的地面工事。由地下通道通过竖井或缓坡向上及台阶上的支通道连接的地面工事有观测所、反击口、暗堡、炮座。

（1）观察所。

由3号竖井顺铁梯向上，经过中层的通讯间，再经通讯间升降口向上即是上层的观察所，其中：有一个3×10平方米的观察待命室，再向上为主观察所；观察待命室旁边有一个1×2平方米的反击口；另有观察室2个，一个为2.2×5平方米，另一个为4米见方，2室均有潜望口多处，潜望口0.32×0.62平方米，距地面1.4米。

（2）反击口。

反击口由竖井向上，有反击待命间。3号竖井为反击口和观察所、通讯室共用。2号口、4号口竖井为反击口单独使用。2号竖井反击口待命室面积为3×9平方米，4号竖井反击口待命室面积为3×8平方米。

虎东山阵地主竖井遗址

（3）暗堡。

虎东山阵地现有2处暗堡，一处连通1号竖井向上8.65米，呈梯形，面积为2.5×4平方米；一处由3号竖井向南，沿支通道（0.8米宽）后顺台阶向上，面积2米见方。

（4）炮座。

虎东山阵地通往地下工事炮座有2处，都沿支通道（1.2米宽）台阶向上。

2.地下工事

（1）地下通道。

主通道由西向北呈“L”形，总长约300米，宽1.8米，高2米，大部分为圆拱顶，只有临近北入口处，有50米的钢筋混凝土平顶。主通道地面中间及两侧有排水沟槽（沟槽口盖有水泥盖）。支通道共有4条，总长150米，宽分别为0.8米和1.2米，经缓坡或台阶向上，呈放射状向四处延伸到暗堡、炮座或反击口。通道水泥墙上，嵌有战时用于挂军吊床的铁钩；有电线、木线走向的痕迹；还有每隔5米直径为30厘米的灯座。支通道内阴冷潮湿，每隔一定距离便有直角折弯处，并设有枪座、岗哨；关键之处还设有3米深的翻版陷阱。

（2）竖井。

虎东山阵地地下工事有竖井4座。竖井是直接向上通往地面设施，诸如观察室、碉堡、反击口。4座竖井均由嵌在水泥上的铁梯向上攀登，呈圆筒形，直径为0.8米，即向上一定距离有一平台，而后呈直角转向，主要防止来自井口敌人的直接进攻。1号竖井向上通往直角房间为20平方米的通讯间；再向上出地面，为虎东山顶最高点观测所。2号竖井向上5米有一平台，平台处有一个高1.7米、宽0.6米完整的铁门，铁门由10毫米铁皮做成；再往上为10平方米的反击待命间，上有通往地面的反击口。3号竖井位于支通道，向上10米为7平方米暗堡。4号竖井向上为10平方米的反击待命间，上有反击口。

（3）地下房间。

虎东山阵地地下工事共有大小20个房间，最大为3×24平方米，最小1.8米见方。属水泥圆拱顶有8个房间，余下为钢筋水泥平顶房间。这些房间分为枪座、兵舍、将校间、发电所、弹药库、炊事间、通风间、锅炉房、洗浴间、粮菜库、医疗所、通讯间，此外，还有套间3处。

弹药库。2个弹药库位于西出口向内30米主通道两侧，呈对称状，面积分别为3×23平方米和3×22.3平方米。弹药库圆拱顶基本完好，部分有断裂；水泥拱顶和墙壁均为双层，从断裂处发现中间夹有油毡，是起防潮作用的；因发生爆炸和起火，墙壁与屋顶已熏黑。

发电所。发电所位于地下工事中心底最深处，面积为3×8平方米。整个发电所被烟熏黑，有柴油烟味，里面还有数个被熏黑的烟筒和通气孔、电线孔。另有2个小房间、1个配电室、1个资料室。

炊事间。炊事间面积为3×6平方米，其内有一间3×4平方米的粮菜库，其与将校间和兵舍相连。在炊事间发现两口大锅，大锅呈两层套叠状，外层为铸铁，里层为熟铁。灶台边还发现当年的木柴、煤炭。炊事间上顶岩石中有数个通气孔和烟孔，地下有下水槽。

兵舍与将校间。兵舍与将校间相套，面积为3×24平方米。兵舍兼做餐厅，墙壁两侧均嵌有数根木条，用于悬挂装备，还有电线、木线等。将校间内正壁上有无数弹痕，弹头嵌在墙体内。

蓄水间。蓄水间面积为1.8×5平方米，室内地下有1个深7米、上口直径1.7米、底部直径4.5米不规则的圆台状水池；地面有抽水水槽数条。

锅炉间与浴室。锅炉间面积为2.5×4平方米，有锅炉底座1个，与浴室有水管相通。浴室面积为4×7.5平方米，有冷热水池各1个，均镶有瓷砖。

包扎所。包扎所有内外套间，面积1.6×3平方米内间为病房，外间为处置室，地面上有固定手术台的螺钉数个，还有水槽。

（三）辅助阵地

1.边连子山阵地

虎东山的辅助阵地边连子山阵地，位于虎头镇西南，距乌苏里江左岸约1公里，主峰位于北纬45°58′21″，东经113°38′15″，海拔90.1米。该阵地属前沿小阵地，由日本关东军第四国境守备队第1地区队第四中队驻守。

虎东山阵地地下工事主通道

边连子山北坡有炮座4个，为7.5厘米野炮炮座。炮座呈多边形，对角距离8米，炮正面为水泥构筑，侧后面为土堆成，水泥墙高2米，炮门宽2.8米。炮呈“一”字由东向西排开，1号炮座与2号炮座之间距离为27米，2号炮座与3号炮座之间距离为21米，3号炮座与4号炮座之间距离为23米，其坐标为北纬45° 58′ 28″，东经113° 38′ 67″。

边连子山北坡交通壕连接掩蔽部4处，其面积分别为7.5 × 9平方米、13 × 14平方米、9 × 27平方米、6 × 7平方米，其水泥厚度均超过1米。边连子山山顶有观察室和反击口，由于爆炸破坏面目皆非，无法测量。边连子山未发现地下工事入口。

2.诚心谷阵地

诚心谷阵地位于虎东山主阵地的西北部，主要是炮阵地，部署在这里的是日本关东军第四国境守备队炮兵队重炮第一中队的2门30厘米榴弹炮、第二中队的2门24厘米榴弹炮、野炮第二大队第5中队若干九五式野炮及工兵队的1个中队等。

3.虎头台阵地

虎头台阵地位于虎东山阵地的西南部，由日本关东军第四国境守备队步兵第二、三中队驻守。炮兵队野炮第二大队第七中队10厘米榴弹炮4门配置在此阵地。

四、虎西山阵地

（一）概貌

虎西山阵地由主阵地虎西山和辅助阵地临平山、腰营山组成，位于猛虎山以西1.5公里处，北纬46° 00′ 03″，东经113° 37′ 04″，海拔118.7米，为猛虎山主阵地后方二线阵地，地下军事设施稍逊于猛虎山主阵地。该阵地为猛虎山主阵地的后卫，担负守备完达军用车站及阻击由猛虎山背后沼泽地带、腰营河一带从西或南面攻击的苏军。

虎西山阵地由日军第四国境守备队步兵第三中队驻守。武器装备有山炮若干门、高射机枪或重机枪4挺。

（二）主阵地

虎西山阵地主阵地地面工事较简单，北坡有山炮遗迹。山顶有高射机枪或重机枪遗址，4个机枪座“一”字东西排开，间隔均为5米。枪座为水泥圆筒状，壁厚0.3米，筒内填有砂石。圆形交通壕环绕四周，各枪座均于交通壕相连。该阵地未发现地下通道。

虎头陆军医院遗址位于虎西山东南坡下，北纬45° 59′ 57″，东经133° 37′ 26″。遗址内有房基数个，房基北侧有连接地下通道痕迹，地下通道已全部塌陷。地下为混凝土结构，厚0.8米、宽7米，全长121米。地下通道南侧有6个出入口，宽1.4米、长7米，均与交通壕相连。

（三）辅助阵地

1.临平山阵地

虎西山阵地的辅助阵地临平山阵地位于虎西山北面，距虎西山约2公里。主峰位于北纬46° 00′ 43″，东经133° 37′ 0″，海拔87.1米。临平山阵地由日军第四国境守备队步兵第三地区队第四中队驻守。

临平山阵地地面工事发现有掩蔽部4处，均与1.4米宽的交通壕相连，隐蔽所有1处为4×9平方米，其余3处均为4×5平方米，为水泥浇筑，厚1米，现已破坏。

临平山阵地山顶发现山炮炮座1个，地理位置北纬46° 00′ 49″，东经133° 36′ 34″。该炮座位于交通壕末端，为圆筒状，外径2.8米、内径2.5米，筒内无填充物。临平山阵地地面工事较简单，未发现地下工事。

2.腰营屯阵地

腰营屯阵地位于虎西山主阵地的西北部，主要为野炮阵地，发现有水泥浇筑的如同大厦的地下掩蔽部。

五、虎啸山阵地

（一）概貌

虎啸山阵地由虎啸山主阵地和辅助阵地大虎啸山、平顶山、眼镜山阵地组成，位于虎头镇西北5.3至6.0公里处，距乌苏里江左岸5至6.5公里，海拔89至144米。虎啸山阵地为虎头要塞后方第三道防线，对猛虎山核心阵地进行后方支援，主要任务是防护完达山车站和猛虎山阵地背后，并守备沼泽地带和腰营河一线，防备来自西方和南方苏军的进攻。

虎啸山主阵地和辅助阵地地面工事有10厘米榴弹炮炮塔阵地、穹窖阵地、碉堡、掩蔽部、指挥所、交堑壕、机枪阵地、野战单兵掩体、反坦克壕和观测竖井等；地下工事有指挥部、炊事间、仓库、弹药库、通讯室、士兵休息室、通道、发电室、地下竖井等。

虎啸山阵地由日军第4国境守备队步兵第三地区队第一、二中队及野炮第二大队第八中队、高射炮大队第十一、十二中队驻守。有10厘米榴弹炮4门、高射炮8门。

（二）主阵地

虎啸山主阵地位于北纬45° 59′ 40″，东经133° 36′ 04″，距虎头镇5.4公里，距乌苏里江左岸6.5公里，海拔108米；东距大虎啸山200米，南距平顶山600米。

1.地面工事

虎啸山主阵地地面工事有炮阵地、掩蔽部、碉堡、机枪掩体、指挥所、观测所、野战单人掩体、交通壕、堑壕、反坦克壕等。交通壕呈“V”字形，深1米，壕两侧用土堆成堤坝状，走向各异，与地上地下各类军事设施相连通。各种工事均被炸毁。

2.10厘米榴弹炮炮塔阵地

（1）10厘米榴弹炮穹窖阵地。

10厘米榴弹炮穹窖阵地位于虎啸山南麓与平顶山东北麓之间山洼处，最南1号炮座位于北纬45°59′47″，东经133° 36′ 02″；最北4号炮座位于北纬45° 59′ 56″，东经133° 36′ 59″。该阵地共有炮座4个，南北一线构筑。1号与2号炮座之间距离约30米，2号与3号炮座之间距离约39米，3号与4号炮座之间距离约28米。各炮座之间均由南北走向交通壕通连。炮座为半地下水泥构筑，地上顶部为半球状钢帽堡。由于爆炸，各炮座上部均成为水泥废墟。3号炮座地下部分完整，由交通壕西侧进入炮台地下通道，通道高1.8米、长13.4米，洞口有铁门痕迹。由洞口进入3米处有向下台阶，台阶长3.24米，台阶向下1.5米再往前走即是炮座基和圆形廊，圆形廊通道宽1.5米。炮基座由两具弧型水泥构件组成，高1.8米，两弧之间有一水泥向上台阶，整个圆廊直径为6米。该炮阵地炮击目

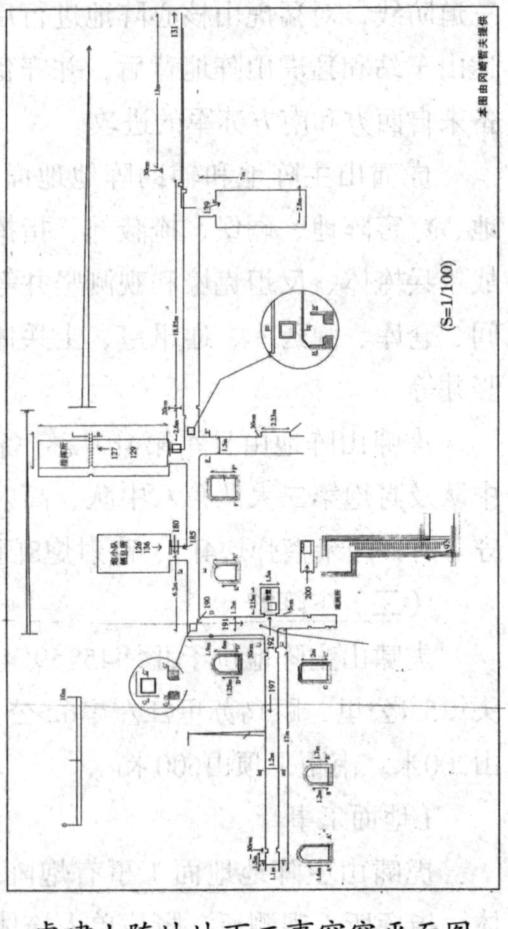

虎啸山阵地地下工事穹窖平面图

标主要针对乌苏里江右岸苏军阵地集结渡江的部队。

（2）10厘米榴弹炮阵地地下工事。

10厘米榴弹炮阵地地下工事为炮兵休息、生活、观测之用，距1号炮座仅50米，其3个出入口均通过交通壕与10厘米榴弹炮阵地相连。该地下工事在与苏军开战时，曾收容近200名日本妇女、儿童在此避难。

10厘米榴弹炮阵地地下工事，已发现主通道长约126米。最北端为一方形竖井，向上通反击口；向南13.8米处有一向南通道被塌方埋没；向南31米处有5×20平方米弹药库，储备供应炮阵地用弹药；向南48米处为一出入口；向南64米处为3×20平方米指挥所；向南80米处为另一出入口，出入口与主通道交汇处有一圆形竖井，向上为炮兵观测所；向南92米处有一发电间；再向南106米处有一3×20平方米的休息间，房间中央有2个方形的贮水池，其盖已被破坏；再向南126米处因通道堵塞无法前行，其全貌不详。

虎啸山阵地地下工事指挥所遗址

3.地下工事

虎啸山主阵地地下工事多被炸毁。地下通道可测量总长69.25米。出入口在山北坡，位于北纬45° 59′ 24″，东经133° 36′ 07″。地下工事通道两侧有仓库、士兵休息室、指挥所、通讯室、观测所、绷带所等。据虎头要塞日军生还者岗崎哲夫说，当年他曾在此地下要塞内的炮兵小队休息室治过眼伤。在士兵休息室墙壁上写有“烟囱孔”“通风装置”“传声管”等标明设施用途的字样；墙壁两侧于高1.5米处横嵌细长方木柱，用于搭双层铺的。

虎啸山主阵地地下工事是虎头要塞苏军最后攻破的工事，当最后一颗重炮炸弹落在该地下工事洞口时，整个虎头要塞被彻底攻陷，虎头要塞战役也就此结束。

（三）辅助阵地

1.平顶山阵地

平顶山阵地位于虎头镇西北5.5公里，距乌苏里江左岸6.4公里，主峰位于北纬45° 56′ 57″，东经113° 35′ 55″，海拔89米，与主阵地虎啸山制高点南北直线距离约600米。平顶山阵地是虎啸山阵地群中地面地下工事规模最大的一处辅助阵地，由日军第四国境守备队步兵第三地区队第二中队一部分和野炮第二大队第八中队、高射炮第三大队第二十中队驻守。

（1）地面工事。

地面工事主要有高射炮阵地及碉堡、掩蔽部、机枪掩体、指挥所、交堑壕等。

高射炮阵地位于平顶山山顶，海拔89米；共有炮座4个，南北“一”字排开，每个炮座间隔18米。炮座形状与大虎啸山高射炮阵地相同。在1号炮座西北方向约20米处另发现2个直径为3米的圆筒形、水泥浇筑、中间为泥土填充的设施，疑似为探照灯座或重机枪座，该设施由交通壕连接。其正面有数个野战单身掩体，背面有交通壕连接掩蔽部，水泥已塌陷。平顶山阵地的高射炮为88式7.5厘米野战炮。

（2）地下工事。

平顶山阵地地下要塞工事可测量总长165米，有4个房间，其出入口位于平顶山北坡，此出入口疑似为反击口或重机枪堡。沿这个出入口下行16米处有3×10平方米的房间，疑似为反击待命间，待命间通过台阶直通主通道。主通道向东西延伸。反击待命间的对面为3×20平方米的指挥所，壁上有“将”“弹”等文字。主通道向西9米处有厨房和休息间，面积分别为3×7平方米和3×8平方米，主通道凹处壁上有“洗”字。主通道向西30米处已塌陷道路不通。主通道向东21米折向南9米处有一座岗哨，岗哨里有2个枪眼；再折向东有圆形竖井向上通往观测所。主通道向南折3米，再向东延伸，壁上有“424”一组数字，延至57米处因塌陷道路不通。

2.大虎啸山阵地

大虎啸山阵地主峰位于北纬45° 59′ 40″，东经113° 36′ 04″，海拔144米，距虎头镇5.3公里，距乌苏里江左岸6.3公里。

大虎啸山阵地主要是高射炮阵地。由日军虎头要塞炮兵队高射炮第三大队第十一中队驻守。

（1）地面工事。

大虎啸山阵地地面工事除高射炮阵地外，还有碉堡、隐蔽部、指挥所、机枪掩体、野战单兵掩体、观测所、交堑壕等。

大虎啸山高射炮阵地位于大虎啸山与虎啸山之间的山脊上，北纬45° 58′ 55″，东经113° 35′ 39″。从东往西共有高射炮座4个，各个炮座均为直径6米的圆形，每个炮座周围附有3个方形的小弹药库，其体积为1.8×2.35×1.8立方米（宽×长×高）。此处装备88式7.5厘米野战高射炮。炮座四周为交通壕围绕，炮台西北侧有单身掩体数个，东侧有观测所和指挥所各一处。

（2）地下工事。

大虎啸山阵地地下工事是迄今为止发现规模最小的地下工事，地下通道长仅48.2米，最窄处宽度仅0.8米。通道壁上有“注意、点灯”的字样。进入通道23.2米处，有一方形的竖井，向上是观测所；折角向南25米处通道塌陷不通。该地下工事主要为观测所配属。

六、火石山24厘米加农列车炮地下阵地

（一）概貌

火石山24厘米加农列车炮地下阵地位于北纬45° 52′ 43″，东经113° 16′ 36″，距虎头镇30公里，位于方虎公路（1934—1945年时期的密虎铁路）北200米处，火石山的西北坡，铁路引入线基清晰可见。日军第四国境守备队以火石山（日本人称“水克”）为基地，住有1个列车炮中队。该列车炮原为东京湾富津海防要塞备用火炮，口径24厘米，最大射程50公里，由动力车、炮车、弹药车及兵员车组成炮车编队。日军设想以列车炮为主，配以10厘米和15厘米口径加农炮等直射弹道炮，对苏军进行切断交通、断绝水源、骚扰后方补给、炮击军事目标等远程作战。原基地设在虎头，因其射程太远，且机动性很强，故西移至火石山。虎头开战前，于1945年8月9日虎头侵华日军奉命将24厘米加农列车炮转移，去向不明。

90式24厘米加农列车炮（以下简称“列车炮”）是日本陆军制式唯一一门列车炮，该炮由法国进口，日本组装，并由列车、炮车动力牵引车、弹药车、兵员车、副炮警备车组成一列。

列车炮的主要技术数据：炮身口径24厘米，炮身长12.823米，炮身重量35 000公斤，高低射角0°至50°，方向射角360°，总重量136 000公斤，炮弹重量164.95公斤，最大射程50 120米，炮弹初速度1.05千米/秒，弹种为破甲榴弹、榴弹。

列车炮于1941年12月8日由海运至大连港，然后由日军铁路第三守备联队护送（在夜间运行），极秘密地经由哈尔滨、绥

化、佳木斯等地，于1942年2月经虎林铁路运至水克站虎头要塞火石山阵地。在虎林铁路线的月牙、完达站等地设置了射击阵地。列车炮归日军第四国境守备队炮兵队第十三中队配置。

90式24厘米加农列车炮火石山炮阵地——选自《侵华日军虎头要塞博物馆》

（二）地下工事

列车炮阵地位于火石山西南麓，建在山体底部，主隧道呈东西走向。经实地勘测，入口处高4.8米、宽4.9米，主通道与入口处高宽相同，通道总长约75.3米，底部为铁路道基，顶部为平顶结构，覆盖网状钢筋，顶部中央开有2米见方的天窗。隧道尽头北侧有进深26.5米、宽5米、高2.8米，顶为拱形结构的材料库；与北侧隧道壁间隔有3米见方的小屋；南侧有进深18.45米、宽5米、高2.8米，顶呈拱形的士兵栖息所，并于南侧隧道壁间隔有宽3米、高2、长3.9米的梯形小屋。在隧道口左侧有卫兵室遗址，上面山坡有兵营等配套设施遗存若干处。

列车炮穹窖出入口原遗址

七、41厘米榴弹炮阵地

1921年，日本陆军技术本部着手对海岸炮兵用的41厘米榴弹炮进行设计，并同时在日本制钢所完成了炮身、框础、框架、摇架等制作，电气操作系统也完成了试验。

1926年8月，由大阪炮兵工厂火炮第一工厂组装完毕，至此亚洲最大的火炮全部竣工。竣工后，分解运送到富津射击试验场进行试验。

1937年，日军发动全面侵华战争。日本陆军发布《陆机密第92号命令》，对41厘米榴弹炮进行再研究改进。该炮扬弹机、装填机、照准机等全部实行了电动化。

1941年10月，对41厘米榴弹炮进行第二次实弹试验，效果良好。同年，日本陆军本部决定将试制41厘米榴弹炮布置在虎头要塞。日本重炮联队在陆军第一研究所第三科的指导下，用了1个月的时间将41厘米榴弹炮分解完毕，由神户港装船出发，极秘密地抵达大连港，同年12月由陆路运至哈尔滨。

41厘米榴弹炮各项主要数据如下：炮身口径41厘米，炮身长13.445米，炮身重量75 835公斤，总重量348 385公斤，炮弹头重量1 000公斤，高低射角-5°至75°，方向射角360°，最大射程20 000米，炮弹初速度580米/秒。

1942年3月，41厘米榴弹炮全部部件运抵虎头要塞猛虎山主阵地；6月进行炮台构建；10月，高3米、厚2米的馒头形钢筋混凝土炮台构筑完毕；1943年，41厘米榴弹炮300发炮弹运抵猛虎山地下弹药库。

据虎头要塞日军生还者岗崎哲夫回忆，猛虎山原巨炮阵地是指大口径炮（通称“丸一”）炮塔，隐蔽在西猛虎山西北山麓，炮塔为半地下的永久性设施，坚固异常。巨大的半球形炮塔露出地面约15米，直径达30米、厚度达4米的钢筋混凝土圆塔顶盖裸露在地面，这就是大口径炮炮塔圆形顶盖。其炮门宽幅约3米，由厚度近20厘米的铁板启闭，炮口指向东南方的苏联境内。炮身直径为1米，全长20余米。发射的炮弹直径为41厘米，长1.2米，同样的炸药有2立方米多。在重炮弹药库里，41厘米榴弹有300发，同样的炸药有400枚。这些炸药是用百余辆卡车从完达站运来的。炮弹从弹药库搬运到炮塔依靠特殊的地下电动轨道，再由一连串机械装置填入弹仓。所以炮塔内部，特别是炮身的基座部，各种动力机仪表、铁轨、齿轮错综复杂，螺旋轴和舵轮相互交错，测距仪、瞄准器从天棚垂下来。炮身可左右旋转20°。炮塔内部和地下设施相同，电灯一闭漆黑一团。所以在炮门钢板上开有几个小窗，既可用来采光，又可当作枪眼，还兼备通风口功能。圆顶天棚一角安有梯子，上面有观测兼换气用的小孔。炮塔东侧壁上有铁门，那里连着一条地下道，通往相邻的小口径炮塔和西猛虎山反击口及入口。

41厘米榴弹炮

41厘米榴弹炮炮台遗址，位于距西猛虎山阵地地下工事遗址北200米处，距虎头镇2.2公里，距乌苏里江左岸2.45公里，地理位置为北纬45°52′43″，东经113°16′36″，海拔82.5米。炮台面有铁路引入线痕迹。当时修铁路临时引入线，共用满铁特长货车20辆，把巨炮的炮身和摇架运抵后，把引入线的铁轨拆掉。41厘米榴弹炮主要目标是苏联远东铁路，一旦开战，将铁路线截断，使苏联军事重镇哈巴罗夫斯克与苏军太平洋舰队基地失去支援和联系。1945年8月9日凌晨，苏军大举进攻虎头要塞。9日午前11时，该炮对苏军进行了还击，第11发炮弹击中伊曼河迂回铁路桥，桥基受损，远东铁路陷于瘫痪。后又发射100多发炮弹，由于炮筒受损而停止发射。8月15日，该炮台被苏军攻占，日军除几个逃脱外，全部战死。据当年老百姓说，该炮炮身被苏军用6台40马力拖拉机拖至乌苏里江运到伊曼市，先后整整用了一个月时间。据苏联资料记载，当时炮台只是受到局部破坏，苏军在清理战场时，将炮台全部炸毁。

41厘米榴弹炮炮台经测量和比对资料，炮台呈半圆状，天盖完全崩塌。炮台外径为36米，内径17.6米，炮塔基座深7米，基座向上至顶盖垂直高度约10米，两个炮口皆残废，炮口方位分别指向苏联远东铁路迂回线上的伊曼铁路桥和拉佐水塔。炮塔内有一个主通道，长19.3米、宽2.4米、高2.2米；另有4个房间，两侧两个房间较完整，面积分别为2.5×11平方米、2.5×5.9平方米，疑似资料库和掩蔽部；东侧两个残破的房间疑似弹药库和发电所。

1999年，虎林市文管所对41厘米榴弹炮炮台遗址进行清理发掘，清理了炮口、弹药库、炮基座等，清理出发报机（残）、炮弹引信、修理工具等有价值的文物50余件。

41厘米榴弹炮穹窖原图（苏军清理战场前）

41厘米榴弹炮阵地遗址

第四章　建立民主政权

第一节　抗战胜利后的形势

一、虎林独立团成立与发展

（一）在中国共产党领导下，虎林独立团从无到有，发展壮大

1945年8月，日本法西斯投降后，我国国内，东北地区两个党、两种军队、两个阶级、两条道路、两种前途的斗争进一步激化。1946年6月国民党当局在美国支持下悍然撕毁《双十协定》、（政协决议和停战协定），发动全面内战，向解放区发动了军事进攻。在东北地区西南部和南满一带，国民党部队不断进犯，我军进行自卫战斗。在东北地区北部、东北部的黑龙江一带，有一段时间，我军主力部队尚未到达。国民党当局就利用这种情况，在黑龙江的广大地区，特别是牡丹江、合江一带许多地方，利用日伪残余势力，建立了大批的国民党武装力量。其中最大一支国民党武装部队是收编的谢文东、李华堂部。当时，虎林周围有谢文东、李华堂属下的郭庆典、卢锦堂部，盘踞在东安（密山）；有喻殿昌部，盘踞在宝清；有苑福堂、尤达子部，盘踞在饶河。他们疯狂地扩大反动武装力量，扩大侵占地区，配合国民党主力部队在东北地区的西南部和南满的正面进攻。

1945年8月中旬，在虎林的中共地下党外围组织“反帝大同盟”成员武玉贵、范明忠、孙冀晃、侯煜赫、孙轩华等，研究筹建革命队伍，配合东北抗联、八路军、新四军作战。1945年8月22日，武玉贵、范明忠等在废弃的原日本救世医院召开会议。会议决定正式建立一支武装部队。部队采用“一二〇师三八支队虎林大队”的番号，按团的建制，设有大队部、政治部、参谋部、供给部。武玉贵任大队长，范明忠任副大队长，孙冀晃任政治部主任，孙轩华任参谋部参谋。孙冀晃和武玉贵同苏军驻虎司令部联系，取得了苏军对建立“一二〇师三八支队虎林大队”的支持，并将“一二〇师三八支队虎林大队”大队部设立在了苏军司令部隔壁的救世医院和苏军司令部大楼北半部。9月上旬一天夜里，苏军送给虎林大队一批武器，并把日军仓库移交给虎林大队政治部。姜学士、周振清任参谋，崔振山任供给部主任。会议决定派孙轩华等同志为联络代表，前往哈尔滨市去找上级党组织和部队，接受任务和领导。

10月初，孙轩华等同志到达哈尔滨市李兆麟将军司令部，受到了李兆麟和李延禄等上级领导同志的接见。李兆麟、李延禄指示的精神是：要遵照毛泽东同志在党的“七大”的政治报告《论联合政府》中规定的纲领、路线、政策，积极地开展革命斗争，要发展壮大人民武装，部队番号可改为东北人民自治军合江军区虎林独立团，在中共合江军区领导下，迎接我军主力部队，配合我军主力部队作战。

根据上级的指示精神，虎林这支部队改用“东北人民自治军合江军区虎林独立团”的正式番号，并将部队扩大为三个营的建制。

1946年初，中共东安地委、军分区派梁定商同志任虎林独立团政委。

（二）开展革命宣传，发动群众，镇压反动势力

在虎林独立团建立之前，1945年8月底，虎林地区大汉奸、大地主李象山，把以他为首的虎林县维持会改为虎林县政府，在各区建立了以汉奸地主为区长的区政府，并建立了各区的反动武装力量。李象山在“九一八”事变后，曾经组织反动武装，配合日军“围剿”抗联李保满部队。在日伪时，日军先后委任他为“自卫团指挥”、“伪警察大队长”、“予审官”、县“协和会”会长等官衔。虎林独立团建立伊始，就同李象山反动势力展开了激烈的斗争：一是积极开展革命宣传，争取群众，支持群众惩办打击敌伪残余，为扩大人民武装力量创造条件。同时在知识界里，宣传从“九一八”到日本投降前，国民党反动派卖国投降、反共反人民可耻罪行；共产党、八路军抗日救国，为争取民族解放、人民解放而斗争的光辉历史，扩大中国共产党、八路军的政治影响，争取知识界的支持。二是加强部队的政治教育。通过干部训练班培养干部，向干部、战士大讲共产党、八路军是代表民族利益、人民利益的，代表劳苦大众利益的。宣传革命斗争史，如“七一”、“五四”、“五卅”、“一二·九”运动和苏联十月革命节的历史，进行革命教育。三是用武装力量控制日伪遗留下的粮食仓库，解决部队粮食供应，收集日伪武器、弹药，武装部队。

独立团发展壮大后，开始了对敌斗争。1945年10月上旬，收缴了李象山反动集团的武器，解除了其反动武装，改组了李象山把持的县政府。召开由虎林独立团代表、铁路工人和技术人员代表、知识界代表、工商界代表及几个士绅参加的会议。经民主协商，通过了独立团提出的虎林民主政府名单，由李象山担任挂名县长，由孙冀晃任副县长，顾明轩任办公室主任兼顾问。协商决定下设各股股长：由常永年任军事股股长、侯煜赫任司法股股

长、杨作书任交通股股长。

根据群众要求，发动群众，没收了李象山在伪满时期依靠残酷盘剥、勒索群众而来的“德盛泉”烧锅，归为公有，并由虎林县民主政府和虎林独立团的名义联合发布公告。

1945年11月下旬，为了打开虎林到佳木斯的通道，以便同合江军区之间交通来往联系，虎林独立团派部分同志进入饶河。

1946年初，团政委梁定商决定镇压李象山。当时，考虑到李象山在虎林有反动社会基础。为了防止发生反革命暴乱事件，事先团政治部发动桦树、义和一带的部分群众，集合在一起，用铁锤砸碎了在日伪统治时的虎林汉奸地主们在街西头为大汉奸大地主李象山树立的大石碑，从而在政治上打击孤立了李象山，为枪毙李象山做了充分准备。在此基础上，召开群众大会，采用虎林县民主政府的宣判形式，列数了李象山的种种罪状，然后执行枪决。当时还张贴了虎林县民主政府判处李象山死刑并立即执行的布告。

（三）配合兄弟部队作战，迎接我军主力，后上升为主力

1946年4月底，奉军分区命令，配合军分区警卫团，进军东安市和密山，在东安市建立了东安工作委员会，梁定商任主任，并调孙冀晃同志到东安工作委员会担任副主任。5月下旬，敌人集中优势力量，窜犯东安、密山。虎林独立团经过激烈战斗后，撤出了东安市和密山县。在这次战斗中，虎林独立团有部分干部、战士为革命献出了自己的生命。

1946年6月下旬，我军主力部队三五九旅开进合江地区作战，全歼敌人。

6月底，东安地委决定梁定商同志任中共虎林县委书记，姚忠达同志任副县长。根据中央指示精神，抽调大批干部下乡，广泛发动群众，开展反奸清算斗争。虎林独立团政治部的干部，全部被分配到地方工作团工作。

1946年秋，虎林独立团与警卫团合并后召开的战斗模范奖励大会，王景坤团长在大会上讲话

1946年9月，根据军分区决定，虎林独立团与军分区警卫团合并，由王景坤同志任团长。后该部上升为主力部队，补充到东北野战军，由刘振球同志任团长，跟随东北野战军南下，参加长春外围战、辽沈战役、平津战役等。1949年，全国解放后，这个团调入北京卫戍部队。朝鲜战争爆发后，成为首批入朝作战部队之一。

（四）虎林、饶河境内反动势力的反扑

抗日战争胜利后，虎林、饶河境内的反动势力，曾组织反扑。1945年11月下旬的一天，敌人在凌晨纵火烧毁独立团政治部的办公室和宿舍楼，妄图把政治部干部全部烧死。

1945年底，混入独立团二连的国民党特务带二连少数人叛变，打伤独立团副团长侯树茂同志，刺死了翻译王君武同志。虎林独立团参谋部立即调动一连、三连部队，包围并消灭了叛变分子。

1946年1月，虎林的反革命势力，再次在夜间烧掉了团政治部办公室和宿舍。

1946年2月，饶河发生反革命叛乱，营长姜士学（又名姜鸿山）同志当场牺牲，营教导员侯煜赫同志被惨杀。

1946年7月，我军三五九旅部队解放饶河后，在三五九旅出

刊的军报上，以一个版面，通报了饶河反动势力残杀侯煜赫同志的暴行和侯煜赫同志坚贞不屈、壮烈牺牲的事迹。

二、建立中共虎林县工委

（一）虎林县工委领导机构

1946年6月15日，中共东安地委决定梁定商任中共虎林县委书记。梁定商即带领向贵清（三支队十七团一营营长）、李明顺（抗联干部、鸡宁县公安局长）、孟宪章（虎林独立团政治部干部）、高振芳（东十三团干部，现名高振斌）等10名干部、战士，穿过国民党中胡子盘踞的宝密桥附近地区，行军10多天，于6月下旬到达虎林。1946年7月，地委决定，成立中共虎林县民运工作委员会，县工委机关设在虎林镇。

虎林县工委成立后，于8月初即开始秘密发展党员，由梁定商、姚忠达和马勇（组织干事、女）等同志直接发展党员工作。1947年4月，以区为单位开始建党。5月以区为单位建立党支部，并少量发展党员。1947年4月建立中共太和区委员会，安国章任书记。6月建立中共和气区委员会，黄浦任书记。9月建立中共庆丰区委员会，闻鹏任书记。1947年11月，中共杨岗区委员会由密山县划归虎林县，李智斌任书记。

1947年2月，县工委隶属中共合江省工委东安地委领导。1947年8月20日东安地区与牡丹江地区合并，成立牡丹江省，中共东安地委撤销，虎林县工委隶属中共牡丹江省委领导。

（二）虎林县委领导机构

1948年3月，根据中共牡丹江省委通知，虎林县委召开县、区、村三级干部会议，梁定商宣布撤销虎林县民运工作委员会，成立中共虎林县委员会，虎林县党组织于9.10月公开。

1948年4月，全县土地改革运动胜利结束，在农村大量发展党员。全县63个村，由“土改”前的19个支部、196名党员，发展到23个支部、266名党员。1948年4月，又建立了中共虎林区委和中共临江区委。

1948年7月9日，东北局行政委员会命令，撤销牡丹江省建制，将虎林县划归中共合江省东安地委领导。1949年4月21日，东北行政委员会决定，合江省并入松江省，中共虎林县委隶属随之亦改为归中共松江省委领导。

（三）虎林县民主政府

1946年6月下旬，三五九旅挺进合江、东安地区作战，消灭了大股中央胡子后，中共东安地委、东安专署成立。它标志着虎林开展工作，建立根据地斗争第一阶段的结束，第二阶段的开始。第二阶段是建立县和县以下各级党组织，发展党员，先后开展反奸清算群众运动和平分土地运动，建立农民协会，并在此基础上建政，建立民兵，建立巩固的根据地的阶段。这一阶段从1946年7月开始到1948年底为止，约两年零六个月时间。

1.建立农民协会、人民武装和民兵

1946年7月初，虎林县民运工作委员会（县委）根据中共合江省委、东安地委的指示，开展反奸清算群众运动，举办了干部训练班，培训干部。孙冀晃同志任班主任。参加学习班的有虎林独立团政治部和团政治部所属的“八、九”剧团的干部，还吸收了其他一些知识分子干部。8月间，组成了地方民运工作团，由孙冀晃同志带队，采取以点带面的领导方法，首先以一区的西岗、义和、桦树等几个村为重点，开展了反奸清算群众运动，在发动群众中建立了农民协会和民兵。

1946年冬，地委派乔庄、王怀之同志带工作团支援虎林的反奸清算群众运动。群众运动中，乔锡坡拉起股土匪，到处窜扰，县委派县大队追剿，在剿匪斗争中，县里派出的侦察员蓝德才、刘文焕被土匪抓去，蓝德才同志牺牲，刘文焕同志被救出。

1947年9月，中共中央颁发了《中国土地法大纲》。同年冬，虎林首先进行了整党和整编队伍工作。1948年4月，全县土地改革运动胜利结束。

通过反奸清算群众运动和土地改革运动，群众政治上翻了身，在经济上分得了果实，并从根本上废除了封建的土地制度，巩固了工农联盟。

2.充实加强县民主政府，建立各区、村民主政权

1946年7月以后，虎林县民主政府进一步充实和加强。建立起县大队，先后由李树梅、马振全同志任大队长。1947年上半年，地委派郭彬同志任县公安局局长，县委调顾明轩同志到县公安局任股长。建立了公安队，秦家财同志任队长。这期间，县民主政府各主要科室配备了党员负责干部，陈克同志任秘书，谢兆基同志任民政科长，刘永普同志任财政科长。

1947年下半年，在建立起各区党组织之后建立了各区区政府，各村民主选举了村长，建立了村一级民主政权。

3.完成建立巩固根据地的任务，发展生产，支援解放战争

从1947年春到1948年4月，虎林有1 920名青年参军，约占当时全县农村青年男劳力的四分之一。在此期间，两次出动担架队386人、战勤工33 480人次，马军工900台次，支援解放战争。加上成建制升入野战军序列的虎林独立团，则虎林根据地输出人员达3 000人以上。当时，在日本侵略者残酷迫害之后，1945年虎林全县仅有4 369户、24 499人，到1949年增至8 570户、35 493人。在作为红色根据地的四年时间中，全县参军参战的人数达到全县男性公民总数的20%。留下姓名的有团长王文山，连长钟友、刘庆喜、蒋书福，指导员曹风泉、史远志等120名牺牲在

全国各地战场上的烈士。特别是虎林独立团与警卫团合并后，未留下名册，这近千人的野战部队在解放战争和抗美援朝战争中，不少同志献出了宝贵的生命，其英名未包括在虎林现有烈士名单之内。

此外，在战勤物资支援上，仅1 947和1 948两年就交纳公粮696万公斤，为保障解放大军的粮食供应，做出了应有的贡献。

虎林根据地不仅完成了提供兵源和练兵基地之任务，还为党培养了一批优秀干部。1949年2月，奉命调出以县委书记梁定商为首的15名干部南下，编入东北南下干部大队第四大队第二中队，到江西省修水县组建了修水县的党政领导班子。后梁定商同志又调任九江地委书记和中央组织部。留在江西省的虎林籍干部王天德、焉锦秀、孙冀晃等分别担任省委组织部副部长、统战部副部长、省卫生厅副厅长等重要职务。

虎林部分南下干部合影：王喜春（前排右一）王天禄（前排右四）孙冀晃（中排右二）范福奎（中排右三）焉锦绣（中排左一）王本忠（后排右四）

由虎林参军经过战斗洗礼而被授予将军军衔的有，原河南军区司令员战经武同志、原内蒙古军区参谋长孟宪章同志、原沈阳军区后勤部参谋温永礼将军等。据不完全统计，由虎林根据地输出人员中，在全国各地担任地、师级以上领导职务的有18名。

三、剿匪斗争

虎林县的剿匪斗争，自1946年3月始，至1948年12月止，历时近3年。这三年的剿匪斗争，大致可以分为三个比较相对集中的阶段。

（一）自1946年3月至1946年11月

这一阶段的主要任务是虎林独立团在政委梁定商、团长常永年率领下，参与了接收东安、保卫东安的斗争。

1946年4月，虎林独立团受命接收东安。部队由虎林出发，在兴凯与伪东安保安总队第二大队芦俊堂匪帮经过几次战斗后，进入东安市。与王景坤率领的合江警卫团、李希才任大队长的东安公安大队，共同驻守东安市，有效地抵御了以郭清典为首的匪徒对东安市的觊觎。在警卫团奉命撤回鸡西，郭清典匪徒乘机进攻东安时，虎林独立团在梁定商指挥下，经过一天与土匪的激烈战斗，给予土匪大量杀伤。根据地委书记吴亮平的指示，独立团撤出东安市，常永年带领独立团大部及警卫团200多名伤员，回到虎林。

1946年7月，警卫团开进虎林休整，虎林独立团奉命与警卫团合编。合编后的警卫团在团长王景坤、政委吴美邦率领下，去饶河县清剿尤德荣匪徒。饶河县解放后，警卫团即回防虎林，至1946年11月调离虎林。

（二）自1947年2月至1948年4月

这一阶段的主要任务是剿灭乔锡坡匪帮及其残匪。乔锡坡匪帮自1947年2月拉起山头就受到县委、县政府的密切注视。派出侦察员跟踪侦察，组织县大队及各区自卫队在军分区炮兵营的协同下，进行分堵清剿，经过2个月的连续追剿，终于将乔锡坡匪帮打散。匪首乔锡坡被土匪内部打死，二头目赵景轩、副官潘良贵等21人也被剿匪部队活捉，打死匪徒张为斌等14人，炮手吴青云、粮台任福生被打伤后逃走，缴获步枪11支。

乔匪帮被打散后，以吴青云为首的残匪，四处逃窜，县委继续大力追剿残匪，并发动群众查匪迹，挖匪根。匪徒任福生藏匿于于家林子村西小林子里，被群众发现后，报告区中队被捉住，同时打死匪徒全忠山。

1948年2月残匪窜入马鞍山，被群众发现，经区中队围剿，打死薛明梅，缴获长、短枪各1支。1948年4月，独木河民兵在沟里活捉乔匪骨干董相云、衣殿升，押送县公安局。余匪在吴青云率领下，逃入宝清县，亦被宝清县大队消灭。在虎林东部山区剿灭乔帮残匪的同时，在虎林西部杨岗山区，也开展了清剿残匪的斗争，经反复多次清剿，活捉土匪9人（其中公审4人），打死1人，在西部清剿中，我军牺牲区武装队长1人，自卫队员1人。

1946年合江警卫团在虎林广场展览剿匪战利品

（三）自1948年4月至1948年12月

这一阶段主要发现杨岗山区仍有匪迹，县委决定在杨岗彻底搜山。1948年10月，由县公安局配合杨岗基干队打猎队，边打猎生产，边搜山剿匪，相继俘毙残匪5人，创造了剿匪与生产相结合等经验，受到省传令嘉奖。

第二节　虎林红色根据地的巩固与发展

一、开展土地革命斗争

虎林土地改革是经过反奸清算、平分土地和纠偏三个阶段组成的。

（一）土地改革前虎林的土地情况

虎林自清末民初以来，有从河北、山东、辽宁逃荒来的大量贫苦农民至此谋取生路。当时的土地，绝大部分集中在第四区黑嘴子（今虎林镇以西）左右，而且地势平坦，土质良好。四区的土地为李象山和另一个大地主所占有，其地照的界限是：北到七虎林河，南到穆棱河，西到凉水泉（当时虎、密县界），东到火石山（四区边缘）。地数以方论计（每方45垧）。由于他们的占领，凡后来的小户，都得从他俩的手里买地领荒。

1919年，李象山当了第四区的保董，并被委任放第四区的荒。李在放荒中，将好地接到手，把劣地放出去，并从中捞到不少好处。四区一带的土地就逐渐落入他的手中。据1920年、1921年县有关档案记载土地的占有情况是：1920年自种地户66户、租种地户281户、自种兼租种户56户；1921年自种地户711户、租种地户307户、自种兼租种户69户。

李象山在“九一八”事变后，引狼入室，当上了日本汉奸，在民族危难中发了大财。1934年日伪档案的收回土地册中记载：李象山有旱田285垧，荒田1 764垧，计2 049垧。

日本帝国主义侵占虎林后，为了掠夺土地，实行殖民者的土地占有制，从1934年开始收缴全县农民的土地。1937和1938两年，日本第六次、第七次开拓团，由日本国内移至虎林，陆续占领了从虎林到虎头铁路两旁和太和以南、迎门顶子（今迎春）一带的土地，将原有农民赶走。1938年又实行了残酷的并屯政策，将全县165个村并成了37个集团部落。以武力威胁，迫使农民离开家园，限期迁进指定的集团部落。

1939年左右，日伪在今西岗、太和、宝东、虎头、独木河一带，广驻重兵，占用土地，大建营房，设立军事区，人为地毁坏了虎林的大片土地。

1943年，重新发地照，让农民买回土地，据1945年满拓《买回调书》记载：在太和村的仁礼、兴隆、平原、良德、凉水泉子屯，和气村的和气、太平、四方林子、吉庆、康德、大同屯，虎林街的仙鹤区、辉崔等地，共卖给1 047户农户，发照1 074枚，土地12 897.481垧，其中：熟地9 056.677垧，荒地3 815.814垧。其中买地较多的地主李象山等12户，共买土地459垧。

地主、富农占有土地，雇长工耕种或出租给无地或少地的农民，从中进行剥削。耕种清和第七次开拓团土地的佃户，不管农忙农闲，团本部派工，就得放下自已家的农活，到开拓团干活并且没有任何报酬。

1945年8月虽然光复了，但不合理的土地占有制度依然没有改变。“土改”运动前，虎林县人民政府曾对全县做过一次调查：全县39个村，4 820户中，有富农87户、中农1 332户、佃富农277户、佃农700户、贫农1 390户、雇农459户。

（二）组织“土改”工作团

1946年6月底，中共虎林县委正式成立，梁定商同志任中共虎林县委书记。县委对外称虎林县民运工作委员会，梁定商同志兼任主任。7月，县委根据中共中央1946年5月4日发布的

《关于土地问题的指示》（亦称“五四”指示）、中共东北局在哈尔滨召开的东北局扩大会议7月7日通过的《关于目前形势和任务》的决议（简称“七七”决议）、中共合江省委、东安地委的指示，开展反奸清算斗争。

梁定商、马勇夫妻

1946年7月初，县民运工作委员会抽调了34名干部，组成了县民运工作团。7月12日举办了干部训练班，由孙冀晃同志任训练班主任。

李象山在虎林街内拥有木房10间、土房25间、砖房34间。有公和祥、庆丰涌、永源盛、安乐泉、惠生远、德升饭店等6处店铺商号，有股金40 500。李象山虽于1946年5月1日被虎林县民主政府枪决，但其经济盘剥并未得到清算，要开展反奸清算，必须先清算李象山的剥削账，然后才能向农村铺开。

8月20日，对训练班的现有学员，根据需要，精简了11名，余下23名，组成工作团进入虎林街。

（三）开展反奸清算斗争

工作团由孙冀晃同志带队，采取以点带面的方法，深入虎林区三义村（西岗与三义划一村）、桦树村（桦树与新安划一村）、耕农村、虎林村、安乐村，宣传党的政策，发动群众，成立了农会、农工会、各界联合会，共发展了405名会员。又联合各界群众成立了清算委员会，清算了虎林县城内同泰成、同聚东、同丰昌、镇昌号、洪源涌、义盛东、永裕祥、三升隆8家伪满配给店。经过对上述8家配给店的清算斗争，共清得剥削量为14 460 000元，其中交纳额、动产与不动产折价合计实得果实为3 009 659元。政府与群众按三分之一和三分之二分配，群众分得2 006 438元。又根据斗争情绪和成绩，五个村分别按28%、25%、1%的比例进行分配。同时，清算了李象山所有的砖、土房屋及其在公和祥、惠生远、德升饭店、安乐泉、庆丰涌所投的股东额及利息额为99 358元，扣除本人已支使额12 402元，没收其86 956元的净存本利。

清算虎林街配给店和李象山的财产后，工作团即分别深入到桦树、三义两村搞农村反奸清算的试点，后转向西岗村，即以西岗村为重点，带动桦树、三义村的群众。至11月，这三个村的反奸清算运动结束。共斗争、打击、处理地、富、反、坏分子81人。其中处死刑的6人，判徒刑的6人，罚款的17人。

1946年虎林反奸清算运动大会会场

1946年12月，中共东安地委派出地区公安处长乔庄、王怀之为正、副团长的88人组成的工作团，在县委的统一领导下，与虎林地方民运工作团一起进行反奸清算运动。

经与县委研究，全部集中到二区开展工作。在二区首先在宝东、共乐两村试点。宝东村当时共有283户，其中有土地的仅24

户，有地1 645亩；租种土地的27户，租地1 335亩；租军用地的27户，租地1 087亩；自己有房屋的89户，有牲畜的87户，有大小牲畜258匹（头）。61户有胶木轮车70台。土地、房屋、牲畜大部分占有在3户地主、17户富农手中。

工作团于1947年1月26日正式进驻宝东村，1月30日成立了宝东村农民会。成立了妇女会、儿童团、民兵队，继续打击地主、富农和特务。后又进行了土地分配。该村共有熟地300垧，加上二荒总共有540垧，平均每人分得土地3亩。继宝东、共乐之后，将工作团分成若干个工作队，深入到太和区各村，使太和区的反奸清算运动普遍开展起来。

受工作团在宝东某些过“左”的做法影响，老土匪头、伪满特务乔锡坡拉起了一股六七十人的土匪队，杀害我军政干部，县委派县大队并各区中队，配合东安军分区派来的剿匪部队进行连续追剿，最后将乔锡坡匪部全部消灭。土匪被消灭后，中共东安地委书记吴亮平、副书记陈伯村同志对太和区宝东村群众运动中发生过的一些过“左”做法进行了纠正。3月8日，在全区反奸清算运动的基础上，成立了太和区农会。4月5日，成立了太和区政府。4月，全区土地以村为单位打乱平分，连同其他斗争果实一并分配。

第二区工作结束后，工作团抽出一部分工作队员，又从太和区内各村中抽调一部分积极分子组成两个工作团，由黄朴（女）、闻鹏同志分别率领，于4月下旬转向和气、庆丰两区，以生产与斗争相结合的方法，继续开展反奸清算运动。5月12日，成立了和气区农会，6月成立中共和气区委会，7月7日成立和气区政府。8月成立了庆丰区农会，8月至9月成立庆丰区政府和区委会。和气、庆丰两区运动结束后，县委派孙翼晃、李思信带县委工作队，至庆丰区穆棱河南的忠诚一带（原为第五区，管辖同和村，后与庆丰区合并），开展反奸清算运动。10月17日，县委派李清华率28人的工作团至虎头区开展运动。11月密山县杨岗区划归虎林县，该区的反奸清算运动已结束。当年冬，虎林区虎林街内居民开始反奸清算运动。至此虎林全县各区的反奸清算运动全部开展起来。

（四）开展平分土地运动

1947年12月1日至24日，牡丹江省土地会议在牡丹江市召开。会议决定：（一）按照《中国土地法大纲》，没收一切大中小地主财产及征收富农多余财产，实行平分。（二）各村成立贫雇农团，交权于贫雇农，村里一切问题由贫雇农解决。（三）普遍进行审查干部、审查党员、整编队伍。（四）重新划阶级，纯洁巩固贫雇农队伍。

中共虎林县委根据中共中央、东北局及省会议的精神，于12月20日，开始进行整党，传达了刘少奇同志的报告，依次逐级对关内来的老干部、县委三人，然后县机关负责人、区负责人开展了整党工作，并于1948年1月18日结束。1947年12月30日，虎林县政府向全县发了《土地法大纲补充办法》的布告。

在整顿过老干部之后，于1948年1月19日，中共虎林县委又召集工作队、区干部、一部分村干部及少数贫雇农代表，共200人参加的新老干部会议，由梁定商同志传达新形势、新任务，宣布贫雇农当权办事，干部给贫雇农当长工。当即声明交权，由村代表成立贫雇农团，审查全县一切干部。区干部与工作队另行编组，报历史，查阶级，听候处理。经过两天的酝酿，贫雇农团对犯有严重错误的五人进行了斗争和处理。

1948年1月26日至27日，讨论《中国土地法大纲》和划阶级问题。最后县委部署：运动的方针是“撒大网”，不管是空白区、夹生区、城市与乡村全面大进军，点面同时，面中找点。

在做法上跳出旧圈子，与全体贫下中农见面，交权交底、放手发动贫雇农。

1月30日后，参加会议的干部与代表回到本村，向贫下中农传达了全国土地会议精神，宣传了《中国土地法大纲》，进行划阶级、定成分，组织贫雇农团，使土地改革运动在全县范围内轰轰烈烈地开展起来了。全县有5 010户，18 159名雇农、贫农、中农参加了运动。打击了一批地主、富农、坏蛋，平分土地13 055.48垧，分得牲畜4 310匹（头），房屋650间，挖出金银890两，粮食596石，衣服15 039件。至4月，全县土地改革运动胜利结束，全力转入了发展生产，支援我军战略反攻、支援解放东北的战争。

虎林县土地改革运动的胜利，在经济上、政治上彻底消灭了封建、半封建的剥削制度，实现了耕者有其田。平分土地13 055垧，每人平均分地3亩8分，每3垧3亩地就有一头牲畜。地主的大院套都变成了翻身农民的住房，还分得了农具、粮食、衣物及其他物品。“土改”前占农村总户数52%，而耕地面积却极少的贫雇农，“土改”后分得的土地占耕地总面积的56%，地主阶级和旧式富农被消灭了，虎林农村发生了极大的变化。

虎林县土地改革运动的胜利，发动农民群众，巩固民主政权。在农村选拔培养了大批积极分子，发展了一批共产党员，并建立了区、村政府、农会、农民代表大会。至1948年5月，已建立了6个区委，20个党支部，发展了152名党员。全县6个区至1948年3月，从农民中培养起来的区干部有50多人，其中担任区级领导的就有7人。区、村政府都建立了一支人民武装，即区中队、村基干队。从地主恶霸及一些人手中，收缴各种枪支300余支和很多弹药。这些武装力量在消灭乔锡坡匪部中发挥了积极作用。

虎林县土地改革运动的胜利，促进了农业生产的恢复和发展。1947年虎林的耕地面积，由1946年的9 580垧扩大到12 413垧，粮食总产由1946年的14 160 000斤增加到19 130 800斤。1948年的耕地面积比1947年又扩大了2 197垧，粮食比1947年增产4 042吨。

虎林县土地改革运动的胜利，极大地激发了广大农民的革命热情，1947年交纳公粮32万公斤，1948年交纳375万公斤，有力地支援了解放战争。

（五）纠偏

虎林县在平分土地运动中，同其它县一样，曾出现了“左”的倾向。具体表现为：“强调交权”、“贫雇农说什么算什么”、“政策是绊脚石，束缚群众手脚”，从而否定各级党组织的领导，发生了“搬石头”，违反干部政策、知识分子政策和侵犯中农及部分工商业的利益，甚至出现乱打乱杀的现象。

中共虎林县委于1948年8月16日至9月30日举办了划阶级调练班，使区、村干部在思想上对重划阶级、纠偏，在经济与政治上团结中农的意义有了进一步的认识，明确了纠偏工作的方法和步骤。

10月15日至27日，县抽调43名干部，深入到太和区宝东村、杨岗区杨岗村进行了划阶级纠偏的试点。

杨岗村全村110户，被划为地主而受打击的3户，划为富农受打击的3户，其他因政治态度或敲诈欺压群众等原因而被斗争的中农13户，工人（包括雇农）、小工商业者等8户，共计27户，占总户数的26%。经过纠偏，有地主1户、富农1户，警察1户没斗错，其余24户属于错斗，全部进行了纠偏，使打击面减少了24.5%。应斗的3户，只占总户数的2.7%。对斗错户又补给了576尺布，使其基本达到翻身贫雇农生活的水平。

宝东村全村283户，1 101人，被打击36户，295人，占总户数的12%，占总人数的21%。被打击的原划地主3户、富农17户，特务汉奸3户，中农与工商业13户。经纠偏重划阶级后，地主2户，富农3户，特务汉奸3户，其他都纠过来了，使打击面减少了28户，只剩下8户占总户数的2.8%，人口减少了206人，只剩89人，占总人口的8%。补退被纠户农具4件，3床被，衣服214件，小铺的商品及其家具全部退还。加上第三次纠补的7床被，衣服125件，实际超过了翻身贫雇农的生活水平。

各区在全县试点的基础上，共抽调49名干部，组成3个工作组，自10月12日起，在本区各选一个村进行纠偏试点，使纠偏工作在全县普遍开展起来。

为了认直检查纠偏与生产工作，县委于11月17日至24日，从每区抽调2名干部，加县委、县政府的干部，共组成16人的工作组，先后到生产较好的虎林区义和村进行试点。后在11月29日至12月6日，又到生产较差的和气区和气村试点。义和村在平分土地运动中曾斗错中农12户，在春耕纠偏时，纠补工作做得比较好，每户至少有1匹牲畜，加上原来留下的，12户共有牲畜37匹（头）。还有大车13辆，犁杖14副，补偿到原有财产的48.2%。12户划回中农，经过一年的生产，有5户共买了8匹马。

虎林街有147户工商业主，被清算了49户（本街清算39户，外区来清算10户），纠偏了46户，只有3户维持原议。

经过大量细致的工作，全县划阶级、纠偏工作于年末结束。纠偏前，全县被斗争的户数，占全县总户数的21.86%；人口占全县总人口的31.69%。而纠偏后斗争户数降为全县总户数的10.28%；人口下降占全县总人口的15.42%。

同时，对纠偏户进行了物质补偿。全县共向纠偏户补偿牲畜43头，衣服2 543件，布9 628尺，粮食226 851斤，现款38 100元，农具85件，房屋34间，家具630件，首饰83件，被181床。

二、踊跃参军，支援全国解放战争

1947年5月至6月间，虎林境内的土匪基本被剿灭，开始转入力量支援全国解放战争。

1947年6月，虎林青壮年参加中国人民解放军主力部队195人，参加地方部队214人。7月1日至7日，虎林一、二、三、四区有250名青年参军上前线，有260名青年参加地方部队，有25名15岁至17岁的小鬼被送往军工部学习。9月有158名青年参军。

虎林人民赶着满载鱼肉瓜菜的大车慰劳人民子弟兵

1947年6月12日，虎林慰问解放军部队的物品有：现金698 558元，慰问袋20个，猪9头，羊1只，鸡蛋2 116个，棉大衣5件，以及其他日用品。8月，全县组织125人的担架队，大车5台，马15匹，由杨福才任队长，宋令昌任指导员，去辽宁一带支援解放战争。

1947年8月20日，东安地区行政专员公署专员甘重斗发布命令，通令嘉奖在动员新战士及担架大队等支援前线工作中成绩显著的鸡宁县和虎林县。

1948年3月25日，有600名青年参加人民解放军，支援东北和全国范围内的解放战争。5月，虎林青壮年在部队实有人数为

1 413人。1949年有104名青年参军。

1948年1月，虎林第一批担架队完成任务回县，共出战勤工22 500个，马工900个；7月第二批担架队回县，共出战勤工10 950个。

据不完全统计，在全国解放战争时期，虎林籍的烈士有55名。他们之中有参加过辽沈、平津、淮海三大战役牺牲的烈士，有参加解放海南岛战役牺牲的烈士，有参加解放西藏牺牲的烈士，有剿匪和警卫牺牲的烈士。

三、虎林人民大力开展抗美援朝运动

1950年6月25日，朝鲜内战爆发。10月，“抗美援朝”战争打响后，虎林人民开展各种活动支援“抗美援朝”运动。

由虎林参军赴朝作战的志愿军和由虎林组织的抗美援朝担架队在抗美援朝战斗中荣立战功，为共和国建树了卓越功勋。

（一）虎林籍战士在抗美援朝战争中的英勇表现

抗美援朝战争打响后，经彭德怀同志提议，中央批准将北京警卫师调到朝鲜战场，担任志愿军的督察团。这个部队中，不少战士都是从虎林参军的，他们在朝鲜战场上发扬了大无畏的革命英雄主义精神，荣立了各种战功。著名的打坦克英雄金克智，就是虎林兴华人。他1947年入伍，入朝后担任排长。1951年在与美国王牌军战斗中，金克智利用一个“两帮夹一沟”地方作埋伏，命令战士三四人为一组，各负责一辆坦克，各个击破。金克智第一个炸毁一辆坦克，战士们接二连三地炸毁了六辆坦克。在炸毁第七辆时，由于地势不利，暴露面大，遭坦克后尾的美国大兵连续射击，有两名同志当场牺牲。这时第七辆坦克企图逃跑，金克智抄起两枚手雷跃上坦克，将坦克击瘫。志愿军总部授予金克智排为反坦克英雄排，由朝鲜民族主义人民共和国和中国人民志愿军总部分别授予金克智二级战斗英雄、一等功臣。

据不完全统计，1950年底，虎林青年参加志愿军120名，担架队354人，27万人参加拥护世界和平签名运动，全县共捐献3.85亿元（旧人民币）

（二）虎林志愿担架大队在抗美援朝战争中的贡献

1950年10月末，虎林县接到省政府通知，迅速动员组织300人的虎林志愿担架大队，开赴朝鲜前线，执行战勤任务。至11月末，组成354人的基干担架大队，下设四个小队。12月18日离县，23日经集安县过鸭绿江，归三十八军指挥。担架大队政委高军，赴朝鲜前任县委宣传部长，大队长陶党增赴朝前任一区区长。

1951年1月，虎林志愿担架大队随三十八军参加战役，停留在距离前沿阵地约一公里的山谷里，这里有一些小山洞，很隐蔽，是部队弹药临时存放点，也是伤员转运点。担架队员把子弹、手榴弹、手雷运到山上去，把伤员从山上抬下来，战斗中担架队上山下山要通过半山腰的敌人封锁线。为避免伤亡，担架队挑选有战斗经验的党、团员杨显贵、王福荣、杨玉海等10名队员，组成一支突击小分队，由黎福坤带领，负责穿越敌人的封锁线。战役结束后，三十八军撤到“三八线”附近防守，担架队也跟随撤回。由于虎林志愿担架大队在这次战役中出色完成任务，三十八军军部奖给虎林担架大队锦旗一面。

1951年3月，虎林志愿担架大队奉命调到志愿军后勤二分部，驻地在阳德。这是一个村庄，是志愿军后勤部的一个军用物资转运站。火车从后方运来的物资，在这里卸下储存保管，再用汽车运往前方。担架队的驻地在山洞里，主要职责是与先期到达这里的兄弟民工队配合后勤部队，确保这一区段的交通运输畅通无阻，使其成为连接前后方的运输线。

虎林志愿担架大队的队员们，卸车、装车、架桥、修路、挖山洞，样样都干。不论白天黑夜，也不管来了火车、汽车或马车，都要快装快卸。卸下来的物资，能入库的入库，不能入库的搞好伪装，防敌防雨，必须运往前线的物资，要随到随装，随装随走，不压车，不集堆，不出事。1951年6月2日，担架队的同志，挖了一天的山洞（物资仓库），已经非常疲惫，吃晚饭时，又运来了13车皮粮食。卸车任务交给了辉南县民工队。但他们人手少，急需增援。消息传来后，虎林志愿担架大队的队员放下饭碗，迅速跑上站台，一气卸下了8车皮大米和白面，入库了3车皮白面，伪装5车皮大米。队员们实在没力气了，回去饭也没吃，躺倒就睡。这时政委高军急匆匆地进屋说："外边要下雨，马上起来盖粮食。"没入睡的队员一听说要下雨，立即起来把未入库的粮食盖好。像这样来了紧急任务，不休息，不吃饭，连轴转是经常的。

公路、铁路和桥梁是敌机轰炸的主要目标。一次担架队正在抢修道路，敌机来了。副大队长黎福坤指挥大家疏散隐蔽，一颗重磅炸弹落在队员们面前，一声巨响，有7名队员牺牲，15名队员受伤。

虎林志愿担架大队在转为后勤志愿民工队以后的8个月中，装卸各种车辆7 800台，还完成建车库、打石洞、抹水泥、修平台、修伙房、打井、新开或修补道路、铁路等任务不计其数。

虎林志愿担架大队由当时的中共虎林县委宣传部长高军同志带队，全队354人，为抗美援朝的胜利作出了卓越的贡献。全队被授予先进大队，荣获"全国人民好儿子"的荣誉奖旗。有97人立功，立大功5人，二等功3人，三等功54人，小功35人，授受了30多面锦旗。在省政府授予大队长高军同志"志愿民工模范"称号的同时，还授予虎头区、杨岗区、富荣村、独木河村、忠诚村、兴华村、义和村、结合村模范区、模范村光荣称号。

第五章　开拓北大荒　军垦创伟业

第一节　垦荒先遣队挺进北大荒

1958年第一批复转官兵来到北大荒

1954年，中国人民解放军铁道兵八五〇五部队（五师）副师长余友清刚从朝鲜战场胜利归来，即奉铁道兵司令员王震将军关于建立军垦农场的指示，踏查了虎林地区的荒原，并于10月14日，率领500多名指战员和在伊春汤旺河完成林业铁路工程的河南劳改支队管教干警220人，劳改犯5 074人，从伊春出发于10月22日来虎林西岗筹建国营农场。这位雇农出身、历经百战的老战士率领指战员开进虎林后，受到虎林县党政机关及广大工农群众的热烈欢迎和积极支持。他们腾出办公室，让出房屋安置复转官兵居住，彼此热诚相待，情同手足，亲如一家。接着，余师长带领全员人马，从当年日本关东军的秘密仓库里捡来废铜烂铁；从日本军营的废墟堆里捡来石头、石块；从日本开拓团的破房屋里拆除木料，一边修建居住、办公场所，一边制作垦荒工具，一边进行一系列的开荒准备。1955年元旦，在一片欢庆声中，宣布了“中国人民解放军铁道兵八五〇部农场”建立。八五〇的名字是以原部队番号八五〇五取了前三位，预示军垦农场的建设要按“八五”系列从零开始。

1955年3月，当积雪消融、万木复苏的北大荒春天姗姗来迟时，垦荒部队已做好了开荒前的一切准备。在打好防火道和严密防范的情况下，开始点火，荒地上燃起了第一缕火光。接着，火龙飞舞，星火燎原，茫茫的荒野很快成为一望无垠的黑色地毯，只待垦殖。4月正式开犁。由于荒原上缺乏排水设施，地下水饱和，仅有的几台斯大林80号拖拉机发挥不了威力，于是在余师长的带领下采用人拉犁开荒。开始50人一副犁，后经改装犁铧只用20人拉一付犁。在辽阔的荒地上，人们喊着号子，排成雁阵，奋力牵引着大犁。只见一条条黑油油的筏片闪出明亮的光泽，散发着泥土的芳香。紧接着，农场大量购进各种型号的拖拉机、开荒犁，开展了全面的机械垦荒。他们随机应变，以拖拉机开岗地，以人拉犁开荒地，然后再成方连片，就这样，当年就开出荒地144 340亩，春播38 000亩。当年获得大豆亩产89公斤的好收成，粮豆总产量达3 382.20吨。使垦荒者和当地群众看到了农业机械化的美好前景。

八五〇农场的建立，吹响了向虎林荒原进军的号角，也启开了开发东部边疆的大门。一向沉静的虎林西岗，很快喧嚣起来。在西岗路北的开阔地上，耸立起一幢4层的八五〇农场场部大楼（现虎林市委、市政府西的办公楼）。

垦荒的转业复员官兵在田间地头学习文化知识

第二节　母鸡下蛋　以场扩场

1954年9月，王震将军向余友清副师长交代任务时，就一再强调："你先带部分部队去虎林建军垦农场，你们是打头阵的，是去点火的，得搞个样子，以后要大发展，要母鸡下蛋！"按照王震将军的意见，八五〇农场在认真总结建场一年的经验后，先后派出三个踏查小组，分赴穆棱河两岸，饶河、乌苏里江西岸以及宝清县完达山北的南横林子、大和镇一带进行实地踏查，为第二年扩建新场选择开荒布点的位置。1956年3月，原铁道兵九师副师长、老红军黄振荣率领工作人员奉命去宝清县的南横林子筹建八五二农场，八五〇农场副场长李瑶含奉命去迎门顶子（迎春镇）筹建八五四农场。这一年，八五〇农场共调出150名干部、三个中队分别去穆棱河南的一棵树、小西山、迎门顶子、交通部（现皖峰林场）、南横林子等地新建农场。1956年4月，大地刚刚解冻，按照王震同志的电示，八五〇农场抽调了2 000余名铁道兵复员战士和劳教人员，突击修通了密山到虎林和宝清的公路，以迎接大批铁道兵复转军人进入垦区。1956年5月，国务院成立农垦部，王震将军任第一任部长。6月，铁道兵农垦局在密山成立，成为国家农垦部的直属垦区。随后，人民解放军铁道兵各部队，第二、三、四、五、六、九、十一等7个师的转业复员官兵17 400多人，先后从全国各地进入完达山南北、穆棱河两岸的各开荒点，相继成立了八五一、八五二、八五三、八五四、八五八农场。又将原有的金沙、永安农场改名为八五五、八五一〇农场，将青山农场改名为八五六农场，密山农场改名为八五七农场，将原牡丹江青年垦荒队改名为八五一一农场。至此，铁道兵农垦局所属从八五〇到八五一一共12个大型国营农场群相继成立。八五〇农场真正成为虎饶垦区的摇篮和军垦战线的尖兵。余友清场长也成为三江平原南端广大复转官兵和垦荒战士十分崇敬的垦荒元老。他的名字不仅载入虎林的史册，也载入共和国的军垦史册。

复转官兵采取人拉犁的方式开荒

第三节　浩浩荡荡的垦荒大军

1958年1月24日，中央军委发出《关于动员十万转业官兵参加生产建设》的指示。3月12日，中共中央工作会议在四川成都召开，会议通过《关于发展军垦农场的意见》。至此，中国人民解放军从解放军总部，从空军、海军、炮兵、装甲兵、工程兵、铁道兵各部队，由北京军区、南京军区、广州军区、济南军区、武汉军区、成都军区、福州军区，以及志愿军总部、各部队院校，浩浩荡荡的大军从四面八方陆续乘专列开往密山，总共为58 700人，其中奔赴虎林的有41 000多人。由于运输车辆严重不足，预备第六师的转业军官提出徒步奔赴虎林八五八农场的倡议书，当即受到王震部长的表扬和兄弟部队的响应。4月14日清晨，一支千余人的复转军人垦荒队伍，雄赳赳、气昂昂地沿密虎公路向东行进。王震部长握着转业军官的手说："到八五八农场要走300多华里的路程，你们要发扬部队艰苦奋斗、勇往直前的精神，克服各种困难。你们这种革命精神将载入农垦史册！"就这样，预六师的一千余人迈开双脚，各自背着简单的行李，以领队红旗为向导，从密山县出发，徒步向虎林县河南的八五八农场挺进。一路上很多人脚上打起血泡，走瘸了，大家互相搀扶，互相照顾。当天晚上他们到达距密山80多华里的杨岗乡。指挥部传来口令，停止前进，就地宿营。于是各自摸黑找地方，有的在老乡家的草棚里打开行李过夜……一批分配到八五〇农场的转业军官，从密山下了火车，就挑着行李、背着背包，有的还背着孩子，步行一百多华里，进入穆棱河两岸的垦荒网点。

1958年8月29日，党中央在北戴河会议上作出了《关于动员青年前往边疆和少数民族地区参加社会主义建设的决定》。早在1955年，王震将军即从四川省动员了198名支边青年开进八五〇农场。1959年9月，来自山东烟台、诸城、济宁、临沂等2市18县的34 800名支边青年也分批来到虎林，虎林又成了广大复转官兵和支边青年会聚的大本营。虎林处处一片欢腾。沉睡的荒原醒来了，操着各种乡音的垦荒战士们紧紧地战斗在一起。山东支边青年的到来，极大地鼓舞了老职工，不少家把热炕让出来给支边青年住。支边青年能吃苦、干劲大，有的女青年光脚在烂泥里背麦捆。共青团员们还组织了“青年先锋突击队”，一个个生龙活虎，干劲十足。后来，这些支边青年大部分在北大荒扎下了根，安下了家。不少山东姑娘与转业军人组成了美满家庭。

在浩浩荡荡的垦荒大军中，还有一支特殊的垦荒队，这就是反右斗争扩大化所形成的中央国家机关各部门的1 327名右派分子和300名反革命分子，分配到北大荒接受监督和改造。农垦部曾发出通知，提出对右派分子的管理要与劳改犯严格区别，对他们主要是教育、改造，劳动锻炼，当然更不能歧视虐待。这批右派有800名被分配在八五〇农场，其余分配到八五二农场。

这批特殊的垦荒队员中，有当代著名诗人艾青，那时他被错划右派。王震部长将他安排在八五三农场，让他担任一个林场的副场长，场里给盖了与总场领导相同的小木屋，并让他与其妻子高英住在一起。王震部长向场领导交代说：“在政治上要帮助他，使他赶快摘掉帽子，回到党内来。”

荣获斯大林文学奖金的《太阳照在桑乾河上》的作者丁玲和她的丈夫陈明，也被安置到八五三农场，后又安置到归铁道兵农垦局管辖的汤原农场。她要求在畜牧队里喂鸡。后来在扫盲运动时，农场决定让其担任畜牧队业余文化教员。他们忍辱负重，在北大荒整整待了12年。

当代著名的文学家、诗人、杂文家聂绀弩，当时被分配到八五〇农场四分场二队。那年冬天，因他年老体弱，外出干活有困难，照顾他在宿舍烧炉子。他不慎失火将一栋宿舍烧掉，因此以纵火犯被投进班房。后来多亏其老伴从北京赶来，几经周旋救他出狱，被分配到《北大荒文艺》做编辑工作。

原《人民画报》社副主编丁聪，来虎林后被分配去修五一水库和云山水库，后来王震部长倡议编辑《云山水库画册》，丁聪被指名抽调担任编辑。画册出版后，便留在《北大荒文艺》当美术编辑，笔名：阿农、学普。经常为北大荒文艺的作品搞插图。长春电影制片厂的著名编剧沈默君、罗国士等也被分配到宝东中学任教。

著名作家吴祖光和著名电影演员李景波，也先后被抽调参与话剧《北大荒人》创编。他们提出许多有分量的修改意见，使《北大荒人》剧本，博得全国的赞扬。

正是这一大批转复官兵、支边青年和来自各方面的垦荒战士、垦荒者在虎林立下了汗马功劳，创立了不可磨灭的历史功勋，铸就了千古传承的北大荒精神。

不能忘记，他们在垦荒初期，以连队为单位，在不同的区域，找高燥的荒坡，挖开第一锹土，这就是垦荒新村。紧接着便搭起小马架，升起缕缕炊烟……

不能忘记，他们征服自然、战胜自然、战天斗地的革命精神。顶炎炎的烈日在草原上开荒；冒零下三十多摄氏度的风雪严寒在完达山里伐木；蹚没腰深的积雪在冰河上捕鱼；顶瓢泼大雨在开沟修水利，处处体现了“一不怕苦，二不怕死”的革命精神，虎林人民是有口皆碑的。广大垦荒战士，就是人们所称赞的是一群为北大荒建设而献身的群体。他们“献了青春献终身，献了终身献子孙”，把毕生和子孙后代都献给了北大荒建设伟大壮丽事业。而今，在虎林的大地上，垦荒者的第二代、第三代已茁壮成长起来。有的已走上虎林与国营农场建设的领导岗位和成为各行各业、各条战线的中坚力量。1958年11月局县合并时，当时虎林县总人口只有不到10万人，现在已达到30余万人。其中，国营农场总人口为9万多人，占虎林总人口的30%有余；两个林业局的总人口为5万人左右，接近虎林总人口的16%有余；农场、林业局合计为14万多人，占虎林市总人口的近一半。

在地方财政收入上，市属、农垦、森工这三大块的税收比重，20世纪90年代初基本是各占三分之一。1996年市属47%，国营农场33%，森工24%；到2000年已调至63:24:13。市属比重逐年上升。国营农场所占比重趋向稳定，森工系统因实施国家天保工程，采伐任务调整比重逐年减少，这也是很正常的。事实证明，虎林的巨大变化是在军垦事业的强大推动下而发展起来的。如果没有军垦事业的大发展，便没有虎林的今天。虎林的兴旺发达是与当年开发虎林的广大复员转业官兵、支边青年、知识青年、支边科技人员、支边干部以及虎林的广大人民群众并肩战斗、奋力拼搏分不开的。在虎林的发展史上，永远镌刻着他们的丰功伟绩！虎林军垦之光永放光芒！

第四节　军垦文化的赞歌

1958年十万转业官兵开发北大荒，唤醒了这片沉睡的荒原，也繁荣了虎林的文化事业。当广大转业官兵浩浩荡荡向北大荒进军时，我国著名诗人、全国人民代表大会常务委员会副委员长郭沫若于1958年3月23日在人民日报上发表了《向地球开战》的诗作，诗的“题记”中写道：“中国人民解放军的将士，有不少同志将赴全国各地，参加国营农场的生产工作，作此诗以壮行色。”

郭老在诗中鼓励军垦战士：

卓越的人民解放军的将士们，英雄们！
你们是六亿人民的精华！
你们在党的领导下，
在毛主席的教导下，
把帝国主义、封建主义、官僚主义的联军打成了流水落花，
你们把中国的天下，
变成了六亿人民的天下……
现在你们有不少同志解甲归田，
不，你们是转换阵地，向地球开战……
赶快向地球开战吧，
同志们！
无论在天涯海角，
让我们陷阵冲锋！

郭老的诗很快在北大荒军垦战士中传诵开来。军垦战士、河南信阳步兵学校政治部宣传助理员徐先国少尉，读了郭老的诗很受感动，写了《永不放下枪》一诗回赠郭老。发表于1958年5月7日《人民日报》。诗中写道：

感谢郭老称赞
我们去向地球开战

举起科学的大旗
冲过艰难战胜自然

一颗红心交给党

英雄解甲重上战场
不是当年整装上舰艇
不是当年横戈渡长江

儿女离队要北上
响应号召远征北大荒

用拿枪的手把起锄头
强迫土地交出粮食

让血迹侵染的军装
受到机油和泥土的奖赏

让子弹穿透的疤伤
在黑土地上泛红发光

一颗红心交给党
英雄解甲永不放下枪

农垦部王震部长看到此诗非常激动，立即挥毫给徐先国写信："你唱出了我的心声，我相信，我们成千上万的同志都会同你合唱……我已请总政慰问团的同志把它谱成歌曲。我建议你把这两句改成这样：'让胜利光荣的军装，受到机油和泥土的奖赏，让坚强有力的臂膀，在黑土地上焕发红光。'"从此，这两首诗，拉开了北大荒军垦文化的序幕！紧跟垦荒者的脚步，来自全国各大军区、各兵种的20多个文艺团体2 000多名文艺工作者相继开进虎林和各个农场。各农场分别成立了文工队。同时，在农垦局局直机关的虎林镇成立了北大荒文艺社、北大荒报社、农垦报社、组建了农垦局话剧团、歌剧团、京剧团等大型文艺社团。在农垦局会演时，演出了如《红霞》《红珊瑚》《洪湖赤卫队》等歌剧，演出水平在当时堪称国内一流。继而话剧《北大荒》从舞台走向银幕；歌舞《春归雁》也从边塞飞进中南海。轰动神州的《红灯记》（原名《革命自有后来人》）也是出自虎林军垦战士沈默君、罗国士之手。作家林予同志深入八五三体验生活，创作了《雁飞塞北》长篇小说。符钟涛同志深入八五二农场，创作了长篇小说《大甸风云录》。这两部长篇小说都以十万官兵“向地球开战、向荒原进军”为历史背景，塑造与刻画了军垦农场一大批北大荒人的光辉形象。两部小说都从不同侧面展现了北大荒创业年代的历史画卷，出版后在全国反响很大。之后，作家郑加真的《江畔朝阳》，被日本出版商翻译出版，使北大荒的历史画卷展现于世界各地。同时，以张作良、晁楣为代表的北大荒版画也呈现给全国人民，其中有晁楣的《春到荒原》《金色的海洋》和张作良的《冰上行》等。真是绚丽多姿，光彩照人。军垦文化伴随着垦荒大军的节节胜利，在北大荒这块黑土地上深深地扎下了根。

著名作家吴祖光回访云山农场

第五节 艰难辉煌的历程

虎林军垦事业的发展，也经历了一条艰难、曲折和辉煌的发展历程。1958年11月20日，铁道兵农垦局与虎林、饶河两县合并，局县合署办公，办公地点也由密山镇迁至虎林镇，从此，揭开了虎林农垦辉煌的一页。经过三年多的发展壮大，虎饶垦区内的14个国营农场均打下了良好基础。各个农场基本上有了规模，步入了正常发展的轨道。这期间，由于虎林是垦荒建设的中心，因而各项事业的发展有着优先条件。还在1958年4月，铁道兵农垦局即组织力量抢修横贯垦区的密山至虎林的铁道线，并于局县合并前正式通车，全长共101公里。紧跟着转入修建虎林至迎春的铁道线，全长约45公里，也于1958年12月29日剪彩通车。1961年，迎春至东方红的铁道线也在全力以赴的抢修下宣告完工。至此虎林境内铁道线总长158.5公里，奠定了铁道运输的极好条件。

1958年7月，虎林电厂也正式纳入建设计划，确定安装2×6 000瓦电机组。农垦局也很快组织了虎林电厂筹备处，从各农场抽调361名转复官兵及随军来的青年男女开始进行采石、运沙等基础建设备料以及骨干培训工作。1960年3月5日，一号机组正式发电；1964年4月13日，二号机组试运成功，交付使用。至此两台机组交替使用，使虎林及垦区用电有了可靠保证。

与此同时，农垦局还先后在虎林境内修筑了四个中、小型水库。1958年11月，八五〇农场完成了七虎林河上游的云山水库的修筑任务。出动转复官兵4 000余人，用时6个半月，抬土633 202立方米，浇灌混凝土568立方米，砌石658立方米，修公路64公里，水库控制面积240平方公里，蓄水量可达7 015万立方米，可灌溉农田125 000亩。在此期间，八五四农场也修筑了团山、先锋水库，八五六农场修筑了大青山水库。这些水库均为虎林的水利开发和旅游景点建设，发挥了重要作用。

但是，局县合并期间，由于受“大跃进”、“反右派”斗争和“刮共产风”以及“三年自然灾害”的严重影响，因而垦区建设也遭到“大跃进”、“浮夸风”和“三年自然灾害”等天灾人祸的危害。虽然经过1961年的“调整、巩固、充实、提高”，有了重要转折，但尚未从根本上解决问题，尚未走出艰难曲折的困境。1962年，中央决定农垦局与虎饶两县分开，并入国营农场的人民公社绝大部分退出国营农场。1964年又进行虎饶两县分开，至此，虎林县境内的国营农场，先是归东北农垦总局虎林分局辖领，后归牡丹江国营农场管理局辖领。虎林县只对区域内的国营企业实施地方行政领导。虎林县的广大人民群众非常珍惜局县合并时所建立的友谊，关心和积极支持国营农场的发展，并认真学习国营农场开荒建点、科学种田和实施农业机械化的宝贵经验，因而也加快了开发建设虎林的步伐。

局县分开后，虎林境内的八五〇、八五四、八五六、八五八4个农场，均归东北农垦总局虎林分局领导（八五一划出已于1963年12月撤销）。1964年又将八五〇一分场和云山畜牧场合并为云山农场；将八五八农场的和平分场组成庆丰农场，至此，虎林境内共有6个军垦农场。经历了铁道兵农垦局时期、虎林分局时期、黑龙江生产建设兵团时期，以及牡丹江国营农场管理局时期，经历了艰难的曲折的路程。

1976年3月26日，黑龙江牡丹江国营农场管理局正式成立，从此，虎林境内的6个国营农场，在管理局的领导下，乘党的十一届三中全会的东风，步入了全面发展的新时期。

25年来，这里出现了一系列历史性的大变化。首先在政治上实现了党的工作重点的转移，平反了冤假错案，清除了“文化大革命”一系列的极“左”错误，恢复了实事求是的作风。其次是集中精力，狠抓经济发展，大办家庭农场，大搞多种经营，大力进行产业结构的调整，大抓精神文明建设。截至2000年末，这6个国营农场，已进入辉煌发展的历史阶段，出现了十分喜人的大好前景。

复转官兵开荒建设新家

第六节　敲开东疆林海之门

虎林、饶河、宝清一带，不仅有一望无尽的荒原，也有浩瀚无边的森林。这里的山岭属完达山东北支脉的那丹哈达拉岭。《吉林通志》称：“完达山，伊彻满语叫‘完嘟噜’意为梯子。”是依据林口、穆棱间有个山体形似阶梯儿而得名。“那丹哈达拉岭”伊彻满语为马嚼子，固该岭逶迤起伏，扣相连环，形同马嚼子，所以一直延传至今。那丹哈达拉岭，它北起饶河、宝清境内的挠力河，东临虎饶两县地域的中苏界江乌苏里江，南至虎林境内的穆棱河，西抵贯穿密宝两地的密宝公路，总面积为689 151公顷，森林活力木总蓄积量6 000多万立方米。主要盛产红松、云杉、冷杉、水曲柳、桦、榆、椴、柞、杨、核桃秋、黄菠萝等针阔叶树木，共十几种。这里原本是渺无人烟、人迹罕至的地方。黑龙江省林业厅先后在虎饶两县分别建立了若干个森林经营所，以经营管理这片广袤的林地。1958年在十万复员转业官兵开发北大荒的同时，也敲开了东疆林海的山门。

1958年10月3日，铁道兵农垦局作出进军完达山采伐木材的决定。一方面是为了保障北京修建人民大会堂、历史博物馆、民族文化馆、军事博物馆、北京车站等十大建筑的木材需要；另一方面也是垦区生产建设为国家积累资金的需要。于是组织了八五〇、八五二、八五四、八五六、八五八、八五九和青年农场等11个农场近万人的伐木大军，开进完达山那丹哈达拉岭的原始森林中。农垦局还在现迎春林业局所辖的炮手营林场建立了采伐指挥部。转复官兵进入林区后，住地窨子、睡地铺、迎风冒雪，废寝忘食地忘我劳动。他们用锯伐、斧砍、爬犁拖、机车拉，创造出以冰道运输的方法，成千人冒着风雪严寒，日夜不息地开沟担水浇冰道，终于将冰道修成。以一台大型拖拉机，拉着载有120立方米木材的一大串爬犁在冰道上行驶，将大量木材由迎春装上火车或由饶河装上驳船，源源不断地运往北京。据不完全统计，仅这次大进军中，农垦局共运出松木、水曲柳等上等木材约21万立方米。

集中采伐的同时，农垦局还在阿布沁河附近修建了东方红水库。1960年东方红水库下马后，留下部分人员与水利大队合并，组建了东方红林场。东方红林场也是王震同志亲自命名的。因这一带地势海拔较高，一般在300米至500米之间，尤其神顶峰海拔

831米，是三江平原一带的最高点，也是祖国东北边陲最早见到日出的地方，命名时也有这方面的寓意。

1963年，经国务院批准，在虎林县设立了完达山林业管理局，下属东方红、迎春两个林业局，接受东北农垦总局和东北林业总局的双重领导，全面开采虎林、饶河、宝清三县内那丹哈达拉岭原始森林之中的木材。1965年，国务院决定将完达山林管局移交林业部管理，并成立东方红、迎春两个林业局，隶属牡丹江林业管理局领导至今。

目前，东方红、迎春两个林业局已将工作重点转移到天然林保护工程上（简称“天保工程”）。截至2000年，两个林业局造林300多万亩；其中东方红林业局200万亩，迎春林业局100万亩。两个林业局均被省森工总局授予“八五”期间营林先进企业。爱林、护林、养林的意识已深入人心，“天保工程”必将荫及子孙，目前正以矫健步伐，向辉煌的新时代挺进！

第七节　彪炳千秋的丰碑

虎林军垦农场，犹如一颗璀璨的明珠，闪耀在三江平原南端肥沃的土地上。回忆虎林军垦所走过的漫长历程，从1955年在穆棱河畔荒原点燃的第一缕军垦荒火光，到21世纪第一个春天，整整经历了46个年头。人们不会忘记，第一个点燃北大荒圣火的人，就是中国人民解放军铁道兵司令员王震将军。他由铁道兵司令员到共和国首任农垦部长，直至荣任中华人民共和国副主席，每时每刻都在关心来北大荒建立军垦农场的十万转业官兵和广大支边青年、知识青年，以及与广大垦荒战士并肩战斗、休戚与共的边疆人民。虽然虎林县在共和国的版图上仅占千分之一，将军却迈开双脚，曾19次来虎林。西起穆棱河上的湖北闸，东到茫茫的乌苏里江之滨；从大青山下的八五六农场，到迎门顶子的垦荒新村；从碧波荡漾的云山水库，到广袤无边的东方红大森林，虎林的山山岭岭，几乎都印下了将军的足迹。将军的丰功伟业，永远铭刻在北大荒人和全国人民的心里！

1990年七八月份，已步入耄耋之年的王震副主席，最后一次来虎林视察。他参观了曾亲自抬土修筑的云山水库和八五四农场所豢养的黑熊和鹿群，他看到虎林一带的发展变化，兴奋不已。他在虎林境内的国营八五〇农场场部，召见密虎两县的地方干部代表和牡丹江农管局所属国营农场的部分领导人员。在欢迎大会上作了慷慨激昂的讲话，极大地勉励与鼓舞了与会全体同志。

北大荒人为了缅怀他的丰功伟绩，在密山市当壁镇建起一座纪念碑。碑名：王震将军率师开发北大荒纪念碑。碑前耸立着用汉白玉雕成的将军半身塑像，潇洒自如，栩栩如生。

纪念碑上镌刻着如下碑文：

“亘古荒原，渺无人烟，荆棘丛生，走兽中栖。俄族欲垦，未能立锥；倭人觊觎，终成梦幻。唯共产党之雄略，锐意而拓之。公元一千九百四十七年始，垦荒志士挺进，公元一千九百五十八年春，名将王震率将士十万云集密山，一声令下，斗天战地。茫茫沃野沉寂千年而荫苏，芸芸众生不顾生死而耕耘，荣复军人，地方干部，城市知青，科技人员，历四十载之酸辛，经三代人之苦斗，胼手胝足，深领稼穑之艰，此乃南泥湾精神之延续。血水、泪水、汗水皆融于大荒，农、工、林、牧各业尽现于边疆。此举之壮，宇内闻名，旷世绝前。为不泯其绩，遂建碑以志之。为颂扬其业，撰文而铭之。来者驻足，全赖群贤。青史留垂，拓垦者英名常念。逝者如斯，北大荒精神永存！”

虎林的军垦事业，自始至终受到党中央许多领导的重视和关注，深得国家领导人的赞赏和关爱。1964年7月，全国人大常委会委员长朱德同志和国家副主席董必武同志亲临虎林八五〇农场视察，对军垦事业的发展给予极高的评价。1961年，时任国务院副总理邓子恢同志，也亲自到虎饶垦区进行视察，对这里的发展，做出了重要评价和重大的决策，实现了必要的调整，使虎饶垦区步入了健康发展的新时期！

1984年8月15日，原中共中央总书记胡耀邦同志亲临虎林、虎头视察，见到虎林到处是公路交织、阡陌相连的国营农场群；到处呈现着欣欣向荣的丰收景象，以及乌苏里江碧波荡漾的绰约风姿赞美不已。总书记的光临更是推波助澜，虎林人民由此更加奋发向上！

位于虎林市虎头镇乌苏里江畔的胡耀邦纪念碑

第六章　震惊中外的珍宝岛自卫反击战

珍宝岛位于黑龙江省虎林市境内，在乌苏里江主航道中心线中国一侧，面积0.74平方公里。该岛原来并非岛屿，而是乌苏里江上中国一侧江岸的一部分，由于江水的长期冲刷，1915年才形成小岛。这里历来就是中国领土，当地居民祖祖辈辈在这里从事渔业生产活动。20世纪初，中国渔民张盖和臧盖年等几位老渔民，相继上岛建房捕鱼。珍宝岛曾被当地人称作“张盖岛”和“翁岛”。1928年，中国居民陈远进买下了张盖的房子，与其子陈锡山常住岛上捕鱼。因为该岛两头尖，中间宽，岛状似中国古代的元宝，故得名为“珍宝岛”。新中国成立以来，我边防军就一直在此巡逻。

珍宝岛

第一节 珍宝岛自卫反击战的起因

从1960年初开始，苏联和中国友好的关系破裂，苏联在中苏边境陈兵数十万，不断策划和制造事端。1968年1月5日，苏联边防部队大批武装人员越过乌苏里江主航道中心线，侵入中国七里沁岛地区，野蛮干涉中国渔民正常的捕鱼生产活动，用装甲车轧死和撞死渔民4人，撞伤和打伤渔民9人，鲜血染红了江面……

七里沁岛流血事件发生后，中央军委提出做好“军事上配合外交斗争”的准备，并强调：只有苏方开枪打死打伤我方人员时，我边防部队才可以开枪自卫还击。由于我们的忍让，才保持了中苏边境地区的相对稳定。

但苏军却变本加厉，以为我边防军软弱可欺，肆无忌惮地加大了挑衅力度。1968年12月27日，苏军75名全副武装的军人分乘7辆装甲车、卡车和吉普车侵入珍宝岛，拦截和殴打正在岛上执行巡逻任务的中国边防军人，当场打伤8人。1969年1月4日，我军登岛巡逻时遭到30名苏军的拦阻和推打，我军被迫撤回。1月6日，苏军再次入侵珍宝岛，抓走我方2名渔民。1月23日苏军76名全副武装的军人，携带军犬，分乘4辆军车，在直升机的掩护下，突然袭击正在岛上执行巡逻任务的我边防人员，围攻毒打我军人，打伤20余人，其中重伤9人。2月6日至25日，苏军又连续5次围攻、毒打我边防巡逻人员……据不完全统计，从1964年10月至1969年2月，苏军共挑起边境事件达4 180余起。苏联把我们的退让和忍耐视为软弱可欺，对我方人员进行任意欺凌。我方已经达到无可忍耐的地步。至此，一场武装冲突已是箭在弦上，不得不发了。

第二节　珍宝岛自卫反击战的经过

珍宝岛自卫反击战主要集中在3月2日、3月15日、3月17日三天。1969年3月2日凌晨，春寒料峭。我边防军悄悄登上珍宝岛待命。我边防指挥部命令：如苏方武力干涉我方巡逻，将视情况给予反击和支援。副连长陈绍光带领的侦察连顶着刺骨的寒风，进入了潜伏地点，挖了雪坑，在上面盖上了白褥单，进行了隐蔽埋伏。

早上6点多钟，旭日东升，白雪皑皑。我军边防站站长孙玉国带领巡逻队上岛巡逻。孙玉国带着第一小组走在前面，排长武永高带第二小组走在后面。苏军发现后，立即出动70多人，头戴钢盔，荷枪实弹，分乘2辆装甲车、1辆军用卡车和1辆指挥车，从苏联境内分路急速向珍宝岛逼近。接近珍宝岛后，他们抢先赶到了珍宝岛的东侧，挡住了我第一小组边防巡逻分队的去路，并试图从三面包围我军边防部队。

孙玉国一边向苏联边防部队发出警告，一边命令中国边防部队向岛西撤去。这时，苏联边防部队向我巡逻队开枪，我军边防部队6名战士牺牲。潜伏的侦察连开始还击。陈绍光带领尖刀班沉着反击。战士于庆阳身边的几名战友倒下了，他怒火冲天，端起冲锋枪朝敌人冲了过去，5个敌人在枪声中倒下。他发现在一片小树林的后面有一挺机枪正在向这边扫射，战士们被机枪火力压得抬不起头，便抓住敌人机枪手更换弹夹的时机，一梭子子弹解决了这个机枪手。就在这时，从侧面飞来子弹，击中了他的头部。于庆阳仍然向前冲了五六步，手中的冲锋枪吼叫着，当他倒下去的时候，仍然保持着冲锋的姿势。

陈绍光指挥一个班迂回到丛林苏军侧后，但一股苏军又从他的侧后冲来，两面机枪夹击他们。陈绍光一面指挥分队英勇还击，一面奋勇向苏军一个机枪火力点冲去。这时他身受重伤，仍然坚持移动到有利位置，打掉了这个火力点后，倒在了血泊中。

这时，第二小组遭遇了苏联伊万上尉率领的边防军，双方在冰面上发生激烈争执。珍宝岛上传来了枪声，伊万上尉准备掏枪，周登国看到，立刻端起了冲锋枪。伊万的手枪刚拔出枪套，周登国已抢先开火把伊万打倒。其他苏军士兵有往回跑的，有原地卧倒的。我军边防部队一齐开火，歼灭了伊万带领的7人指挥小组。

经一个多小时激战，中国边防部队英勇地击退了入侵珍宝岛的苏联边防军。

3月15日凌晨，苏军边防军60余人在6辆装甲车的掩护下，从珍宝岛北端侵入。中国边防部队某部营长冷鹏飞奉命带领一个加强排登岛，与入侵苏军形成对峙。8时许，苏军发起攻击，冷营长沉着指挥，坚守有利地形，用部分兵力分割苏军。凌晨3时，在珍宝岛上潜伏待敌的侦察排排长于洪东，看到对岸苏军的6辆装甲车开到了江边，从车上跳下来30多个手端冲锋枪的苏军士兵，在岛东边的树林里隐蔽起来。

8时整，孙玉国带领着12人的巡逻队上岛，走到敌人潜伏的东北部，快要进入敌人的伏击圈了，孙玉国便命令巡逻队停下来，在敌人面前晃来晃去，就是不朝前走。苏军忍不住，向巡逻部队开了第一枪。受到我巡逻队的猛力回击。几分钟之后，苏军3辆装甲车引导步兵20多人，沿着封冻的江面，向孙玉国率领的巡逻队的位置冲了过来。这股敌人正好撞在了于洪东潜伏分队的枪口上，遭到了我方的痛击。

经过一小时的激烈战斗，打退了苏军的第一次进攻。

9时46分，苏联边防军在炮火的掩护下，出动6辆坦克、5辆装甲车向珍宝岛靠近，从南北两侧发起攻击，并以密集火力封锁江叉，拦阻中国边防部队登岛支援。由于岛岸太高，苏军正面的坦克无法登岛作战，被我军火力打得抬不起头来。坦克只好停在江面上，不断用坦克上的滑膛炮向岛上轰击。

突然，4辆苏军坦克和2辆装甲车，绕过了岛南端，从中国内河的岛西江汊上包抄过来。于洪东随即命令战士："用四〇火箭筒，敲它两炮，把他们引到雷区！"

炮击使苏军发怒了，一下子就冲进了雷区。坚守在2号阵地上的无坐力炮班长杨林，占据有利地形阻击苏军，待苏军坦克驶近到只有10余米远时，他接连投出5枚手雷，打乱苏军队形，1辆坦克履带被地雷炸断，2辆装甲车也歪倒在江面上。

战斗打得异常激烈，阵地上反坦克火箭弹也不多了。摧毁敌坦克，配合步兵坚守阵地的担子，沉重地落在杨林他们班的身上。

"班长，敌人的1辆坦克和1辆装甲车又从我们的右边上来了！"副班长喊道。杨林果断地决定："迎上去，消灭它！"这时全班其他人因为护送伤员、运弹药去了，现在只剩下他们俩。杨林在前，两人抬起火炮就走，迅速赶到敌坦克、装甲车冲击的地段。敌人射来的密集炮火，把土坎上碗口粗的树拦腰切断，一阵阵的机枪子弹倾泻到土坎上，把积雪打得上下翻飞，冻土都被打松了。显然，敌人是要集中火力，从这里突破。杨林和副班长用头顶着炮身手紧紧抓住炮口，硬是把火炮顶上了土坎。炮刚架好，敌人的坦克、装甲车离他俩只有100多米了。杨林连续发射两炮，把跑在最前面的装甲车打起了火，车里的敌人被烧得争抢着钻出来逃窜。我阵地的步枪机枪一齐开火，给苏军以重创。这辆装甲车报销了，另一辆坦克里的敌人也吓掉了魂，一调屁股又缩回了树林里。

敌人遭到沉重的打击后，仍不死心，又重新集结兵力，准备组织新的反扑。这时，班里4个同志都扛着炮弹箱回到了阵地，枪炮声很快又密集起来，苏军隐蔽在丛林里的1辆坦克、2辆装甲车向我阵地的右侧冲了过来。杨林选择了迎击敌人的有利地形。这是一段有着两米多宽的土坎，土坎上并排耸立着3棵挺拔的大榆树。杨林和班里几个同志一起把炮推到了3棵大树的右侧。隐蔽在土坎下，他一个人留在土坎上，操纵火炮。正当他把火炮瞄向敌人装甲车的时候，突然子弹从左前方飞来，把杨林的双手打伤。战友们急忙去给他包扎。当发现杨林左手掌被打穿，右手三个指头被打断时，纷纷劝他说："班长，你快下去吧！我们保证，人在阵地在！"杨林猛地站了起来，推开战友，咬紧牙关，忍着伤口的剧痛，以惊人的毅力，把一发炮弹推上膛。炮弹带着杨林的鲜血飞向致人，正向我前沿阵地冲击的装甲车被击中。这个被打的"乌龟壳"稍停了一下，又继续向前爬动。杨林高喊："看你往哪里逃！"从战友手中接过炮弹推进了炮膛，轰的一声将装甲车击毁。

敌人的坦克、装甲车一次又一次地遭到杨林火炮沉重打击之后，对这门炮恨得要死，怕得要命，千方百计地想搞掉它。杨林隐蔽在3棵大榆树下喷射出的火光，成了敌人火炮报复的目标。迎面冲来的2辆敌军坦克的炮口也同时对准了他！在不到100米的距离上，炮口对炮口，杨林身负重伤，显然处于不利地位。阵地上的战友关切地喊道："七五炮快转移！""班长，快转移！"此时此刻，敌人的2辆坦克和1辆装甲车开足马力，以最快的速度疯狂冲击，转移阵地就会贻误战机！

杨林纹丝不动，大义凛然地站在3棵榆树下，和敌人争夺战机。只见他俯在炮上，用被打穿了的左手飞快地摇动着方向机，用右手剩下的拇指和食指迅速地摇动着高低机，沉着准确地瞄准，以迅雷不及掩耳之势，抢在敌人的前面开火，终于给垂死挣扎的敌人装甲车又补上一发炮弹，随着“轰”的一声巨响，装甲车冒烟起火，剩下的2辆“乌龟壳”见势不妙，向杨林乱放几炮掉头逃跑了。

就在杨林击毁第4辆装甲车后，敌人的一发炮弹飞来，顿时，硝烟笼罩，两棵大榆树被炸飞，杨林不幸中弹。为了保卫祖国的每一寸土地，他血染边疆，壮烈牺牲，用自己的英雄行动实现了他生前的钢铁誓言：“望党能把我当成一颗重型炮弹来用！”那棵仅存的大榆树弹痕累累，巍然屹立，成为珍宝岛战役英雄的化身！挺立在珍宝岛上，屹立在我们心中！（战士们亲切地称他为“英雄树”！）

苏军见势不妙，用坦克将后面挡道的装甲车撞碎，从原路逃了回去。

13时35分，苏军边防军的炮火猛烈袭击中国防御阵地，正面达10公里，纵深约7公里。炮击2小时后，苏军100余人在10辆坦克和14辆装甲车掩护下，发起第三次进攻，欲抢回被炸坏的坦克，但是都被我军的炮兵拦了回去。一名苏军上尉从坦克里跳了出来，没有跑出几步远就被于洪东射中。于洪东又将一颗手榴弹丢进了坦克内。苏军的中校指挥官杨辛就在这辆坦克里被炸得血肉模糊。火箭筒手华玉杰越打越勇，在零下30多摄氏度冰天雪地里，甩掉棉衣和绒衣，先后击毁击伤苏军4辆装甲车。苏军指挥所里，边防总队队长列昂诺夫看到进攻受挫，正要下令让在江边待命的70多辆坦克一齐杀过江去。突然，一发炮弹准确地落在了指挥所的顶上，指挥所炸塌了。列昂诺夫还没有直起身子，一颗飞来的流弹不偏不倚击中了他的心脏……

经过50多分钟的激战，粉碎了苏联边防军的第三次进攻。

3月17日，苏联边防军不甘心失败，又出动步兵70多人，向岛上埋设地雷，企图阻止中国边防部队登岛，妄图拖回被中国边防部队击坏滞留在江汊的一辆T-62型坦克。中国边防部队以炮火将其击退。这一天，苏军先后出动50余辆坦克、装甲车和100多名步兵，运用直升机和纵深炮火做掩护，并炮击中国境内纵深地区。中国边防部队同入侵苏军共激战9个多小时，顶住了苏联边防军的6次炮火袭击，击退了苏联边防军的3次进攻。击毙苏军边防部队总队长列昂诺夫上校和杨辛中校，被炸坏的苏军坦克被中国边防军缴获，成为苏联侵略中国领土的铁证，胜利保卫了祖国神圣领土珍宝岛。

第三节　T-62坦克争夺战

在这次战斗中，苏军使用的坦克是当时远东部队的主战装备T-62。虽然它当时已并非苏联最优秀的坦克（当时苏军欧洲地区部队已经部分装备了T-64），但其车载红外夜袭系统和火控系统，还是我军所没有的，车体的布局等也和以往的T-55/54有了代差。自然而然，3月15日战斗结束后，冰面上的T-62坦克成为双方争夺的下一个焦点。

3月20日夜间，我方派出以排雷英雄孙征民（此前已经布排雷200多颗）带队的工兵小分队上岛排雷，以便把坦克拖到安全地方，同时补充布雷，完善雷场。但是，当时我军对夜视器材的认识不足（当时我军自己还没有正式装备实用化的夜视器材），低估了装备精良夜视器材的苏军狙击手的威胁。就在我方人员排除了十几枚地雷后，苏军狙击手击中了小分队的一位战士，这位战士受伤后身体翻滚时，又不慎触发了一枚地雷，导致旁边的孙征民也不幸牺牲，排雷行动被迫中断。

珍宝岛战役中缴获的苏T–62坦克

为了防止T–62落入我军手中，苏军也采取了多次抢夺和破坏活动，其中3月21日晚的行动险些成功。当时苏军派遣了一个6人爆破分队，沿着预留的雷区通路潜行至坦克处，企图将其炸沉。我军原本在这辆坦克附近安排了观察哨，但这天值班战士由于连日劳累，居然都在雪地中睡着了。苏军小分队发现了其中一位战士，并用枪托将其砸昏。正当苏军把带来的120公斤炸药塞进驾驶舱内，安装雷管和引爆导线时，近处突然有冲锋枪声传来。苏军小分队惧怕被歼慌忙撤退。其实，我军并未发现苏军人员，只是换哨的战士被枯树枝绊倒时，手指无意扣动了扳机，造成了一次“成功”的走火。

经此事件后，3月22日，肖全夫向中央军委报告了情况。当天，中央军委回电要求：“T–62坦克是苏联的新型坦克……务必保护完整，供军事科研单位进行研究。”肖全夫最后决定：架设人工绞盘，配合载重汽车，将坦克拖走。但就在同时，苏军一面用炮火阻止我方人员接近坦克，一面昼夜不停地炮击这辆坦克，企图将其击毁。把此处冰层炸开，坦克沉入了江底。于是，前线紧急联络海军派遣潜水分队支援。

潜水分队抵达后，与前线人员一同观察了现场，认为白天苏军的火力太猛，无法接近坦克沉没位置。夜晚太黑，行动起来极不方便，而且还有苏军夜视器材的威胁，行动必须在傍晚天色半黑时进行。当时珍宝岛白天最高温度都在零下30摄氏度，江上冰层超过2米，坦克沉没之处也已结下了厚冰。在日落后下水入冰，穿着没有御寒功能的轻潜装具的潜水员随时可能被冻僵。然而，只有这一办法，才有可能将坦克抢回。在老潜水员熊建成的带领下，潜水员开始操作。具体下水时间由对方的炮击决定，炮声一停，潜水员立即下水作业。炮声一响，潜水员则躲进掩体休息，并规定水下活动不超过15分钟。然而，潜水员一下水，就出现了问题。江水很快把潜水员的呼吸腔、通气阀冻住，呼吸管也时时被冰碴卡住。潜水员虽然用自己呼出的热气将呼吸腔化开，但江水中能见度过低，只能用手探摸。最后，潜水员的潜水服被碎冰碴划破，冰水灌入潜水服内。几乎使人失去知觉，只好上岸。而且苏军的炮火非常密集，当天，潜水员们的后续努力也宣告失败。

次日傍晚，潜水员熊建成又一次潜到了江底。这一次，他很快便找到了目标，并把钢缆挂在了坦克尾部的挂钩上，但他刚一出水，苏军的炮火就将钢缆炸断。只得由接替的潜水员隋传香再行探摸，这次他很顺利地找到了目标，并拴好钢绳。令人意外的是，从他下水直到出水，苏军居然始终没有打炮，我军抓住时机，40多个官兵推着两个人工盘（为了避免苏军注意，不能使用动力机械），在当天晚上，把坦克绞出了水面，又到江边，天亮后，再把钢缆、绞盘和坦克隐蔽起来。到了第三天晚上，坦克和炮塔被分别绞到岸上。第四天，早已隐蔽在岸边林中的两台拖拉机，将坦克和炮塔拖到树林，然后又用牵引车拖向后方。至此，我军终于获得了战后第二代坦克的实物。这辆坦克车在经过了相关部门的测试和考察后，被运往北京，陈列在北京革命军事博物馆。但是，围绕这辆坦克所进行的斗争，还远未画上句号，很快，苏联克格勃又开始行动了。

5月8日深夜，苏联边防军的一条巡逻艇悄悄驶过乌苏里江，在距珍宝岛10里外一段平坦的江边停下来。一个苏军上尉从舱里探出半截身子，用红外线夜视望远镜朝漆黑的江岸上观察了一会，然后用俄语咕噜了句什么。

另外一个人站起来，走到甲板上，一窜纵上了江岸，头也不回地钻进了黑暗之中。此人是克格勃派出的执行炸毁T-62坦克任务的间谍，名叫窦祥松。窦祥松是黑龙江省虎林县虎林镇人，其父是伪满时当地有名的恶霸窦顺仁。抗战胜利后，窦顺仁被人民政府镇压。窦祥松因此对人民政府怀恨在心。几年后，窦祥松因调戏妇女和偷盗公物被判了3年徒刑。刑满出狱的窦祥松仍恶习不改，为了挽救他，虎林镇治保干部张秀英经常将其叫去训话，希望能感化他，没想到因此惹来了杀身之祸。1966年5月的一天夜里，窦祥松怀揣尖刀闯进了张秀英的家里，将张秀英夫妇杀死，而后趁夜逃到乌苏里江岸边。

窦祥松越境逃至苏联，后进入“基塔伊斯卡雅”特务学校中国部，成为苏联特务学员。

根据克格勃专家制定的方案，窦祥松上岸潜伏在兴凯湖至虎林县途中的某个小镇，等到运送T-62坦克的汽车经过时，伺机破坏。

窦祥松按照预定路线向兴凯湖走去，走了大半夜天快亮时，疲惫不堪的窦祥松看见了一辆拖拉机，便给司机一点钱，坐到了拖拉机的拖斗上。

不料，在拖拉机上，窦祥松遇到了一个50多岁的庄稼汉庄树宝。窦祥松做梦都没有想到，这个老实巴交的农民竟然是他的仇人。26年前，庄树宝在窦顺仁家里当长工，给他的姘头“一枝花”当车夫。有一次因扶她下车时滑了一下，窦顺仁就扒光了庄树宝的衣服，将其绑在树上毒打一顿，差点将他打死。

窦祥松与恶霸父亲长得很像。庄树宝一看到这张脸，心里顿时“咯噔”一声。拖拉机到了地方后，窦祥松下了车。庄树宝也紧随其后下了车，直奔派出所，并带着民警将正在吃饭的窦祥松抓了个正着。被捕后，窦祥松为求活命，将所有事情和盘托出。

同年9月下旬，窦祥松这个十恶不赦的民族败类，在哈尔滨被执行枪决。而T–62坦克也顺利地运回了北京，被放置在北京军事博物馆。

珍宝岛战斗中，我军检验了部队的作战能力，也对苏军的实力和决心有了一定的了解。这次战斗中，我方的参战人员，基本上都是新中国成立后长大的一代，没有参加过革命战争和新中国成立后的对外战争，但他们在战斗中表现出的基本素质和士气都非常优秀。毛主席事后曾指出，他“很满意的一点，就是冷鹏飞这样第一次参战的基层军官，也能够指挥部队打胜仗。”通过这一仗，我方对苏军的战斗力有了切实的了解，一方面，苏军的装备和训练水平都高于我们。不管是T–62坦克，还是战场夜视器材，其作用大大超过了我们的预期。另一方面，苏军也存在明显的问题，比如行动过于教条，处处都严格按照纸面上的条令，炮火准备多长时间，队形距离有多少都不是根据实际情况，而是根据书本来定，不仅失去了行动的隐蔽性，而且不利于己方战斗力的发挥（15日战斗中，苏军步兵下车地点严格按照条令中规定的距离，结果全部步兵都在没有遮蔽的江岸上下车，造成重大伤亡。其实，当时只要装甲车再往前开一些，就可以直接让步兵上岛）。

第四节　珍宝岛自卫反击战伤亡情况

3月2日的自卫反击作战，击毙苏军31人，打伤14人，击毁装甲车、指挥车和卡车各1辆，击伤装甲车1辆；战斗中，中国军人牺牲20人，伤35人，另有1名通讯员失踪。3月15日的激战中，中国边防部队抗击苏军50余辆坦克和装甲车以及大量步兵的轮番攻击，激战9个多小时，历经6次较大规模的炮战，粉碎了苏军3次冲击，共击毁苏军坦克1辆，装甲车8辆，击伤坦克、装甲车5辆，击毙苏联边防总队长列昂诺夫上校、杨辛中校等60余人，打伤80余人。我军牺牲12人，负伤27人。

3月17日至4月2日争夺苏军T-62坦克的作战行动，我军发射炮弹1 900余发，击毁、击伤敌坦克、装甲车各1辆，打死打伤苏军步兵30余人。

整个珍宝岛自卫反击作战中，中国边防军毙伤苏军230余人（苏联公布的苏军伤亡数字为152人），毁伤坦克、装甲车19辆。中国边防军伤亡92人（其中阵亡29人，负伤62人，失踪1人，战后伤重不治42人，总计牺牲71人，安葬在宝清县烈士陵园）。

第五节　珍宝岛自卫反击战的影响

一、让世界看到一个不屈不挠的中国

珍宝岛自卫反击战打出了军威，打出了国威，让全世界人民

看到了一个不屈不挠的中国，面对强权毫不低头。中国军队“一不怕苦，二不怕死”英勇善战的精神，让世界强权意识到仅靠战争手段难以征服中国，直接遏制了超级大国的战争企图。当时在发生冲突的珍宝岛地区，双方兵力相差不多。然而，中国军队只有徒步的步兵、部分炮兵和工兵，既无坦克、装甲车也无空军支援；苏军步兵则全部摩托化，不仅有占优势的炮兵，还有大量坦克、装甲车及空军飞机和武装直升机可直接用于支援作战，因而在技术装备、火力上居于绝对优势。尽管中国方面的军力在冲突中处于劣势，但是正义在胸，靠边防部队“一不怕苦、二不怕死”的大无畏精神和“灵活机动的战略战术”，不怕牺牲，誓死捍卫每一寸国土，保卫家园，让全世界人民刮目相看。在全球格局多样化的今天，中俄如今已签署了战略伙伴关系，这不仅符合中俄两国人民的根本利益，同时也为东北亚地区和平发展起到了积极的作用。在今天中俄相对和平的大背景下看来，珍宝岛战斗还是为中俄和平道路的发展起到了积极的作用，直接遏制了阴谋家的战争企图。

二、促进了我军装备发展和技术储备

珍宝岛自卫反击战，中国军队在冲突中暴露出的许多问题，在事后得到了较好的解决。尤其是当时非常缺乏有效的反坦克手段，而经过多年的奋起直追，今日我国的反坦克装备和技术储备已位于世界前列。促进了中国同世界的联系，中国在国际上的战略地位得到提升，在国际上的影响日益突显，世界进入了一个相对稳定的发展时期。

第七章　虎林老区红色资源

第一节　抗联遗址遗迹

抗联五军、七军在虎林的密营遗址

1934年2月3日，中国共产党领导的虎饶地区的抗日游击队在大代河召开了党的会议。会议决定今后游击队的主要任务是广泛发动群众，扩大队伍，打击日本侵略者及其他反动武装，建立抗日游击根据地。这一年冬天，随着游击队的发展壮大，游击区域从饶河扩展到虎林。6月初，游击队和收编的山林队共90人，联合攻打黑嘴子（今虎林县城）地区，在其北面15公里的大莲泡河南岸的六甲北部（今吉庆村）的山地与150余名日伪军整整激战了一天，最后敌人丢下大量尸体带着伤员退去。同年8月，游击队近百人，又在六甲南部（今太平村）后山同200名日伪军激战1天。游击队方面只有1名当地老乡（尤老二）牺牲，而日伪方面却死伤数名。转过年，游击队集合几支山林队100来人，在黑瞎子沟（今跃进村），又和200多名日伪军打了1天1夜。随着游击队南进战斗次数的增加，人民群众逐渐看出这支队伍虽然装备简陋，但作战却很勇敢，是日伪“惹不起”的人民队伍，因而受到鼓舞，抗日斗争情绪很高。当地伪军却因此沮丧，经常这样发誓：“如果再做坏事，出门就让我遇到景二虎（景乐亭师长）！”在人民群众积极支援下，游击区不断扩大。1936年3月，游击队改编为东北抗日联军。1937年9月开始在完达山区建立一系列的密营，在密营里驻兵员、藏粮食。至1939年春天，抗联七军在虎林县已经建立起纵深的深山密营根据地和外环的丘陵平原游击区。当地群众称为“红地盘”。1939年5月中旬，同抗联七军联合作战的抗联五军三师，进驻了完达山前的七虎林河和阿布沁河中间大沼泽的一个较隐蔽的陆地上。三师师长李文彬向来这里的五军领导李山同志汇报情况说：“在这一带，这是理想的驻地。这里漂浮的草筏子，一掉进去就没命，浅的地方也没马肚子，敌人轻易到不了这里来。”

这块“红地盘”的东边，是波涛滚滚的乌苏里江，过江就是苏联。西边和北边，是绵延千里的完达山，山势陡峭有险可守。山中的原始森林浓荫蔽日，无法交通，不熟悉山情的人进去就转不出来。“红地盘”的南面则是无边的平原，平原上有4条向东并流的河：阿布沁河、七虎林河、大莲泡河、穆棱河。1938年，3条河泛滥，形成数十公里宽的汪洋沼泽地。据当时的资料记载：“黑嘴子以北是个低洼而浩瀚的大草甸子，在大草筏子上流着清清的水，当地的老百姓称它为地河。草长在水下的草筏子上，草筏子又漂在水中，脚一踩上直颤动，掉到草筏下的酱缸（极深的稀泥潭）里就再也上不来，令人望而生畏！”因当时小股敌人不容易过七虎林河北犯，所以七虎林河就成了敌我对峙的界河。

1935年以后，这条界河“热闹”起来。主要因为这里是群众送“援粮”的交接地带。在七虎林河以南，除了新、旧两个县城（今虎林镇与虎头镇）以外，其他几乎全是游击区。当时，西起四甲（今兴隆村）西岗，东到倒木沟（今安兴）、独木河，特别是沿七虎林河、大莲泡河以南，黑嘴子以北有大量散户居住的丘陵森林地带，抗联部队特别活跃。冒着危险给抗联送粮、送物资的群众越来越多。当时一个甲每隔两三天就送一次，各甲偷渡七虎林河给抗联送粮的群众络绎不绝。为了有组织地接收粮食，抗联七军独立团（后为补充团），在七虎林河北岸设了两个粮食接收点：一个是迎门顶子（今迎春镇）前边的“大黑林子”（草甸子里的一片孤树林），另一个是“九龙地窖”。两个接收点都挖了地窖子。“九龙地窖”的地窖子挺大，能容纳100多人。在这里接收粮食是收编进独立团的“德胜”“七省”“五洋”“新江”等几支抗日山林队的人。接收的粮食一般都垛在地窖子里。“大黑林子”接收点的粮食较多时，一度曾露天垛在树林中。群众把粮食送到接收点，再由部队运往北山里。抗联指战员和群众很亲热，群众进了地窖子就像到了自己家一样，说说笑笑，相处得很熟。这样的粮食接收点，在七虎林河南岸的陶家屯（今幸福村）和火石山根都有。

界河的“热闹”，还因为经常在这条河上打接触仗。据送粮群众回忆：在“九龙地窖”接收点向南望，一马平川，无遮无掩，敌人一出动，老远就望见。1936年6月的一个白天，“九龙地窖”的地窖子里集中了不少送粮的老乡。可能是敌人摸到了线索，约莫有200名日、伪军由南往北，直奔“九龙地窖”而来。然而，大家并不慌张。抗联人员先把老乡往北疏散，接着有20个战士以逸待劳等在那里，看着敌人缓慢地渡过大莲泡河，困难地跋涉大片沼泽地。隔七虎林河交上火以后，敌人发现抗联人员很少，就从东、西两侧踩草捆、木头趟河包抄。打了一气，抗联人员主动撤退了，敌人才像水里捞出的鸡一样出现在七虎林河北岸，却不敢再向茫茫的迎门顶子森林追击，结果是一无所获，只好带着伤号回去挨骂。1937年12月，抗联补充团的“明声”“九占”山林队堵截了日军1汽车鱼，把鱼装在

15张马爬犁上，就朝“猴头林子”方向疾驰。过大莲泡河时，“明声”队的一个小伙子毛青山被敌人击中，掉下了爬犁，敌人因此截下后边5张爬犁，眼睁睁看着前面的10张爬犁载鱼过七虎林河慰劳抗联去了。

1938年春，设在土顶子峰的抗联七军虎林办事处，经过多方工作，收编了“德胜”“七省”“东洋”“九江”“天义”“中央”等几支山林队百余人，成立了独立团。与此同时又建立独立团密营。此时，七军军部及所属各师均派专门人员建成了一批密营。密营的建立，不仅改变了以前部队冬围篝火夏淋雨的局面，而且使战斗部队有了稳定的战斗基地。据建密营的人说：在土顶子的4面山坡上，建有5座大的营房，每个营房能容纳50人至200人不等。这5座营房都是用原木垛起来的，连天棚也是连排的木头。从军事上考虑，营房有一半在地下，一半在地上的林荫中。并且，大多是上边压着土和草皮，不走到跟前看不见。有的密营前后还建有土木结构炮台。据当事人回忆，七军补充团的密营在土顶子东北坡，是7间大草房，修建得很精细。五军三师的密营在补充团密营的南面，有半天路程远，建在土顶子东南坡的大山坳中，是5间半地下密营，内部宽敞亮堂。原是补充团建的，后转给五军三师居住。

抗联五军、七军在虎林的密营根据地之一（虎林秃顶子）

土顶子峰，除营房外，还建有办公处和伙房。补充团密营还建有团长的家属宿舍，为了解决部队着装问题，还在土顶子峰建立了七军被服厂和补充团缝衣队。一些目击者曾见到7台缝纫机：在三人班（今海音山林场内）有2台，水耕地（今东方红镇东）有3台，土顶子密营至少有2台。七军被服厂共有130名工人。补充团缝衣队有十几名队员，还安置了30多名老弱病残者或抗联家属。当时，被服工人们在暗淡的油灯光和呛人的松明子火把下夜以继日地为部队赶制衣服，照顾伤病员。另外水耕地还有3名妇女为抗联缝制衣服。为适应战争环境，被服厂和缝衣队的缝纫机都不集中管理，而是分散在各个地窨子里。

1938年，七军三师在独木河西北深山密林的臭松顶子建立密营。1939年，三师又在三人班、大王砬子等地建立临时密营。三师密营东与苏联相望，西与土顶子密营相呼应。这两处密营组成了虎林县北部的“红地盘”。

对深山密营起辅助作用的，是七虎林河以北浅山区星罗棋布的地窨（地窨子）驻扎点。这些地窨数目较多，很难统计准确。据调查，目前已知在“大马鞍山”“小马鞍山”“大黑林子”“九龙地窨”“对林子”“胡子沟”等地至少有十几个地窨。这种地窨基本上都设在地面以下，在地下挖深坑，盖顶与地面相平，沿山坡走向，里面搭火炕，既简便、实用，又隐蔽。由于容易建筑，地窨可以根据战时需要，可建可弃，小部队每到一个地方都有据点。建立在平原区的地窨，既是山里密营的屏障性堡垒，又是部队的神经性网络，担负驿站、通信工作。在七虎林河边的地窨点，还有与群众建立联系、接收军需粮食物资等特殊作用。

完达山抗联根据地还多年与苏联有联系。在最困难的1939年4月份，李山等3名同志曾搭阿布沁河口隐蔽的触板渡江到苏联，商谈结果，苏方除支援武器外，还答应照顾抗联的老弱病残和伤员。

1937年，为坚持抗战和减轻群众负担，抗日联军第二路军总指挥周保中同志提出部队自耕，实现部分自给的任务，完达山区的抗联七军指战员认真地执行了这一指示。1938年春天，七军补充团的战士们一边打仗，一边在李一平团长带领下，在密林中开荒种了一部分玉米。1939年春天，补充团已在土顶子、马鞍山一带开垦出几十亩荒地，种了二三十垧（450亩）的玉米和萝卜、土豆、白菜，甚至还有香瓜。三师政治部主任鲍林同志亲自带领20名战士，在独木河一带种地、捕鱼，筹备部队冬季的部分给养。

1939年，虎林地区的抗战进入了最困难的时期。敌人为了消灭抗联力量，在加紧军事“围剿”的同时，企图隔断群众与抗联的联系，断绝抗联战士的给养。从1936年起，推行的“集团部落”政策这时已经实现。全县165个村，已被强行并入37个部落。在部落外围筑墙设垒，并派伪军把守，割断了抗联与人民群众的联系。于是，1938年抗联的给养处于严重缺乏的状态。至1939年夏天粮食成熟以前，抗联的给养已基本上断绝，加上敌人“讨伐”日甚，山里无兵员补充，因此部队迅速地减员，由过去的1 500人减为750人。游击区被急剧压缩。

1939年8月，李一平带领补充团，与五军三师九团联合攻打了日军在西岗的军事工地，解放了近200名挣扎在死亡线上的劳工，其中有110名进山参加了抗联，并缴获了大量面粉。这一胜仗极大地震慑了敌人，使敌人惊恐万状，随即调兵遣将，纠集1 600名日军和2 000余名伪军大举进山“讨伐”。从此，抗联部队主力撤离土顶子根据地，补充团和九团分开活动。

因完达山根据地兵力空虚，日伪军于9月，在叛徒的指引下，攻破了只有七军后勤老弱病残人员把守的土顶子密营。补充团密营被焚毁，补充团缝衣队队长金玉万等几十人被捕，40多名妇女、老人、孩子和病人都被残忍地杀害了。李一平的爱人（带两个孩子）、岳母、妹子及1位苏联妇女（都在抗联被服厂工作）被绑下山来。卑劣凶残的敌人把李一平爱人强暴摧残。敌人在三人班抓了1个铲菜地的63岁老头，本是从宝清来的流民，但日军指导官清野拷问几句，也把他杀害了。“背小背”的群众看到了敌人破坏七军被服厂的情景：把被服厂三间房子里所装的棉花、两间房子中所蓄存的布匹以及搜出来的两台缝纫机连同几所厂房全给烧了。目击者还看到：敌人几乎毁了抗联种植的所有庄稼。在土顶子南面10公里的“胡子沟”朝阳坡上，抗联的50亩将要成熟的庄稼全部被毁坏，把还不能烧吃的玉米青棒子都掰扔了。玉米地边有10亩香瓜地，好像窜进了一群野猪，连啃带踩造得稀巴烂。地边有抗联的1盘石磨，也被掀翻在“胡子沟”的小河里。1939年秋天，敌人几乎破坏了抗联全部密营。冬天来临，抗联在与人民隔离、并失去密营基地的情况下，被迫身着单衣、忍着饥饿在完达山的风雪“烟泡”中与敌人周旋，抗日斗争达到了空前残酷的阶段。此时抗联战士们有时为吃上一顿饭，需以生命为代价，行军中一旦倒下就再也起不来，有的战士靠树坐下就长眠在那里。就在这年的8月末，补充团长李一平同志从密营撤出，在阿布沁河口“李老瓜”窝棚养病时，被敌人搜山发现。李一平同曹副连长一起，击毙12名敌人后，壮烈牺牲。

在祖国“光复”前夜、日本侵略者进行垂死挣扎的过程中，为保存抗联的有生力量，迎接新任务，根据上级指示，抗联部队分别于1940年3月和1943年11月分两批转移到苏联境内。至此，抗联在虎林县完达山的密营根据地的斗争结束，但遗迹犹存。他们是祖国危难之时的一批优秀儿女。他们与日伪军的殊死搏斗，沉重地打击了敌人，牵制了敌人，支援了全国的抗日斗争。他们为把祖国东北从日军的残酷统治下解放出来付出了惨重的代价，虎林人民永远不会忘记。

第二节　日军侵华罪证

虎林市域内侵华日军建筑遗迹

一、清河村日本开拓团酱菜厂

位于虎林市东城镇清河村三组村东2公里处的农田中，东距庆丰农场十八队4公里，南距方虎公路500米，西与复兴村和松树屯相邻，北为农田。遗址所在位置地势较平，酱菜厂的房屋建筑早已被辟为耕地，据史料记载，日本侵略东北后，1937年至1939年日本开拓团先后在这里建盖营房和酱菜食品加工厂。1945年8月，苏联挺进东北时，这里的所有建筑均毁于苏军的炮火。现仅存酱菜厂烟筒一座，该烟筒为砖混结构，呈正方形共4节并逐节缩小。第一节宽度为1.5米×1.45米，西侧底部有烟道口，宽度为0.38米×0.55米，第一节高3米，第2节高4.5米，第3节高3.5米，第4节高3米。现烟筒保存较完整。

虎林市清河村日本开拓团酱菜厂烟筒全景

二、清河村日本开拓团民房

位于清河村三队，该房为1937年日本移民60人来到清河村所建，该房东距开拓团酱菜厂烟筒50米，村路北侧路边。现存两个民房，砖木结构，其中一号房已残破废弃，长9.8米、宽6米、高3米，房为草盖，两面滚水。

虎林市清河村日本开拓团民房一号全景

三、虎头镇侵华日军船坞码头

遗址位于虎头镇虎头村东1公里的乌苏里江岸边上，东和南两面临乌苏里江，西临植物公园，北临虎头村。据史料记载，该码头于1934年4月由日本驻虎林的关东军修建。该码头建成后开通了虎林至富锦、虎林至哈尔滨的航船。原船码头长100米、宽6米至10米，可停靠两艘大型轮船。1938年日军重修码头，增加了泊位。同年，江边的火车站又铺设了铁路专用线通到船码头，使水陆运输连接在一起。

1945年8月苏军攻克虎头，将码头铁轨拆除。现码头江边遗留混凝土护坡一处，其护坡顶部与地面接平，全长20米、宽5米，水面上高约3.5米，护坡壁厚为0.6米。

虎林市虎头镇日军船坞码头全景

虎林市虎头镇日军船坞码头侧景

四、侵华日军虎头巨炮阵地

侵华日军虎头要塞41厘米榴弹炮炮塔遗址位于虎头镇侵华日军猛虎山遗址北山后山腰200米处，距虎头镇2.2公里。41厘米榴弹炮是日本“二战”期间制造的唯一一门亚洲最大火炮。1926年8月，由大阪炮兵工厂火炮第一工厂组装完毕，后运至虎头要塞进行装备。该炮身口径41厘米，全身长13.445米，炮身重量75 835公斤，高低射角-5°至75°度，方向射角360°，弹头重量1 000公斤，初速580米/秒，最大射程20 000米，该炮总重量348.385吨。该炮台呈半球状，天盖完全混凝土浇筑，炮台有主通道1个；另有4个房间。西侧资料库和掩蔽部，东侧弹药库和发电室房间，是为打击苏联伊曼河迂回铁路大桥、远东铁路而建。1945年8月9日凌晨，苏联远东第三十五集团军向虎头要塞发起全面进攻，负隅顽抗的日军于8月26日全部覆没。由于当年日苏虎头战役非常激烈，苏军动用大量的重型武器，使要塞地上地下主要军事设施大多被毁坏，现遗址表面散落大量巨大混凝土土块。苏军胜利后将巨炮运回国内。

侵华日军虎头巨炮阵地全景

侵华日军虎头巨炮阵地内景

五、火石山日军列车炮阵地

位于虎头镇以西30公里的火石山西北坡，南距方虎公路200

米，东距半站村7公里，西与庆丰农场七队毗邻，北侧为农田。遗址所在位置地势较高，四周为荒丘和山石。

在阵地火石山洞口东北方向30多米的地上，有一个混凝土结构的阵地看护工事。长10.65米、宽6米、高2.2米，该工事中间有一道墙，中间有门使两个房间相通。该房门西侧的房山墙上有两个长方形观察孔，孔长1.06米，高0.52米，工事西侧两房间各有一个门。工事现已废弃。

在列车炮阵地的看护工事东侧不远处原有一处日军修建的供水塔，后因采石将其挖掉。

在列车炮阵地的西南方向有一个山洞，这里原为日军列车炮中队的列车炮山洞库，在山洞口向西侧还可见到铁路引入线路基的地面形状。当时驻守虎头的第四国境守备队以火石山（日军人称“水克”）为基地，驻有一个列车炮中队，该列车炮原为东京湾富津海防要塞的备用火炮，口径24厘米，最大射程50公里，该列车炮中队由动力车、弹药车和兵员车组成，日军当时设想以列车炮为主，配以10厘米和15厘米口径的加农列车炮等直射弹道炮，对苏军进行攻击。原基地设在虎头，因其射程太远，且机动性很强，故西移至火石山。

该山洞深60米、宽5米、高4.6米，库门宽3米，洞体为混凝土结构，洞盖顶部有3个通风孔，后2个已被堵死，洞盖为0.7米厚的混凝土上面又加0.2米的红砖。最上面是浮土。洞门两侧有石头护坡，现库址保存较完好但已废弃，在洞底的尽头又向两侧分出两个方形条房间，左侧为横向，右侧为斜横向（见示意图），该列车炮在使用时从洞库中拉出，驶入虎林的火车道，不用时回到洞库内存放，该炮在苏军向东北日军进攻时被调走。

虎林市火石山日军列车炮山洞库入口

虎林市火石山日军列车炮山洞库内侧

六、宝山村日军供水泵站

位于宝东镇宝山村西北方向300米的较高土坡上，东距太阳村4公里，南距宝山村800米，西距八五〇农场六队2.5公里，北距平原村3公里。泵站所在地势较高，占地面积约250平方米，混凝土结构，正面宽9米、门宽1.8米、高2米、顶盖厚0.5米，上面有一个凸起的方形水泥台。库内宽8.9米、长19米、高2.7米。该库在新中国成立后由当地公安机关改为炸药库使用，后来闲置废弃。

虎林市宝山村日军供水泵站内侧

七、侵华日军太和村飞机场

位于宝东镇太和村南1.5公里处，东距正义村4公里，西距乐兴村2.7公里，北临铁路。该机场是1936年3月开始建造，原有两条1 500米的跑道，还有5座飞机燃料库（当地群众俗称飞机堡），飞机跑道已于早年被附近村民辟为耕地。5座飞机堡现只能见到3处，另2处已不存在。在村中的乡路西侧300米的水稻田中有两处，间距在百余米，在村路东侧路旁的一户村民家后院地中也有一处。这3处飞机堡均为混凝土结构，规格形状基本相同，呈半圆形倒扣锅底状，直径7米、高2.5米、壁厚0.2米，每个圆堡有一个方形门，高2.4米、宽1.7米、门洞长1.8米，圆堡顶部有方形通气孔。这3处机堡保存一般，堡内残土较多。

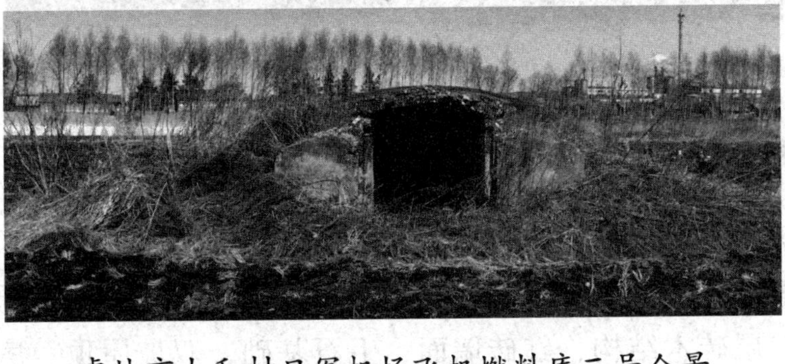

虎林市太和村日军机场飞机燃料库二号全景

虎林市太和村日军机场飞机燃料库三号全景

八、太山村日军高泽坦克部队遗址

位于太和村北2.5公里，东距联义村800米，南距太山村1公里，北距平原村2公里。1939年11月，日本关东军第十一师团，又称高泽坦克部队，有二三十辆坦克，该部是1941年调入，1944年春调走。现遗址南侧残存土墙，高约1米，宽4米，边上有水沟，土墙上现有8棵杨树。四周早已辟为耕地。

虎林市太山村侵华日军高泽坦克部队遗址由西向东图

九、西岗齿轮厂内日军牛岛满部队司令部

位于宝东镇西岗村北的西岗齿轮厂内，东临乌苏里江制药厂，南距虎林市政府500米，西距联义村和新义村2公里。旧址建筑为二层砖木结构，红砖墙面，毛石基础，双坡屋顶。房长37

米、宽15米、高9米，现为个人租赁的粮食加工厂。1939年日军第十一师团长为牛岛满少将，其司令部设在现在的西岗齿轮厂内。

虎林市西岗齿轮厂内日军牛岛满部队司令部全景

十、西岗村日军兵营

位于虎林镇西岗村东1公里，东临虎林市高中，南距方虎公路20米，西距虎林市政府办公楼20米，北面与乌苏里江制药厂毗邻。据史料记载，日本关东军第十一师团和虎林宪兵队进驻西岗。在这里建营房数栋，现在可见到的还有16栋。

这片房屋共有纵向房屋四排，第一排有8栋，其中日军房屋剩余4栋；第二排有8栋，日军房屋剩余6栋；第三排有7栋，日军房屋剩余3栋；第四排有日军房屋5栋，其余前后均为散居的平房。这片房屋全部为砖木结构，灰色砖铁皮盖，毛石基础。据当地居民讲原有房屋比现在还多，新中国成立后被拆掉很多。现除十号房外，其余全部住人。在第四排房的后侧有5栋红色砖的民房，每栋房长44.5米、宽5.5米、高2米，砖木结构铁皮盖，在屋顶中部有扁方形烟筒，现多数房盖已换成红瓦。

虎林市西岗村日军兵营建筑群第四排房的三号后侧

十一、虎林镇内伪警局

位于虎林镇经委家属楼北侧，其他三面均为居民区楼房，该建筑为二层砖木结构小楼，长45.5米、高12米、宽12米，整体采用横向三段式对称设计，呈楼长29米，楼两侧对称式的向前长出4米，向后长出3.8米，正面门有门厅宽5.6米，向前突出。在二层楼的上面又有一层高约4米的小三层。该建筑毛石基础，青水砖墙，门厅内侧有楼梯与上下相通，墙角砌筑出凹凸不平的隅石，檐口处作单层条状线脚，山墙上作锯齿状砖砌装饰，该房是虎林市标志性建筑之一。该建筑从民国3年（1914年）设为警察局，民国17年（1928年）改为公安局。伪满时初称警务局，1939年改警察本队，内设警务、特务、司法、保安、经理、警防和督查室、拘留所等。现址为虎林市群众文化馆。

虎林市内伪警局前侧

虎林市内伪警局后侧

十二、东方红林业局二岔管护站大木山日军工事

位于东方红林业局二岔管护站的五十号林班内，大木山西坡中部，东部为虎林境内的大木河，南为东方红湿地，再向南为乌苏里江，西和北全为茂密的林区。该工事为混凝土结构，

两侧有出口内部相同，两个出口相距4.3米，呈钝角的弯形。顶部距地面厚约0.5米，出口处残高1.8米，宽2米，小门宽1米，门外向前有延长2.3米的混凝土护墙，大木山高于四周的山区，在山上可瞭望四周。

虎林市东方红国有林管理局二岔管护站大木山日军工事近景

虎林市东方红国有林管理局二岔管护站大木山日军工事全景

十三、新风村日本开拓团供水泵站

位于新风村东南方向500米处，有砖混结构的供水泵站一处，泵房现已维修，房基为原址。该房长16.3米、宽5.8米。在泵房北侧1.5米有水泥砌注的水池一个，泵房有5个大口径的铁水管从泵房引出，向下弯曲对着水池。该水池为平面铁轨形（见图），最宽处为8.54米，池壁厚0.2米，池高2.55米，池底部有4个直径0.2米的水管孔，现已堵死。水池一段长为2.34米，二段长2.4米，三段长1.7米，四段长1.55米。水池的出口处与水渠相连，水渠高1.3米、宽4.5米，水渠出口的两侧有长约10米的石砌护坡。该遗址泵站原为日本开拓团引穆棱河水灌溉水稻用。

虎林市新风村日本开拓团供水泵站前景

十四、清河村日伪火车站房址

位于虎林市东城镇清河村西1公里，东距庆丰农场十八队8公里，南距庆丰农场八队5公里，西与庆丰农场相邻，北距方虎公路30米，公路北侧为清河村三队。据史料记载，1934年日本侵略者按计划修筑了林口至虎头的铁路，即林密铁路线，先期铁路修到密山，1936年3月开始向虎头修筑，到7月时路基竣工，1937年12月铁路正式通车。在虎林县境内由西向东共设了9个火车站，该清河村的站叫仙鹤站，多为当地开拓团使用。在现在的公路边松树林中，残余房址两处，靠公路一侧这处房基长22.4米、宽6.4米、残基高0.5米，残基为砖混结构，该房址为一号。

虎林市清河村日伪火车站房址二号房基

十五、富国村日军飞机场

位于杨岗镇富国村四队北侧2.5公里的农田漫岗中，东距八五〇农场场部8公里，西与永信村相邻，北距方虎路500米。据史料记载：该机场于1936年修建，筑有两条南北向飞机跑道，为混凝土浇筑，长约1 500米，宽80米，机场跑道早已改为农田。现只残存飞机堡基础一处，混凝土结构，直径7米，地面构造已不存在。

虎林市富国村日军飞机场近景

十六、新建村石头河水库

位于杨岗镇六人班村西北3公里，东距石头河500米，西距离富国村5公里，北临东虎林山，现水库南侧紧邻新建的月亮岛水上公园。现水库坝面宽6米，已用水泥块铺设，坝面全长565米，坝高8米，方位偏西北329°，水库坝面外侧边缘距坝底边19.6米。

虎林市新建村石头河日伪水库坝面

虎林市新建村石头河日伪水库坝外

水库是1943年由日本满拓株式会社经营，大仓土木施工，利用当地现有的自然条件修建，工期为3年，至1945年春完工。共建成一座水坝、侧槽溢洪道、斜卧拉管放水闸门三大配套设施的中型水库。蓄水量为1 100万立方米，该水库除蓄水功能外，日军还将其作为舟桥和舰艇部队的水上训练基地。该水库现继续使用。

十七、侵华日军虎头要塞

位于虎头镇西北侧的山地中，南距虎头镇2公里，该要塞是日军于1934年，为防苏联进攻而修筑的边境军事要塞，于1939年春基本完工，在要塞修筑中强迫征用数十万中国劳工，并动用数亿资金，历时6年建成。整个要塞群西起火石山，东至乌苏里江边，南至偏脸子山，北至虎北山，它由猛虎山主阵地、虎东山前沿阵地、虎北山侧翼阵地、虎西山、虎啸山后援阵地及军用机场和大型火炮阵地组成。各阵地由地上设施和地下设施构成，隧道掘深30至40米，宽高各3至4米，结构复杂，设施完备，有指挥所，弹药库，燃料库、兵舍、将校舍、医务所、伙房、浴池、厕所、上下水道及水井，建筑材料为钢筋混凝土。

现已将虎东山的地下工事通道清理出600余米长，房间20间，将遗址建成日军虎头要塞博物馆。虎头要塞是日军在东北17个要塞之一。它已成为世界“二战”终结地，成为著名的红色教育基地和旅游景点。

虎林市侵华日军虎头要塞遗址外景

第三节　纪念场馆

一、侵华日军虎头要塞遗址博物馆

侵华日军虎头要塞遗址博物馆位于黑龙江省虎林市虎头镇虎

东山。虎头要塞是侵华日军为了长期霸占中国并进攻苏联于1934年至1939年6年间，强迫数十万中国劳工秘密修筑的永久性军事工事。要塞正面宽12公里，纵深30公里，由虎东山前沿阵地、虎北山侧翼阵地、猛虎山主阵地、虎西山、虎啸山后援阵地构成。地上军用机场、大型火炮阵地密布；地下结构复杂，设施完备，工程浩大，有“东方马其诺防线”之称。1945年8月9日，苏军出兵东北，8月15日日军投降，但虎头要塞守军拒降，战至8月26日结束。故虎头要塞成为第二次世界大战终结地。

虎林市侵华日军虎头要塞遗址内景

博物馆分为两层展厅，一展厅主要展出东北沦陷、日伪统治下的虎头镇、虎头要塞概貌、虎头烽火，二展厅展出劳工的血和泪、虎头要塞之战、历史呼唤和平。展品有侵华日军和苏联红军当时使用的枪支弹药、衣物、相关资料和图片等。

二、第二次世界大战终结地纪念园

第二次世界大战终结地纪念园位于黑龙江省虎林市虎头旅游名镇镇区北隅，坐落在虎头要塞主阵地——中猛虎山山顶。纪念园位置曾是侵华日军虎头要塞指挥部所在地，也是当年苏联红军攻克虎头要塞之战中，战斗最惨烈、攻坚时间最长、牺牲人员和消灭日军最多的地方。为纪念在世界反法西斯斗争中牺牲的5 000万人民，从2009年起，虎林市先后出资560万元，修建了第二次世界大战终结地纪念园。

第四节　纪念碑

一、虎头“二战”终结地纪念碑

第二次世界大战终结地纪念碑，坐落于第二次世界大战终结地纪念园内。纪念碑高21米，象征21世纪。整个碑体分四部分、五项内容，象征1945年。

碑基座部分占地324平方米，基座高5米，象征中华民族五千年的文明积淀。基座四周建有15级踏步和8面护栏，寓意为1945年8月15日，日本帝国主义投降。基座两侧刻有两组分别反映苏联红军攻克虎头要塞和世界人民反抗法西斯战争场面的浮雕。正面是中英文碑文，记述了“二战”的简要过程。后侧两个车轮状构件，象征着战争的车轮被正义的力量阻挡在中国虎头，“二战”战车在此止步，第二次世界大战在此落下帷幕。

虎头第二次世界大战终结地纪念碑

纪念碑顶部铜像部分高5米，由一个傲然挺立的和平少女手托和平鸽仰望蓝天的锻铜塑像组成，和平少女周围有4只鸽子自由飞翔在彩带之中，象征着中国和世界人民向往和平的美好愿望。

二、虎头苏联红军纪念碑（俗称小白塔）

虎头苏联红军纪念碑

虎头，位于黑龙江省虎林市境内，隔乌苏里江与俄罗斯相望。境内建有日本侵占中国东北后在中苏边境一带修筑的军事要塞群中最重要的军事要塞之一——虎头要塞。1945年8月8日，苏联对日宣战。8月9日零时左右，苏联远东第一方面军第三十五集团军对虎头日军发起迅猛的炮击，并强渡乌苏里江，历经18天激战，最终解放虎头。

虎头战役结束后的1945年10月，由苏联驻军设计和指挥，当地居民出工，建成虎头苏联红军纪念碑，俗称“小白塔”。碑高9.7米，上窄下宽，银白色的塔尖上缀有镰刀、斧头相辉映的红五星，四周10根水泥柱，铁链环绕为栏，铸铜板上有俄语碑文，大意是：“光荣归于苏联斯大林元帅。远东第一方面军，摧毁防区，驱逐日寇，解放虎头纪念，1945年8月。”

第五节　抗联英烈

一、英烈事迹

民族英雄陈荣久

陈荣久（1900—1937年）出生于黑龙江省宁安县东京城三家子村的一个雇农之家，因家境贫寒，仅读过两三年书。1927年因生活所迫，在张学良部队当兵。1931年，日本帝国主义积极作吞并东北的准备，为反日救国，到东北军二十一混成旅骑兵二营七连当兵。“九一八”事变后，目睹日军烧杀抢掠的残暴罪行，他率领士兵起义，投奔抗日救国军，先后在穆棱、海林、宁安、饶河、虎林等地活动，曾多次与日军交战，打击了敌人的嚣张气焰。1933年2月，率部到宁安参加共产党人李延禄创建的抗日救国游击军。李见其忠诚，且爱兵如手足，从无苟贪，有将帅才，值得信赖，亲自介绍其加入中国共产党，擢升为军部副官。曾参加和指挥二道沟子、东京城、马莲沟等多次战斗。

陈荣久

1937年3月2日，时任抗联七军军长的陈荣久，集结全军300多人在屏岭山西北狐仙堂开会，部署工作，被特务告密。3月6日，日本参事官大穗久雄亲率日伪军400多人来攻。陈荣久闻讯后，即在天津班屏岭山各隘口布置阵地加以阻击，诱敌深入，前后夹击，敌人惨败。此役击毙大穗久雄及伪军团副马元勋以下30余人。打扫战场时，陈荣久率队收缴敌枪，不料被负伤卧仆于爬犁侧畔的日本兵开枪击中胸部，当即牺牲。时年37岁。

忠魂铁骨景乐亭

景乐亭（1903—1940年），山东章丘人，中共党员。幼年家贫，十二岁学铁匠，后到东北参加奉军。1931年“九一八”事变后，任东北民众救国军营长，率部奋起抗日。1934年参加中共饶河中心县委领导的农工义勇军，1934年1月28日，同东北抗日救国军一道强攻虎林县城，他所领导的一旅一营曾突破敌人防线，与特务营一道，深入县城中心区，苦战1天，消灭大量日伪军，后因众寡悬殊，奉命撤出战斗。当高玉山领导的救国军退出苏联境内后，景乐亭率部仍留在虎饶地区坚持抗日斗争。1935年出任中国共产党领导的东北反日联合军第五军团长。1936年4月，任东北人民革命军第四军二师副官，同年11月任东北抗日联军第七军三师师长。1937年春季，李学福和景乐亭率一师和三师到同江、富锦活动，争取当地山林队，建立了联合反日指挥部，并在大旗杆、同小井子、卧虎井子、对青山、前六牌、二龙山、小九家、虎市拾克、别拉印子山广泛开展游击活动。同时化整为零做群众工作，积蓄力量，准备给养，时而集中兵力打击敌人，消灭敌人的有生力量。在当地群众的紧密配合下，还积极争取伪军哗变，动员群众参军参战，不断壮大队伍。为镇压汉奸的卖国活动，公开在富锦处死土豪左殿生，大大鼓舞了当地群众的抗日情绪。5月5日，李学福、景乐亭率300多名战士到二龙山第三牌，为掩护伪军连哗变时，与500余日伪军遭遇，激战五六个小时，击毙50余敌人，抗日联军牺牲10人，受伤6人。这次接应虽未成功，但后来仍有20余名伪军哗变，携带40余支枪投靠抗日联军。6月，当他们率领600余名战士，从富锦到二道井子时，与

景乐亭

日军小滨司令所带的900余名日伪军相遇。敌人动用了骑兵、步兵和坦克，但由于抗日联军四周都是沼泽地，敌军骑兵、坦克施展不开，无法靠近。当敌步兵逼近抗日联军阵地40至50米时，景乐亭指挥战士利用有利地形猛烈反击，击退了敌人多次进攻。经过1天激战，击毙敌150余人，抗日联军牺牲10余人。在这次战斗中，当地群众冒着枪林弹雨给战士们送饭、送水、救护伤员，同仇敌忾。此后，抗日联军化整为零，组织若干小部队，深入敌后，扰乱敌人，争取伪军哗变，组织群众抗日，收到良好的效果。有一次，住在同江二龙山南苏家店反日会员马玉良给抗日联军送信，报告同江二龙山驻有日军1个连，当地人民群众盼望除掉这些害人虫。于是抗日联军派10多名战士，身着便衣，潜入该地突袭敌人，打死日军20余人。

1937年入冬结冰后，同江、富锦一带的沼泽地已失去屏障作用，李学福、景乐亭率领一师、三师离开该地，返回虎饶山区，避开大批敌人进攻。

1937年12月，景乐亭任下江特委委员，继续担任七军三师师长。

1938年初，根据抗联七军军部决定，三师师长景乐亭、副师长云鹤英和政治部主任刘廷仲率三师奔赴宝清开展游击活动。此时敌人正派重兵在宝清向抗日联军进行围攻，给抗日联军开展游击战争带来相当困难。1938年4月26日，为避免损失，景乐亭率三师返回挠力河以南，一方面准备给养，侦察敌情，一方面等待有利时机与抗联五军三师会合，共同抗敌。6月17日，七军三师和五军三师在宝清东南会合。他们坚持灵活机动的战术，袭击了中兴堡警察署，缴获该警察署的全部武装，获得大小枪支30余支。接着他们转战到宝清第三四区，破坏了一些敌人的集团部落，解决了部分给养。

七军三师和五军三师在宝清2个月的共同战斗，先后在双鸭子煤矿、韩家木营和梭利河岸等处，与敌遭遇受了一些损失。为保存力量，七军三师政治部主任刘廷仲率部分队伍转战三人班、独木河、代照砬子、蛤蟆通河以南地区，着手建立密营。七军三师师长景乐亭和五军三师师长李文彬率80余名骑兵携带2挺机枪，于8月23日赴大旗杆，其余部队随后转移。部队到大旗杆以后，景乐亭率七军三师转战燕窝岛，着手准备部队冬季给养。

1939年3月，景乐亭任七军党特委常委，代理七军军长。在东北抗日游击战争处于异常艰苦的环境中，景乐亭率领七军在饶河、虎林、富锦、同江、抚远等地坚持斗争，在群众中有广泛的影响，是抗日联军高级将领之一。1940年3月7日，于小木河被抗联二路军“以企图判降，在内部结成反革命小团体罪”处以死刑，时年37岁。

1993年10月，经黑龙江省委党史研究室与东北烈士纪念馆联合考察，结论为“经查档案资料，当时的罪名是不存在的，系因未弄清事实，仓促决定造成的，属内部误杀，因此，应承认景乐亭同志为革命烈士”。

景乐亭同志参加革命，在黑龙江坚持抗日达10年，最后牺牲在虎林小木河。为此，东北抗联老战士、原黑龙江省省长陈雷同志指示烈士基金会为景乐亭立碑，恢复名誉，永志纪念。

忠心赤胆徐凤山

徐凤山，朝鲜族，原名金世日（又名李阳春），珠河县乌吉密人。早年参加革命，曾被张学良逮捕，出狱后同朴京玉去哈尔滨，后到饶河。1930年与朴元彬、崔一山、黄哲云、崔石泉等朝鲜族人在饶河进行建党工作。1930年3月为中共饶河县委员。1931年3月为中共饶河中心县委委员、饶河区委书记。1933年2月，为中共饶河县委书记。经常带领毕于民、黄太浩、金昌龙、沈金淑（女）往来于四方林子、兴隆一带开展抗日活动，组织反日会，并进行建党工作。1935年兼任饶河反日会总会长。1936年3月中共饶河中心县委改下江特委时任特委常委、组织部长。

1936年11月，任中共虎林县委书记，兼虎林县反日会会长。为虎林党的建设和发动群众进行抗日救国活动，做了大量艰苦细致的工作。当时，虎林党的组织发展到2个区委，11个党支部，57名党员。并相应地建立了反日会、妇女会、共青团等组织。通过这些组织，发动该县抗日革命群众，为抗日军送军粮、送信、捐款、带路、代购医药和服装，动员青年参加抗日队伍等。徐凤山爱人金明淑在县委做妇女工作。

1938年6月，为中共抗联第七军特委委员。1939年6月，以派争的借口，被七军政治部主任郑鲁岩（后为叛徒）指使人杀害。

舍生取义李一平

李一平

李一平（1910—1939年），朝鲜族，1910年出生在朝鲜咸境南道洪源郡龙云面。日本侵略者吞并朝鲜后，他不堪忍受异国统治者的高压重税，于1920年8月随同父母来到中国吉林省汪清县北蛤蟆塘落户。

1926年，李一平考入龙井县大成中学读书。这个学校有不少教师倾向革命。常向学生宣传进步思想，介绍进步读物。李一平视野开阔起来，他很快参加了学校的革命活动，成为活跃分子。

1928年秋，李一平和两个好友一起离开家乡，在宁安、密山、宝清一带以当教员作掩护，从事革命活动。先后除掉了汪清县一个亲日反动地主和北蛤蟆塘警察署一个作恶多端的警察。

1931年，李一平加入中国共产党，被派到抚远县做青年团工作。“九一八”事变后，党组织又派李一平到饶河、虎林一带组织群众开展反日活动，李一平任县委委员。为了建立一支抗日武装，县委指示，李一平与崔石泉共同负责在饶河县三义屯办一所游击队士官学校，训练几十名进步青年，后来这些青年中的绝大部分都成为抗日游击队的骨干力量。

1934年经组织同意，李一平化名李昌海参加了反动的“民会”组织，担任了“民会”的文书。他利用这一公开的身份，积极开展革命工作。他为游击队搞了大量情报，筹集了不少给养。他还利用发放“民会”证的机会，给地下党的游击队员办了许多会员证，为抗日游击队活动提供了方便。同年4月，成立虎林区委，任区委书记。1936年7月成立中共虎林县委，任县委书记。

1936年11月，东北人民革命军四军二师扩编成东北抗日联军第七军，李一平从地方调入部队，任七军三师政治部主任。

1938年2月，李一平被派到七军补充团任团长兼政委。李一平到补充团后十分注重抓思想工作，亲自为干部、战士上政治、文化课，教唱革命歌曲，讲解阶级压迫的道理，宣传革命的远景，使战士始终保持革命信念和乐观主义精神。严格部队纪律，关心体贴同志，深受干部战士爱戴和信任。

1939年初夏，部队在山里救活了两个奄奄一息的劳工，通过他们了解到：敌人从关里抓来很多劳工，正在虎林黑嘴子西北5至6里处修建地下军火库，工地上除有一支装备精良的守备部队，还有一支警察分队。根据这个情况，李一平和三师政治部主任季青、九团团长刘学悦、政委姜信太反复研究后，决定攻打工地。第二天午夜，大部队包围了敌人驻地，迅速消灭了守卫部队。接出近200名劳工，让他们打开仓库每人扛1袋面粉进山。黑嘴子敌人闻讯赶来遭抗日联军伏击，消灭守敌30余名，伪警察18名，击毙追击敌人10余名，还打死了1名日本指挥官。接应出来的劳工编进了各部队，补充团增加了70余名新兵。这次战斗后敌人惊恐万状，连夜拍发电报，请求支援。

同年秋，敌人大部队围攻堵截，部队断粮、断水，只好分散活动。这时，李一平病倒，部队派一位姓曹的连长将他护送到阿布沁河口一个老猎户窝棚里养病。一天，敌人一股“讨伐”队途经此处，由于狗叫暴露了目标。李一平把老猎户推出窝棚，命他赶快撤离，自己和曹连长退到林中一块石砬子后阻击敌人。他们临危不惧，沉着迎战，先后击毙12名敌人，但终因敌我力量过于悬殊，最后光荣牺牲。时年29岁。

抗联神枪张文偕

张文偕（1907—1934年）山东掖县人。青年时期他接受革命思想熏陶，思想日趋成熟，很快加入了中国共产党。之后，党组织送他到苏联学习。

张文偕

1933年6月，从苏联回国后，党组织派他以东北人民革命军第四军政委的身份去游击队帮助工作，后任饶河反日游击队大队长。

张文偕到游击队后，了解到游击队同救国军之间在联合过程中曾经发生过冲突，便根据党中央《给满洲各级党部及全体党员的信》（“一·二六指示信”）中实行反日民族统一战线的指示精神，他和游击队其他领导总结了游击队同救国军在联合中的经验教训，制定了“积极宣传稳妥联合”的方针，经过努力，使饶河反日游击队的武装力量有了很大发展，为进一步扩大抗日武装奠定了基础。

反日民族统一战线工作的加强，团结了各种反日力量，打开了新的斗争局面。1934年2月25日，张文偕率领队伍冒着大雪在饶河一带活动。队伍至十八垧地，突然与200多敌人遭遇。张文偕仔细分析了敌我双方的兵力和周围的地形，命令队伍迅速占领制高点，集中火力打击敌人。张文偕枪法极准，指哪打哪，弹无虚发。在他的指挥下，战士们英勇杀敌，经过5个多小时的战斗，打死打伤敌人30多人，游击队取得了以少胜多的胜利。紧接着又打垮了鱼肉百姓、认贼作父、极力破坏抗日斗争的苑福堂走狗队和攻打小佳河、小西山等走狗队。战士们称赞张文偕有勇有谋，夸他是“神枪手”。

1934年8月28日，张文偕率领游击队和“山林队”攻打虎林三人班的敌人。晚上，按计划队伍分3路进攻，因为雨大天冷，没能按时在预定地点会合，队伍只好在三人班附近一个窝棚周围宿营。由于山林队暴露了目标，被大批敌人包围，如不立即撤出就有全军覆灭的危险。张文偕当机立断，命令部队：“我在这里顶住，你们快撤！”同志们怀着沉重的心情安全撤出包围后，张文偕却在狙击中壮烈牺牲。时年29岁。

传奇英雄毕于民

毕于民（1909—1938年），原名刘振东，1909年生于山东省莱芜县雪野庄农民家里。1929年在莱芜县中学毕业后，来虎林县倒木沟（今虎林境内八五八农场场部所在地）寻亲，与母亲在一起务农。1931年“九一八”事变，高玉山组织了依兰镇守使管辖区域战时自卫团第九大队，毕于民出于爱国热忱，参加了这个部队。中共饶河中心县委曾派党员深入高玉山部做地下工作，毕于民在这时光荣地参加了中国共产党，后又参加到中共饶河中心县委领导的饶河农工义勇军。

饶河中心县委因毕于民对虎林情况熟悉，派他和于华南到虎林县沿乌苏里江一带的偏僻山村开展党建活动。经过他的努力，1933年3月在九牌（今东诚乡仁爱村）秘密发展3名党员。同年4月正式成立了九牌中共党支部（虎林的第一个党支部）。1934年3月成立中共虎林区委时，任区委委员。1936年11月，东北人民革命军第四军第二师扩编为抗日联军第七军时，任军部副官长。1938年春成立抗联第七军虎林办事处（驻屯顶子）任主任和独立团（后改补充团）政委，负责虎林地方党和军队以及军需供应等工作。

他来虎林首先抓的第一项工作就是选择易于开辟工作的地方，向群众宣传抗日道理，组织反满抗日救国会、妇女救国会，进而发展中国共产党、共产主义青年团组织。九牌党支部成立后，他又去四方林子、倒木沟等地发展11个党支部和一些抗日群团组织。很多党团员都是他亲自发展的。依靠这些组织在虎林县开辟抗日工作。他经常往来于这些地方，传达党的指示，布置工作。紧紧地与这些地方组织和群众打成一片，所以能在敌伪统治势力较强的地区，完成了一个又一个党所交给的任务，并把这些地点建成了军需供应基地和通讯联系点。

根据党的统战政策抓了山林队的联合。在“九一八”事变后，虎林有不少报字号的山林队。他们不甘心于日本帝国主义的压迫，一帮一伙地散于山林之中，时而进行一些抢劫活动。1935年后，毕于民根据中心县委指示，对他们进行联合活动。他大胆地深入到“九江”“长占”“七省”等山林队中，一个队一个队地开展抗日宣传，其中有些人表现握枪欲发之势。他看到后，面不改色地说："你们应该把枪口对准日本侵略者，那才是好样的！"持枪人听到后将枪撂下，毕继续进行宣传，终于将其争取过来。收编不久，"中央""七省""长占"三个山林队，仍违反纪律，在群众中进行"绑票"，把人圈在四道亮子不放，群众反映很坏。为了挽回影响，毕于民在1938年6月，带人前去，并带慰问品和部分金钱。为防止意外，采取巧妙的办法先缴了枪，然后进行教育，绝大多数认识到这样做不对，把抓来的人放了。毕即把武器归还他们，进行了整顿。唯有"中央队"头子刘廷春，系伪军连长出身，一贯坚持反动立场，在整顿时他外出了。在回归途中闻讯，急忙赶回四道亮子，见面就骂，怎么教育也不行，甚至掏枪动武，被当场击毙。从此，这些队伍加强了革命纪律，团结一致，共同抗日。

毕于民还大胆机警地深入到伪军、警察中去争取爱国军警的工作。先后争取了3个警佐级的警察署长，如独木河口署长张旭武、倒木沟署长刘日宣、黄耀亭。独木河口署长张旭武，自争取后，从1935年4月即向抗日队伍提供情报，一直坚持到1940年整个情报组织被破坏，张旭武被捕遭敌人杀害为止。倒木沟11名警察在刘、黄的影响下，全为地下党工作。倒木沟有50至60名伪骑兵，经过毕于民不断地进行爱国主义教育，使其不愿再为敌人卖命，借连长到阿城上军校之际，全部反正。驻黑嘴子（今虎林镇）的伪军1个团到山里"讨伐"，先派人给毕于民送信，使抗联队伍预先有准备。有一次，毕于民患感冒在毕家大院休息，突然来了伪军"讨伐"队，他立即躲进屋里蒙大被发汗。这时，一伪军营长领兵闯进来，毕于民毫不惊慌地说："你要是中国人就放我走，不是中国人就把我送给日本侵略者领赏去！"伪营长当即问："你是谁？"毕于民就将名字告诉他。伪营长听后吓了一跳乖乖地走了。

当时，虎林抗联队伍的军需，多由毕于民负责筹划。他在虎林人民群众中的威望很高，只要当地党组织和基本群众，接到他个人写的条子，立刻就准备粮食、布匹，棉衣、鞋、帽、油、盐、药品，甚至枪支、弹药等，通过人扛、马拉送上山去，以供应队伍的需要。后来归了大屯子（集团部落），给抗日联军与人民群众的联系增加了困难，使军需发生了问题。在这种情况下，毕于民1938年春，在秃顶子密营里，修盖了能容纳200至300人的地窨子，种了几十垧地的玉米，以防不测。即便这样，他与山下群众的联系也没有中断。各级党组织看到他写的条子后，也都冒着生命危险，把粮食藏在粪车底下，瞒过岗哨运出村外，交给山里来的人。

毕于民威震敌胆，敌人贴出告示悬赏，谁要抓到毕于民，赏国币1万元，伪军警垂涎，都想发这笔意外大财。毕于民根本没有怕，照样往来于各革命据点。一次到黑嘴子被警察认出，他一看不好，正巧来了一个算命先生，即将算卦的搭子借过来搭在身上，拿过草帽戴在头上，从容而去。又一次进街遇到伪军，被追赶得无路可走，进了一个岗楼，打死站岗的警察，换上衣服脱险。有一次进街被一个骑马的日本警察发现，向他要居住证明书，他借掏证明书机会，猛一下子把日本警察搂下马，顺势骑马向东驰去。行至砖窑藏在砖坯里，用泥抹黑了脸。装作托坯的样子。追赶的敌人过来问：“骑马的人哪里去了？”毕于民指向跑着的马说：“人的那边去了。”敌人便向马跑的方向追去，毕于民趁机脱险。还有一次从黑嘴子回来，走到刘麻子店，见有6辆日本军车陷在雪里不能走，他便机智地过去帮他们挖雪。日本兵还说：“你这个苦力大大的好。”毕于民趁机高兴地走了。再有一次，毕于民被特务堵在屋里，他很机警，撸子枪隔着裤兜朝敌人开火，把特务击毙，得以安全脱险。

毕于民在残酷和险恶的抗日战争中，出色地完成了各项任务，从未遭到任何伤害。但不幸的是1938年9月中旬，正当毕于民为党积极工作的时候，第七军政治部主任郑鲁岩（后成为叛徒，被处决）给他强加上“与军部闹独立性”的罪名，指使人以军部开会为名，骗至饶河途中枪杀，年仅30岁。毕于民被害后，部下无不痛哭，百姓念念不忘。

精忠报国金品三

金品三（1908—1940年），原名金万钟，字二三（参加革命时叫金品三），1908年生于辽宁省昌图县宝力镇三合堡的一个富农家庭。10岁开始在本村私塾读书，11岁入本村公立小学，13岁考入昌图县天齐庙高级小学，15岁入奉天（沈阳）第四中学，21岁考入奉天东北大学。

金品三

1931年“九一八”事变后，日军占领沈阳，到处抓反日的大学生。金品三也不得不离开学校，回到故乡三合堡。

金品三回到故乡后，总感到在家里待着毕竟不是长远之计，迟早是要受日军杀害，便背着父亲和三个哥哥，在1931年冬和1933年夏两次进关准备参加抗日活动，但由于检查严格，均未实现。金品三每次进关，都有五弟金万义给他准备干粮和金钱。因为金万义最小，跟父亲和哥哥要钱都给。他们给金万义后，金万义都交给金品三。

他两次进关未成，金万义就问他：“听说黑龙江也有抗日组织，何不去那？”1935年农历二月二十二，金品三突然告诉五弟，我准备去黑龙江，此事千万不要告诉父亲和哥哥。他五弟问：“你去后何时回来？”金品三说：“不一定。”他五弟问："嫂子怎么办？"金品三说："你要好好照管，要把你的大儿子过继给我，使你嫂子不至于太孤独。"金品三当晚带着他分得的家产（20两银子），五弟金万义又将他分得的10两银子也交给了金品三。金品三舍妻抛子，远离故乡，投身于抗日救国事业。

金品三到富锦县花马村同乡孙刚子家居住，参加了当地反日会，从事宣传工作。参加中国共产党后，就到虎林、饶河一带进行革命活动。

1936年7月，金品三被选为中共虎林县委委员。1938年1月，任抗联七军三师政治部主任。同年农历九月二十在下江党委扩大会议上又被选为第七军特委书记。1939年春任七军教导团政治委员。同年初夏，金品三率领60至70人向后方送粮食，当走到抚远县杨木林子东，遇30至40名敌人截击。金品三便组织部队边打边退，巧妙地摆脱了敌人，胜利地完成了送粮任务。

同年夏，教导团改为教导大队，金品三继续任政委。

1940年初，抗联的活动更加困难。为了解决给养，教导大队长崔勇进和金品三带领30多人去虎林独木河搞粮食。由于敌人事先探知消息，部队到独木河北山宿营时，敌人从四面围攻上来包抄。当岗哨发现敌人向队长报告时，敌人已上了山。金品三就在组织部队撤退时，被敌人的子弹打伤，行动困难，又被敌人军犬扯倒，光荣牺牲。残酷的敌人，为了镇压人民群众的反抗，将金品三割头"示众"。

智勇双全金文亨

金文亨（1902—1934年），又名金昌义，1902年农历十二月二十八出生于朝鲜咸境北道明川郡。日本帝国主义侵占朝鲜后，金文亨随父亲逃到吉林省珲春县，后又迁居富锦、宝清等县。1911年开始入梧桐河小学读书，1917年在宝清县大河镇高小毕业。毕业后跟父亲在家种地。金文亨自幼离开故乡，流离失所，对日本法西斯无比憎恨，同时，又受到共产主义思想影响，于1930年参加了反日会组织，进行反日宣传工作。1932年4月光荣地加入中国共产党。当时金文亨父亲是饶河大别拉坑的屯长，思想落后，阻止金文亨参加这一先进组织。但是，金文亨由于受到党的培养教育，进一步认清了日本法西斯的残忍，只有组织起来，团结起来，才能取得抗日战争彻底胜利的道理。因此在1932年10月，他不顾家父的百般阻挠，终于脱离家庭，投身革命，参加了秘密的反日武装组织特务队。这个组织开始只有6人组成，以崔石泉、金文亨为领导，仅有1支手枪。当时的任务，主要是教育群众，组织群众，肃清走狗，夺取武器，为创建游击队组织做准备。经过短期的宣传和组织工作，群众的反日斗争情绪受到激发，部分进步青年被引向抗日斗争的道路。到1933年4月，这支武装队伍有了很大发展，武器已由1支枪增加到40余支，人员亦扩大到40多人。为了培养和训练游击队人员，根据饶河中心县委决定，于1933年5月在三义屯建立了军政训练班（士官学校），金文亨任大队长。训练班建成后，金文亨组织一部分力量，领导城镇的群众反奸细斗争；一部分力量转移到农村，以便进行发动和组织农民反日运动。在金文亨等同志的影响和鼓舞下，大批的农村青年逐渐向党的组织靠近，广大的群众亦给予训练班积极的支持和援助。

1933年7月，在饶河大叶子沟插旗宣誓，正式成立了饶河工农兵反日游击队，金文亨任政治部主任。游击队建立后，在三义屯和独木河一带活动。为了共同抗击日本侵略者，1933年10月同救国军进行联合，饶河工农兵反日游击队编为东北国民救国军第一旅特务营。金文亨为营长，这时队员已增加到百余人。由于特务营以增加的模范行动和每次取得作战成绩影响救国军，使救国军士兵对特务营也有了初步了解。1933年12月7日，金文亨率领70余名队员，到虎林县附近袭击日军大走狗于保董（大排队），击毙日本军官1名和于大走狗，获得70余支枪和大批粮食物资。金文亨用缴获的物资帮助了救国军，获救国军更大信任。

1934年1月28日，特务营和救国军一旅一营担任主攻部队，与其他救国军共同攻打虎林县城（今虎头）。由于特务营人员战斗勇猛，誓死抗击日本侵略者，三连直取日军司令部，击毙日本官兵20余名，并夺取了5挺重机枪、1挺轻机枪和一部分步枪，一连已占县城北部。正当一举即成之际，敌人上来援兵，溃散之敌，乘机反扑，这时已形成敌众我寡四面被围之势。金文亨仍奋不顾身地指挥战斗，特务营英勇奋战，打击日军和伪军。不幸的是金文亨在指挥战斗时，手和腿负了重伤。突围后将金文亨送往苏联伊曼治疗，后因伤重牺牲。

威震敌胆刘廷仲

刘廷仲（1904—1939年）山东省黄县人，生于1904年。因家庭贫寒，自幼流落到东北饶河县，给地主扛活。1935年参加东北人民革命军四军四团，历任连指导员、团政委、师政治部主任。1938年1月，被选为下江特委执委委员。同年，他率领七军三师与五军三师联合，以宝清东部为中心开展游击活动。在这期间，他与五军姜信泰率队到双鸭山韩家木营开展工作。后来根据吉东省委和二路军指挥部指示，在哈麻道河、三不管、三人班、大王砬子等地建立密营，储备粮食，为东北人民革命军解决了冬季给养困难。

1939年1月23日，在大王砬子（今七里沁河下游以南山区）与日伪军教导团二连遭遇，与敌顽强作战，击毙敌军40余人。战斗中刘廷仲不幸中弹牺牲，时年35岁。

南征北战王汝起

王汝起

王汝起（1905—1940），又名王坚，1905年生，山东省黄县人。1923年随父逃荒到黑龙江省宁安县。1932年秋，组织红枪会，缴夺本村自卫团枪支，打击日军。1933年率红枪会会众500余人加入救国军第三旅，任第八团团长，率部在宁安、敦化、额木等地对日作战。1934年率队加入中国共产党领导的绥宁反日同盟军。1935年任东北抗日联军第五军第一师第三团团长。同年加入中国共产党。1937年任东北抗日联军第五军第二师副师长。1938年任抗联第七军第一师师长。1939年3月，被选为第七军党委候补委员。后率第一师主力挺进抚远、同江，沿途攻击敌警察所、交通船、据点等，歼敌100余人，缴枪甚多。

1940年任东北抗联第二路军第二支队队长，同年5月21日，率60余名战士在大岱河金家店秃山头伏击日伪军运粮队时牺牲，时年35岁。

二、抗日志士

抗日志士周保中

周保中，1902年2月7日出生，白族，云南省大理县人。原名奚李元，字绍黄。1917年至1923年在云南陆军、护国军、靖国军服役，曾任中士、上士、准尉司务长、少尉排长、中尉代理连长。1923年春入云南陆军讲武堂第17期工兵科军官班，1924年毕业。继任国民军连长、营长。1926年参加国民革命军第六军随军出师北伐，任营长、团长、副师长。1927年7月加入中国共产党。1928年5月抵上海于中共中央军委工作。同年赴苏联学习军事，1931年9月回国。不久被派到东北历任中共满洲省委军委书记、吉林救国军总部总参议、绥宁反日同盟军联合办事处主任、军事委员会主席、东北反日联合军第五军军长、抗日联军第五军军长、东北抗日联军第二路军总指挥兼政委、中共吉东省委执行部主席、书记、东北抗联教导旅旅长、苏联红军长春卫戍司令部副司令、东北人民自卫军总司令、中共东北党委员会书记兼长春地区委员会书记、东北民主联军副司令兼东满军区司令。吉林省政府主席、东北军区副司令兼吉林军区司令。

周保中

1932年1月到1946年的14年中，周保中作为东北抗联著名的军事指挥者和卓越的主要领导人之一，沉重打击了日本侵略者的嚣张气焰。1931年“九一八”事变后，任中共满洲省委军委书记，组织领导武装斗争。1932年7月，为了联合东北救国军一致抗日，他只身到救国军前方指挥部，并取得了王德林的信任，担任了该军的参谋长。他参与救国军的领导和策划，率领队伍先后攻克了东京城、安图、敦化和宁安等地，取得了辉煌战果。

1934年2月，领导组建绥宁反日同盟军，任军事委员会主席，率部在宁安地区开展游击活动。1935年后历任东北反日联合军第五军军长、东北抗日联军第五军军长，领导创建绥宁抗日游击根据地，指挥大盘道、前刁翎、依兰城等战斗。

1937年10月起，先后任东北抗日联军第二路军总指挥、中共吉东省委书记。10月中旬，周保中从刁翎地区渡过牡丹江，到宝清县、密山县等地，整顿抗联第四、第五、第七军，建立统一的军事指挥机关。当年冬天，数万日军对东满和下江地区的抗联二路军展开大“围剿”。周保中指挥四军、五军向西突围，自己则率领二路军总指挥部向东，潜入乌苏里江西岸的虎林，活动在穆棱河两岸打击敌人。他曾率队伍在一天一夜之间，冒着零下四十摄氏度的风雪严寒历尽艰辛，从密山急行军走到勃利。

1938年初，为打破日伪军6万余人对佳木斯地区的“讨伐”，他组织指挥第二路军主力从依兰地区向五常地区西征，并亲率留守部队多次挫败日伪军的“讨伐”。

1939年春，针对日伪军军事“讨伐”、经济封锁和政治诱降的严峻形势，主持召开中共吉东省委扩大会议。他坚定地说：“临到革命者牺牲的关头，就应该慷慨就义，我们要决心用自己的鲜血来浇灌被压迫民族解放之花。”然后整顿部队，调整部署，指挥各军分路突出重围。周保中在苏联境内指挥抗联部队改编的东北抗联教导旅（简称远东苏军八十八旅），派出多股小分队，返回虎密地区，侦察日军情报，破坏日军军事设施，为最后的反击做准备。毛泽东曾称赞说：“保中同志在东北十四年抗日救国斗争中写下了可歌可泣的诗篇”。

中华人民共和国成立后，周保中出任云南省军政委员会副主任、省政府副主席、省政协主席、云南行政委员会政治委员会主任、国防委员会委员、中共中央候补委员、全国政协常委。1955年被授予一级八一勋章，一级解放勋章。1964年2月22日病逝。

抗日志士王一知

王一知

王一知，原名郭维轩，是周保中将军的夫人，中尉军衔。1916年12月23日出生在黑龙江省依兰县马家沟一个农民家庭。1937年初，组织上安排她到东北抗日联军第五军去工作。8月中旬，王一知到达阎家岗，被分配到军部骑兵警卫队，开始了戎马生涯。1940年3月又奉命在苏联学习军用无线电通信技术，同年9月学成回东北，担任抗联第二支队分遣队政治指导员兼无线电台台长。1942年8月，抗联教导旅（苏联远东红旗军独立八十八旅）正式成立，王一知为候补委员兼妇委书记。1943年初，王一知升任无线电营副营长，晋升为中尉，在以后的小部队潜回东北活动中及配合苏联红军解放东北的战争中发挥了重要作用。

抗日志士崔石泉

崔石泉

崔石泉，又名崔庸健，出生在朝鲜平安北道龙川郡。1922年到中国，转学至云南陆军讲武堂。1926年参加中国北伐战争并加入中国共产党，1927年参加广州起义。1928年被派到东北，从事建立党组织和游击队的工作。1933年4月，成立饶河工农义勇军，任队长。1935年8月，任东北人民革命军四军四团参谋长。1936年3月，任东北人民革命军四军二师参谋长，10月，任东北抗日联军第七军参谋长。1937年3月任七军代军长。1938年9月28日，击毙日军少将日野武雄。后任抗联第二路军参谋长，野营教导旅参谋长，东北党委执行委员会书记。1945年日本投降后，他回到解放了的祖国朝鲜，组建朝鲜民主党，任临时人民委员会保安局长。1948年任朝鲜人民军副总司令，大将军衔。同年9月，朝鲜民主主义人民共和国成立，任民族保卫相。人民共和国次帅、朝鲜劳动党中央委员会常务委员、副委员长、人民委员会委员长、共和国副主席等职。1976年9月9日病逝，时年77岁。

抗日志士李学福

李学福（1901—1938年）朝鲜族，1901年农历十二月十一出生于吉林省延吉县山菜沟老虎山屯。东北抗日联军第七军军长。民政部公布的第一批著名抗日英烈。

李学福

李学福12岁时，父亲病故，他和哥哥种地维持全家生活。1915年，他随母亲、哥哥迁居到饶河县大佳河。不久，他们又搬到三义屯。在这里他开始读书，后因母病故，辍学回家种地。李学福青年时期就关心政治，后来他当了三义屯屯长，肯于为穷苦人办事，很受穷苦人的拥护。

1931年初，李学福加入了中国共产党。这一年日本侵略者占领了饶河。为了创立党领导下的抗日武装，他和崔石泉等同志在饶河县城北的三义屯举办了70余名青年参加的军政干部训练班，为建立游击队准备了人才。他还利用自己的社会关系，与救国军取得联系并获得支持，使游击队和反日会组织很快发展、壮大，开展了反日活动。后担任饶河反日游击队军需长，负责部队的给养和其他军用物资筹备工作。他想尽一切办法，保证部队物资供应。他还说服救国军第一旅接受与游击队联合抗日的协定。不久，游击队改编为救国军独立营。

1933年12月27日，独立营参加抗日部队联合攻打虎林县城的战斗，独立营牺牲30多名队员，打死百余名敌人，使独立营在人民群众中的威信越来越高。

1934年2月，饶河地区的救国军全部溃散，独立营再次改称饶河反日游击大队，李学福担任游击大队的领导职务。同年8月，李学福接任牺牲的张文偕大队长职务。8月，他率队攻打五林洞伪军的一个据点，打死10余名伪军，缴获了13支步枪。冬季，他率队与敌人进行了两个多月的游击战，使日伪军受到了很大打击。

1935年1月29日，李学福指挥滑雪队员出其不备打击来犯的日伪军，仅两三天的时间就歼灭日军百余名。2月10日，率队袭击了伪军驻地，击毙伪军连长以下10余人，俘敌40人，缴枪50多支。5月，又率队将马鞍山伪军驻地的23名敌人全部缴械，同时缴获小佳河伪自卫团18支步枪。1935年9月初，根据吉东特委的指示，饶河反日游击大队正式改编为东北人民革命军第四军第四团，李学福同志被任命为团长。9月20日，李学福率队击溃了小南河、小西山的自卫团，缴获步枪40余支。9月26日，他又率队袭击了偷袭的日伪军，击毙日军高木司令以下30多人，伪军伤亡20多人。11月7日，四团收编了“九省”“庄稼人”两支山林队为独立营，壮大了抗日力量。

1936年4月，第四团扩编为第四军第二师，李学福同志任副师长。同年11月间，四军二师改编为东北抗日联军第七军，李学福同志任七军第二师师长。

1937年春，一师和二师合并组成新编第一师，李学福任一师师长。他率一师将伪军“讨伐”队长张大胡子、土豪左殿生枪毙，为民除了两大害。接着缴了警察队24支步枪，打开了同江、富锦游击活动的局面，争取了二龙山第三牌一连伪军的哗变，壮大了七军一师的队伍。

李学福灵活运用战略战术，指挥部队到处打击敌人。同时，他非常注意军民关系，关心群众，部队纪律严明，深受人民群众的称赞。他关心战士，与战士们同吃同住，没有官架子，从不搞特殊，得到了战士们的拥护和爱戴。

1938年1月，中共下江特委决定整编东北抗联第七军部队，李学福同志当选为第七军军长和七军党委执行委员会常委。不久，李学福同志因长期艰苦斗争，积劳成疾，患了严重的半身不遂症，于同年8月8日病逝于苏联毕金城，时年37岁。

抗日志士李杜

李杜

李杜，1880年8月4日出生，辽宁义县人。原名李荫培，字植初，又名玄存、黎苏。1901年投笔从戎。1906年进东北讲武堂，毕业后历任东北军连长、教官、营长、团长、山林警察局长、依兰镇守使兼第二十四旅旅长。1932年1月31日吉林省自卫军成立，公推为总司令。1933年1月率部入苏联，同年7月于上海参加领导中国民族武装自卫委员会。1936年在巴黎，年末返沪，被举荐为东北抗日联军总司令。抗战爆发转赴重庆，以东北抗日联军总司令身份呼吁社会各界支援抗联。1945年加入中国共产党。曾任全国政协委员、四川省政协委员、重庆市政协常委。1950年8月23日逝世。

抗日志士高玉山

高玉山

高玉山，满族，1886年出生，辽宁省义县人。原名高满，字荆璞。早年迁居黑龙江虎林县，曾任自卫团总队长。1929年中东路事件爆发后，李杜将驻守虎林的九团三营调往同江作战，同时任命高玉山为自卫团临时警备第一队队长，率100余人驻守虎林县城。“九一八”事变后，吉林省督军署参谋长熙洽开门揖盗，网络汉奸、组织伪吉林省长官公署，投降日军。李杜将军毅然率部抗日，组建自卫军，并在下江各县成立战时自卫团，委任高玉山为战时自卫团第九大队少校大队长，驻防虎林。

1933年3月国民救国军成立，自任总司令。1934年1月作战失利入苏联。旋至新疆，任惠远东北义勇军屯垦委员会委员长、迪化督办公署中将顾问。1942年被囚禁后释放。1944年秋，盛世才以阴谋暴动案再次将其投入监狱，1945年8月获释。1947年8月31日病逝。

抗日志士王效明

王效明

王效明（1909—1991），1909年2月14日生，辽宁省昌图县人，学名王聪，原名王冠英。1935年8月加入中国共产党。曾任绥宁反日同盟军办事处参谋、东北抗日联军第五军第二师参谋长、第三师政治部主任。军党特委书记兼参谋长、第二路军第二队政治部主任、支队长、抗联教导旅第二营营长、吉林市卫戍司令部副司令、吉林铁路警护部部长、永吉军分区司令、吉林省警备司令、吉南军分区司令兼二十四旅旅长、东北野战军独立第十一师师长、东北军区第一六四师师长，炮兵第六师师长。中华人民共和国成立后出任海军炮兵学校校长、海军炮兵部副部长、海军岸防兵部部长、武装力量监察部监察主任、旅顺基地副司令、中共中央监察委员会驻第五机械工业部监察组组长和五机部监委副书记。1955年被授予少将军衔。1991年11月30日病逝。

第八章　红色基因薪火相传

第一节　外宣活动

一、虎林建成第二次世界大战终结地纪念园

虎头第二次世界大战终结地纪念园

为缅怀在世界反法西斯斗争中牺牲的5 000万人民，2009年，黑龙江省虎林市政府先后出资560万元，修建了第二次世界大战终结地纪念园。

第二次世界大战终结地纪念园位于旅游名镇——虎头镇北隅，坐落在虎头要塞主阵地——中猛虎山山顶。

“二战”终结地纪念园按照大战酝酿与爆发、大战全面展开

和大战最后较量与结局的思路，从1939年9月1日纳粹德国突袭波兰开始，直至1945年8月26日战争的最后一枪在虎头结束，突出展现了第二次世界大战中最具影响力的几场著名战役。以纪念为主题，用景墙、雕塑对“二战”历史进行了简要回顾，展示了战争的残酷及战争给人们所带来的伤害，使人们更加珍惜今天的幸福生活，珍爱世界和平。

园内纪念碑高21米，象征21世纪。整个碑体分四部分、五项内容，象征1945年。

碑基座部分占地324平方米，基座高5米，象征中华民族五千年的文明积淀。基座四周建有15级踏步和8面护栏，寓意为1945年8月15日，日本帝国主义投降。基座两侧刻有两组分别反映苏联红军攻克虎头要塞和世界人民反抗法西斯战争场面的浮雕。正面是中英文碑文，记述了“二战”的简要过程。后侧两个车轮状构件，象征着战争的车轮被正义的力量阻挡在中国虎头，“二战”战车在此止步，第二次世界大战在此落下帷幕。

虎头第二次世界大战终结地纪念碑

虎头第二次世界大战终结地纪念碑顶部铜像部分高5米，由一个傲然挺立的和平少女手托和平鸽仰望蓝天的锻铜塑像组成。和平少女周围有4只鸽子自由飞翔在彩带之中，象征着中国和世界人民向往和平的美好愿望。

二、虎林成功举办“虎头国际和平论坛”

2005年8月15日，来自中国、俄罗斯、日本等国的二战老兵代表、专家学者和众多爱好和平的人士，聚首“二战”终结地黑龙江省虎林市虎头镇，通过虎头国际和平论坛呼吁世界和平发展。

在论坛开幕式上，来自俄罗斯二战老兵代表和中国老抗联战士代表一起，向“第二次世界大战终结地纪念碑”敬献了花圈。参加“二战”的中、俄、日三国老兵代表共同点燃象征和平的圣火。随后，三人的手紧紧握在了一起，表达他们对世界和平的向往与企盼。

2005年虎头国际和平论坛

原中央军委副主席、国防部长迟浩田上将发来贺词：让战争远离世界，让和平永在人间。

原中国人民解放军副总参谋长徐信将军发来贺词：抗日英雄，永远丰碑。省委常委、省军区政委肖玉国向第二次世界大战终结地纪念碑敬献花环，并在开幕式上致辞。

论坛由黑龙江省委宣传部、鸡西市委、黑龙江省社科联和黑龙江省委党史研究室共同主办，虎林市委、市政府承办。在具有重大历史意义的虎头镇第二次世界大战终结地纪念碑广场，有关领导、专家学者、“二战”老兵、来自俄罗斯和日本的友人以及留学生一起缅怀历史，发出和平倡议。开幕式上，原沈阳军区司令员钱国梁将军、原海军航空兵司令员马炳芝将军、俄罗斯联邦委员会副主席总助理、萨哈共和国总统助理雅科夫列夫，中央党校副校长王伟光、原解放军总后勤部指挥学院院长邵积平、苏联“二战”老兵代表等向第二次世界大战终结地纪念碑敬献了花环和鲜花。随后，少先队员宣读了致联合国秘书长安南的一封信，俄罗斯政府官员致辞。在宣读了《虎头和平宣言》后，中、日、俄三国“二战”老兵代表和虎林市少年儿童点燃了和平圣火，放飞了和平鸽，来宾还在“共享和平”的百米长卷上签名。随后，与会来宾观看了边防部队的队列演练，参观了虎头地下军事要塞。下午，国内外专家学者参加了黑龙江省纪念中国人民抗日战争胜利60周年学术研讨会。主持此次活动的鸡西市委书记邱玉泉说，8月15日是中国人民抗日战争暨世界反法西斯战争胜利60周年，为纪念这个特殊的日子，我们举办以“宣传和平，促进发展”为主题的论坛等纪念活动，希望能更广泛地推动和平事业的发展，并为各国人民建立互信、互利、平等、协作的经济文化交往贡献力量。

在虎头国际和平论坛上，与会的专家学者就中国抗联精神、日军细菌战等问题进行了研讨。专家们一致认为，和平和发展是各国人民共同的愿望和利益所在，中国人民珍爱和平、倡导和平，我们愿与各国人民一道，为共同推进世界和平与发展这一崇高事业而不懈努力。

虎头要塞被称为第二次世界大战终结地。要塞位于虎头镇周边完达山余脉丘陵之中，正面宽12公里，纵深30公里。在1934年到1945年间，侵华日军在这里修建了规模庞大、结构复杂、设施齐全的军事要塞。要塞地上军事设施包括巨型火炮（口径41厘米）阵地、榴弹炮阵地、加农炮阵地、高炮阵地、虎头军用机场、军营等。地下军事设施有指挥所、弹药库、医务所、上下水道及水井，大型地下要塞还备有发电所，有的地下工事里面实现了电气化。为防御敌方飞机轰炸和大口径重炮轰击，侵华日军将各地下工事在山体底部挖掘，所有的地下设施顶部浇灌水泥混凝土，重要部位的钢筋混凝土覆盖厚度可达3米。日本关东军曾吹嘘虎头要塞为当时东亚最大的军事要塞，夸耀其为“东方的马其诺防线”。

1945年8月9日凌晨，在中国抗日武装的配合下，苏联红军向虎头要塞发起进攻，战斗一直持续到8月26日。虎头要塞因此被史学者称为第二次世界大战终结地、最后激战地。参加此次论坛的俄罗斯老兵代表说：“我们永远缅怀因战争而牺牲的烈士们，愿中俄友谊万岁，世界和平万岁。”

三、回顾历史祈愿和平——“二战”终结地虎头举办国际和平论坛

2007年虎头国际和平论坛

2007年7月29日上午，来自中、俄、日、韩、朝五国的“二

战”老兵代表、专家学者和众多爱好和平的人士，聚首“二战”终结地黑龙江省虎林市侵华日军虎头要塞遗址，通过2 007虎头国际和平论坛，呼唤世界和平与发展。62年前曾在这里交战的苏联老兵、日本老兵的后人和中国抗联老战士及朝鲜、韩国学者一起点燃了象征和平的火炬，许下他们对世界和平的美好祈愿。

开幕式上，韩国国史编纂委员会委员长柳永烈、朝鲜社会科学者协会副委员长尹宇哲、日本学者若松博美、俄罗斯达利涅列钦斯克市老战士委员会副主任阿瑞甘诺夫及苏联参加过虎头战役的老兵代表、中国抗联老战士代表等各界人士，在纪念碑前敬献了花环。凝聚着和平心声与先烈夙愿的和平土，带着母土的气息，从饶河的大顶子山、宝清的小孤山、密山的南大岭、鸡东哈达河畔汇聚在一起，散向茵茵绿地，让和平在丰饶的土地上永生。苏联老兵、日本老兵的后人和中国抗联老战士、朝鲜、韩国学者在纪念碑前共同点燃了象征永葆和平的圣火，表达了他们对世界和平的热爱与企盼。

来自俄罗斯伊曼市84岁高龄的“二战”老兵谢契夫·彼得·马克西莫维奇，在开幕式上说：“我希望，任何一个勇者都不必再走上战争道路。”马克西莫维奇说：“胜利日已经作为历史的一部分留在了我们的记忆中，留在了我们的生活里。让我们共同努力，共同见证一个和平、友爱和团结的时代。”

“二战”老兵点燃象征和平的圣火

开幕式后，专家学者们围绕“和平、交流、发展”主题，就《中日关系的历史与现实》《关于构建中俄沿边贸易区》等问题进行了研讨。

四、虎林筹资拍摄10部《虎头要塞》数字电影

为提高《虎头要塞》作为爱国主义教育基地在国内外的知名度和影响力，让世界了解虎林，让虎林走向世界，2010年，虎林市委、市政府筹措资金1 500万（其中：中央电视台投资1 100万，黑龙江省委宣传部投资200万，虎林市委、市政府自筹资金200万）拍摄制作了10部数字电影《虎头要塞》，在中央电视台六套和央视网播出，引起国内外观众广泛关注。

第二节　媒体报道

一、最后一战——东方时空特别节目

央视国际：2003年8月15日

首播时间：15：32

二、静静的虎头

《人民日报》（2013年9月14日10版）

在鸡西市以东的乌苏里江边，有一块虎踞龙盘的战略宝地。60多年前，第二次世界大战在这里终结。可是，直到如今，这座军事要塞的炮台规模和遗留炮弹的数量依旧无法探明。本节目对虎头要塞遗址和俄罗斯相关边境城市的实地探访，通过战争亲历者的回忆和相关采访再现了当年苏日那场异常惨烈的激战。夏末秋初去黑龙江，过鸡西，经虎林，夜宿边陲虎头镇。

安静的一觉醒来，才凌晨3点多，天已蒙蒙亮，听到的第一声是窗外的鸟叫。去珍宝岛湿地拍照，路上人影寥寥，唯见桥边溪畔零星垂钓者。在车中眼见平整的水泥路面在绿色的原始森林中蜿蜒，天忽然阴了，又下起了细雨，到了湿地，登上观景台，天开始放晴，晨光四射、云蒸霞蔚，今年雨水大，一圈圈绿丛把大片的水面围成像是运动场上的跑道，湖河交叉纵横，绿树柳丛交错，袅袅氤氲，雾纱拂过，蓝天、白云、金光、绿树、河流、湖汊变幻着，气象万千。耳听呼啸风声，凭栏向东南望去，一条玉带似的乌苏里江拐了个大圈向下游流去，再往远处望就是江东六十四屯了……

走到江边，嵌刻国徽的界碑提醒我们，这条江是界江。历史上，虎头原属内地。远古时就有赫哲族先民于沿江及山林中捕鱼、狩猎、采摘，过着不定居生活。至清初称尼满河，后叫呢吗口。1860年中俄不平等的《北京条约》签订后，江东大片土地割给沙俄，这里才成为边境。江边游人不多，摊点整齐划一，没有推销特产的高声叫卖。同行的人打趣说，“这里的黎明静悄悄”。这种安静早已不是大战前的屏住呼吸，而是和平年代人们的安然淡定。沿江这一段，汽车都停在外面，只见电瓶车循环载客。

与界碑相邻的一块大石头上刻着“乌苏里江起点”，沿江向东望去，有三条河汊汇在一起，靠近我们这边的汊河是从兴凯湖流下来的，另两条是从俄罗斯的伊曼河流下来，三河汇成的乌苏里江，平缓流动，行程905公里，流入黑龙江。江水水位很高，无声平稳地流过，没有推波助澜的浪涛，没有击水拍岸的咆哮，像是在深邃地思考；江流速度缓急不一，像是在娓娓诉说……这平静的边境小镇曾是三国激战的疆场。

1933年1月，日本关东军攻入虎林县城（当时县城设在现在虎头镇），随后，着手修建虎头要塞，并将铁路和水路交通延伸至这里，分别修建了火车站和码头，用于运送军用物资和掠夺我国木材资源。江边有一个石碑记录着侵华日军虎林军用码头遗址。

8月15日这一天，我们回溯历史的脚步来到虎头要塞遗址，在要塞中设施最全的虎东山遗址上建起了侵华日军要塞博物馆，地上展厅展出了大量侵华日军的实物和罪证及苏联红军攻占虎头要塞的史料，地下展示了虎头要塞的一部分。我们跟着解说员下到50米深的要塞，里边全部采用钢筋混凝土浇筑，地面有水，墙壁潮湿。这里边只有七八摄氏度，我们穿短袖，有点冷。这里有指挥所、弹药库、发电所、医院、蓄水池、休息室、卫生间、厨房，有通向碉堡的通道和竖井，等等。

虎头要塞是侵华日军为了长期霸占中国并进攻苏联，于1934年至1939年6年间，强迫数十万中国劳工秘密修筑的永久性军事工事。要塞正面宽12公里，纵深30公里，由虎东山前沿阵地、虎北山侧翼阵地、猛虎山主阵地，虎西山、虎啸山后援阵地构成。地上军用机场、大型火炮阵地密布；地下结构复杂，设施完备，工程浩大，有“东方马其诺防线”之称。当被强征的中国劳工修完要塞，日军以慰劳庆功为名在广场上设百桌宴，劳工都被叫来吃饭时，日军开始疯狂屠杀，幸免者无几。

1938年以后，日军开始将虎头作为进攻苏联的桥头堡，县城由虎林（现虎头镇）迁至黑嘴子，虎林全境成了屯扎重兵的军事基地，军力达数万人。1939年春天，抗联七军在虎林县已经建立起深山密林根据地，自中共虎林区委成立后，虎林人民的抗日斗争在党的领导下全面展开。

1945年8月8日，苏军出兵东北对日宣战。在一个多星期的时间里，苏军投入兵力2万多人，击退日军四次反击，攻下江边码头和虎头镇，又调动近百架飞机对虎头要塞进行轮番轰炸，经过三次白刃战，苏军最终占领了西猛虎山日军阵地。1945年8月15日，大木正等日本官兵从收音机里听到了日本天皇宣布无条件投降的消息，但他们认为是骗局，仍负隅顽抗。至8月26日，苏军集中30门大炮和1 000余名士兵大举进攻虎啸山的日军阵地，日军守备队共计1 387人中除53人突围逃脱外，其余均葬身在这座荒原堡垒之中。战斗结束比日本天皇宣布投降推迟了11天。停战以后，苏军把部分要塞、巨炮及炮座都一一炸毁，把日军修的从虎林到虎头镇的60多公里铁路的铁轨和枕木都拆下运回苏联。

此后还不到30年，20世纪60年代，中苏关系日趋恶化，边界谈判破裂，边境摩擦不断，虎头镇自然又成了前沿。80年代后期，随着中苏关系的改善，中苏边界勘界完成，这里才又恢复平静。

离开虎头的路上，车轮将当年日军修建铁路的路基辗在脚下，两岸的万亩稻田扬花抽穗，清香四溢。但愿虎头永远安静，这里的人民幸福安宁。

三、第二次世界大战终结地虎头要塞永久见证日军侵华罪证

新华网黑龙江网站（记者许正、董爱波、张源培）

时光倒回至69年前的 8 月15日，就在日本宣布无条件投降之时，远在中国东北乌苏里江畔虎头要塞的日军却仍在负隅顽抗。11天后，顽固的日军被苏军全部歼灭，第二次世界大战的“最后激战”终于落下帷幕。

2001年后，虎头要塞遗址被黑龙江省人民政府公布为爱国主义教育基地。2009年被中共中央宣传部授予全国爱国主义教育示范基地。每年来自世界各地的数十万名参观者慕名而至，人们缅

怀为人类反法西斯战争献出生命的英雄，更痛斥日本帝国主义在此地的侵华罪行。

虎头要塞位于虎头镇周边完达山余脉的丘陵中。其范围，西起火石山，东至乌苏里江左岸；南起边连子山，北至虎北山。中心区域正面宽12公里，纵深达30公里，在此方圆数百平方公里的地域内，大小十余处要塞阵地修筑在海拔100至150米的丘陵地带。因虎头要塞规模庞大、结构复杂、设施齐全而被当年的侵华日军吹嘘为东亚首屈一指的“北满永久要塞”。

这处号称“东方马其诺防线”的修筑，将中国十余万劳工的生命夺去。在“侵华日军虎头要塞地下军事基地”的博物馆内侧墙壁上，几名幸存者的照片被挂在中央。面对镜头，年逾古稀的老者，眼神中充满愤怒和悲凉。

“日军为辨识中国劳工，就将他们右侧的眉毛残忍割下，许多失去劳动能力的劳工还被送到七三一部队进行细菌试验。令人感到可惜的是，已知的幸存者陆续离世，并已很难再找到其他幸存者的下落。”虎头要塞博物馆讲解员李红说。

在博物馆下方的虎头地下要塞遗址，湿滑的路面、阴冷的空气、狭窄的通道烘托出要塞阴森的气氛。在要塞的墙壁上，当年苏军与日军激战的子弹孔还清晰可辨，许多墙壁上甚至弹孔如织，这些物证将枪林弹雨的战斗场面生动展现。

中国正努力将这处日本帝国主义侵华罪证完整保留下来。在要塞内部，日军曾经使用过的宿舍、厕所、浴室都被完整保护，就连挂在过道墙壁上的吊床钩也被留存。在日军要塞的厨房内，煮米的锅具仍旧摆放在那里，早已染上锈迹。这条地下战道已经清理出3 800米，其中1 200多米已经得到修复加固。

在虎林要塞每年接待的众多外国参观者中，俄罗斯人居多。在这场第二次世界大战的最后激战中，有许多苏军战士献出了自己的生命。博物馆展览区的一面墙壁上，战士的名字用俄文镌刻下来，让全世界慕名至此的人们怀念。

虎林要塞博物馆馆长魏传良说：“中日两国曾多次对虎头要塞遗址进行联合考察和研究，取得了一定的科研成果。虎林要塞作为日本帝国主义侵华的罪证，这段历史当永久被全世界铭记。”

（2015年8月15日）

四、虎头要塞历史在这里被推迟11天

人民日报记者郑少忠、朱思维、冯春梅

一座山峰、一个小城，一个军事要塞，成为第二次世界大战终结地。

虎头，黑龙江省虎林市的一个边陲小镇，坐落在完达山的余脉虎头山上，面临乌苏里江，与俄罗斯联邦的达里涅列钦斯克市隔江相望。

虎头山深藏着一个地下要塞，这就是被日本军国主义称为“东方马其诺防线”的虎头要塞。在这里曾发生过一场战争，比日本宣布投降整整迟了11天。1945年8月9日，苏联红军出兵中国东北，在苏军强大攻势和猛烈炮火的轰击下，这个曾被关东军吹嘘为可坚持6个月不怕围困的要塞，仅半个月就被摧毁。至此，虎头战役成为第二次世界大战的最后一战。

5月8日，本报采访小分队来到了虎头，本已春意盎然的小镇，一场寒雨下了一整天。风雨中，70年前那场战争的喧嚣和苦难再一次震撼了每一个人的心。

用中国十几万劳工尸骨堆砌的要塞

虎林市文物管理所所长喻胜林介绍，虎头要塞是日军“虎头国境守备队司令部”所在地，建于1935年，由猛虎山、虎北山、

虎东山、虎西山、虎啸山等5个阵地组成。

进入要塞，在长达数公里潮湿阴冷的隧道中，记者小心前行。隧道宽、高约3至4米，所有建筑均用3米厚的钢筋水泥浇筑，在山地的表面开有出入口、枪眼、炮眼、反击口、换气孔、观测所等几十条横竖通道，像蜘蛛网一样从山底向各处延伸。

喻胜林告诉记者，日本军国主义在要塞部署了大量兵力，配备了先进武器。1938年3月，日军编成的“第四国境守备队”，是一个旅的编制。1945年7月，日军改编“临时国境守备队”，从伪满洲国第五方面军所属部队调入兵员800人左右，建立“满洲第十五国境守备队”，总兵力为1 500人。

侵华日军虎林军事要塞博物馆馆员李柏乐的爷爷李丛田是当年的劳工幸存者。穿行在隧道中，李柏乐说，爷爷在世的时候曾告诉他，日军构筑虎头要塞的劳力全是从中国关内及东北招骗和抓来的劳工，也有一些是中国军队的被俘官兵，十几万劳工在日军枪刀的威逼下从事非人劳动。

1943年某日，因要塞设施大致完工，日军举行庆祝竣工宴会，将俘虏、劳工人员集中在猛虎山西麓的洼地里，用酒肴欺骗劳工说犒劳他们。突然重机枪喷出了火舌，宴会场顿时化作血腥的屠场。李柏乐说，他的爷爷因为临时调去烧锅炉而幸存了下来。触摸湿漉漉的石壁，手上沾满的似乎不是水汽，而是十几万中国劳工的血泪。在阴暗的石缝间，又仿佛看到了一具具挣扎的白骨。

《波茨坦公告》宣布后，战争的机器仍未停

1945年8月15日12点整，日本裕仁天皇接受《波茨坦公告》，宣布无条件投降。

然而，在虎头小镇，战争的机器并没有即刻停止，反而以更惨烈的方式轮番上演。

在侵华日军虎头军事要塞博物馆里，记者看到了日军上等兵冈崎哲夫写的《日苏虎头决战秘录》这本书。冈崎哲夫是战争的幸存者，他以亲身的惨痛经历，向世人披露了一段鲜为人知的历史：

当天中午时分，收音机清晰地收听到东京广播，那是日本天皇的电台播音，宣布日本无条件向同盟国投降。

“混蛋！”战斗司令官大木正大尉怒斥道：“关掉收音机！哪里有什么陛下的广播，分明是削弱友军战斗力的谋略性广播。”

要塞研究专家马光普根据他的研究，向记者再现了那场战争：8月15日晚，苏军前敌指挥部，扎赫瓦塔耶夫将军从中午一直坐到天黑，等待着日军投降的消息。然而，扎赫瓦塔耶夫将军并没有等到他想要的结果。当晚24时，日军守备队代理司令官大木正组织见习士官以下人员偷袭了苏军阵地，破坏了苏军的两处兵营。

第二天天还未亮，苏军动用第三十五集团军40架战斗机，所有150毫米自行榴弹炮、野战重炮，对要塞进行猛烈的轰炸。据虎头中心学校老师张勇刚介绍，他的爷爷张贵欣见证了这场战斗。在爷爷的回忆里，当时轰炸激烈的程度，在数公里之外的村子都感到地动山摇，虎头山正面的岩石被生生削去一米多。

19日发起了总攻，苏军动用了所有轰炸机和火炮，并运来了新式武器喀秋莎火箭炮。在地面炮火的掩护下，派出侦察兵将炸药放入地下工事成功引爆，一声巨响之后，到处是残肢断臂。

26日15时30分，53名残军打出白旗、缴械投降。激战两个星期，共歼灭日方2 000余人（日本守备队为1 387人，除53人生还外，余者全被苏军歼灭，另外是日军军属、虎头日本职员、日本开拓团移民）。

解放虎头战役纪念碑——“小白塔”

拾级而上，虎头山顶，矗立着一座高9.7米、上窄下宽的银白色纪念碑。当地老百姓习惯上把这一纪念碑叫作“小白塔”。

文物管理所所长喻胜林介绍，1945年10月，战火的硝烟刚刚散去，就在那片焦土之上，苏军修建了这个纪念碑，上面镌刻着俄文碑文，大意是："光荣归于苏联斯大林元帅。远东第一方面军，摧毁防区，驱逐日寇，解放虎头纪念。"

在这场激战中，全程参战的还有我抗联教导旅的将士。寻访中，要塞研究专家马光普介绍，杨靖宇、赵尚志等亲手创建的部队，在日军扫荡中遭重创后到苏联整顿，被苏联红军改编为抗联第八十八旅，又称中国旅、国际旅。旅长是抗联名将周保中，副旅长李兆麟，全旅编1 500人，其中有我们抗日联军643人。被派参加攻打要塞的先遣队200多人，都是抗联战士。战斗结束后，只剩下几个人，几乎全部殉国。

周金锁，第十先遣分队一小队队长。1945年8月3日牺牲在猛虎山主阵地，尸体被日军残暴地用刺刀挑了几十刀。

木日图，第十先遣分队二小队队长，1945年8月3日牺牲在猛虎山上，身体滚雷时被炸飞。

王天晓，第十先遣分队三小队队长，1945年8月3日，牺牲在乌苏里江。尸体被日军用装甲车碾碎。

……

这几个人，是目前能找到名字的少数几个。他们都牺牲于主攻前的对敌侦察战斗中。其余大部分无名烈士，均牺牲于猛虎山的主攻战役中。

小白塔下，我们献上花圈。鸡西军分区司令员刘东喜说："小白塔既是历史之塔，也是未来之塔。它见证的不仅是中俄两个伟大民族之间的友谊，更是人类对幸福与和平的永久期许。"

（2015年5月14日）

重访“二战终结地”虎林

——来源：人民网，人民日报海外版

以“美丽、富饶、纯净”闻名的乌苏里江，像一条银光闪耀的锦缎，缠绕在中国的东北角上。而江畔的边境小城虎林，则如镶缀在锦缎上的珍珠，光彩夺目、韵味十足。抗联文化、知青文化、赫哲文化、北大荒精神……构筑了它坚挺的脊梁。地处完达山脉，拥有无可比拟的大美生态和许多与老虎相关故事的虎林，物产丰饶，风光旖旎。这里的主峰神顶峰，是中国最先看到太阳升起的地方。作为北大荒精神和珍宝岛精神的发祥地，虎林也是联合国确认的“二战终结地”，曾发生人类史上规模最大、死伤人数最多的“二战”的最终一役。

位于虎林市东部的虎头镇，是进入中国东北腹地和俄罗斯远东地区的要冲。“二战”期间，侵华日军迫使约10万中国劳工和被俘战士，历经6年时间，在此修筑了号称“东方马其诺防线”的虎头地下军事要塞。1945年8月15日，日本裕仁天皇宣布无条件投降后，盘踞在虎头要塞的日军残部仍负隅顽抗，在苏军和东北抗联战士的殊死打击下，要塞于26日被彻底攻陷，“二战”因此延长11天才最终落幕。70年过去了，至今保留着大量地下要塞遗址的虎头要塞，已成世界上独有的重大历史遗产和国家级爱国主义教育示范基地。

驱车驶入虎头，要塞核心区中猛虎山“第二次世界大战终结地”的纪念碑跃入眼帘，碑上手托和平鸽的少女铜像在日光照耀下庄严而祥和。猛虎山地下要塞曾是整个要塞的指挥中心，与虎东山、虎北山、虎西山地下要塞成扇面布局，沿乌苏里江绵延10余公里，纵深30余公里，区域广阔。现地表上仍可找到多处曲曲折折的交通壕，与设在各个角落的出入口、瞭望所、反击口、暗堡等相连。为了铭记沉痛的历史，保存好日本帝国主义侵华罪证，相关部门从1991年开始开掘和清理虎头地下军事要塞猛虎山段。现已挖掘清理3 800米，修复加固1 200多米，而这还不足当时的十分之一。

走出要塞，眼前是一片青郁葱翁的树林，林中保留多处被苏联红军炸毁的日军地面掩体遗址。在为纪念苏联阵亡红军而建的无字碑前，一拨又一拨的游人在此拍照留念，触摸历史的脉搏，呼唤和平。

小城带给人们的除了历史的沉重，也有亲近自然的美好。拥有乌苏里江国家森林公园、珍宝岛湿地保护区、月牙湖草地类自然保护区、虎口湿地保护区等7个国家、省级自然保护区的虎林，生态环境十分优越。境内天蓝、地绿、水清，是国家级生态示范区，也是世界上仅有的几片净土之一，曾被联合国环保官员誉为“最适合人类生存的地方”。

离开虎林前夜，凭窗眺望静谧的夜空，回想在虎林的一幕幕，心里隐隐有些不舍。最难忘神顶峰映射的祖国第一缕朝晖，更有那标志“二战”最后终结的惨烈之战，心中祈求“愿战争不再”。

2015年05月14日

第九章 虎林老区经济社会发展变化

2018年，是我国改革开放40周年。以中共十一届三中全会胜利召开为标志，中国开启了波澜壮阔的改革开放历史新征程。中华大地从农村到城市，从经济体制改革到全面深化改革，40年的众志成城、40年的砥砺奋进、40年的跨越创新，终于春风化雨，全国人民用双手和智慧书写了国家和民族发展的壮丽史诗。

乘着改革开放的春风，虎林也迎来了经济社会发展的新纪元。

在虎林历届领导班子的团结带领下，全市人民锐意改革、开拓进取、艰苦创业，全市城乡社会生产力得到了空前的解放，经济发展经历了解决温饱、基本实现小康、全面建设小康的历史阶段，综合实力和人民生活也随之跃上新台阶。2017年，全市生产总值达到141.5亿元，较1978年的1.02亿元（按当年价格计算）增长137倍；固定资产投资44.3亿元，较1976年至1980年间的2 547万元增长173倍；规模以上工业增加值8.1亿元，较1978年的535万元增长150倍；公共财政收入4.99亿元，较1978年的806万元增长60.9倍；社会消费品零售总额32.4亿元，较1978年的3 906万元增长81.8倍；城乡居民人均可支配收入24 705元和17 779元，较1990年的826元和778元分别增长30倍和23倍。在虎林大地上书写了改革开放和现代化建设的辉煌篇章。

进入虎林市标志性大门

鸟瞰虎林城市一角

蓄之既久，其发必速。40年来，虎林百姓的钱袋子越来越鼓，得到的实惠越来越多。“学有所教”“病有所医”的目标变为现实；劳动就业制度不断健全。2017年，城镇登记失业率控制在了3.4%以下；社会保障体系不断完善，城乡居民养老保险、医疗保险、城镇职工“五险一金”实现全覆盖；城乡居民基本医疗保险完成整合，“零押金”住院模式全面铺开，群众就医更加便捷；社会帮扶和扶困脱贫广泛深入开展，城乡低保标准连续递增，社会福利水平显著提高；教育信息化实现城乡互联互通，义务教育均衡发展通过国家验收；无线数字电视信号覆盖城乡；2016年至2020年妇女儿童发展规划颁布实施；社区基础设施、服务队伍、工作机制建设不断加强，社区服务日趋规范；综合管控、打黑除恶等行动扎实开展，社会安定有序，人民安居乐业。

虎林现代化农业园区

第一节　农业经济迅猛发展

“三农”向好，全局主动。党的十一届三中全会之后，全国上下正式拉开了改革的序幕。改革率先从农村开始，虎林积极顺应改革大潮，实行了农村经济体制改革，调整产业结构，发展商品经济，充分调动起了农民的生产积极性。特别是从1983年起，全县普遍推行了土地承包到户的联产承包责任制，使农业生产有了突飞猛进的发展。截至2017年，全市农业总收入由1978年的2 668万元增长到7.7亿元，增长了29倍；粮食总产由1978年的0.8亿公斤增长到6.4亿公斤，增长了8倍，成功跻身全国粮食生产百强县行列；农民人均纯收入由1978年179元增长到17 779元，增长了99.32倍，位居全省第五位。农林牧渔各业也得到全面发展，农村新产业新业态正在形成，农民收入发生了巨大的变化，农民的生活水平显著提高，虎林的广袤田野迸发出了前所未有的活力。

一、种植及农业产业化发展强劲

随着农业农村改革的不断推进，虎林在发挥生态环境优良、农业资源丰富、农产品比重大的区位优势的同时，进一步优化了种植业结构，农产品精深加工已初具规模，品牌化销售形成常态，农业经营主体得到快速发展。

1978年全县农作物种植面积544 161亩，其中粮豆薯面积490 924亩，占总播种面积的90.2%；经济作物面积12 830亩，占总播种面积的2.3%；其他作物面积40 407亩，占总播种面积的7.4%。当时全县水稻种植面积仅24 474亩，占粮食作物面积的4.4%。

2017年，全市种植面积达到258万亩，土地规模经营总面积达150万亩。绿色食品认证面积发展到198万亩，有机食品认证面积2.85万亩。

水稻催芽室外部

确立了水稻种植优势，虎林因地制宜，利用土壤肥沃、有机物丰富、水资源充沛及气候适宜水稻生长的自然条件，把大力发展水稻作为调整种植结构的重头戏，全市水稻种植面积逐年扩大，鸭稻、蟹稻共生模式也相继获得成功。为发展壮大水稻产业，全市加快科技创新步伐，重点实施了水稻智能化催芽、大棚旱育苗、早插秧为主要内容的水稻高产栽培技术，增加了水稻生产科技含量，提高了标准化生产水平。2017年，全市水稻发展到160万亩（其中：发展优质水稻30万亩、鸭稻蟹稻有机稻5 000亩），占粮食作物面积的64.77%，水稻产量17亿斤（1 100斤/亩），占粮食总产的80.95%。水稻生产机械化率达98%，良种化率达100%。建成“三减”示范区33个、“互联网+农业”标准化基地14个、绿色水稻高产高效示范基地11个，培育农民专业合作社556家，虎林进入“全国水稻绿色高产高效创建示范县”行列。

水稻催芽室内部

其他作物进行了结构调整 1978年，全县玉米种植面积116 542亩，占粮食作物面积的21.4%；大豆种植面积175 523亩，占粮食作物面积的32.2%；小麦种植面积141 036亩，占粮食作物面积的25.9%。2017年，全市玉米种植达18万亩，占粮食作物面积的7.29%；大豆69万亩，占粮食作物面积的27.94%。玉米产量2亿斤（1 120斤/亩），占粮食总产的9.5%，大豆和杂豆2亿斤（350斤/亩），占粮食总产的9.5%。红小豆、杂粮、牧草、紫苏、北药等高效作物发展到27万亩，首次突破耕地总量的10%。近年来，通过企业引领、订单种植和大力推广有机食品、绿色食品，种植业结构已经从传统三大作物扩展到豆类、瓜类、药材、饲草、果蔬等几十种，旱田作物中经饲作物种植比重占到11%。全市在保持水稻种植优势的前提下，农业结构正向整体调优、区域合理、特色集中的方向迈进。

立足市情，制定出台了发展北药产业、木耳扶持政策，引进药博商城黑龙江分公司、河北安国霍家村药材合作社，北药种植发展到8 000亩，全市袋栽木耳发展到506万袋。

新农村建设景象之一

农业经营主体不断壮大　随着改革开放的深入和市场经济的发展，虎林农村各类服务组织应运而生，农村服务体系建设农业服务中心得到不断完善。

成立了农业服务中心。下设12个乡（镇）农业服务中心，20个农业技术推广站。其中，农业技术推广站（镇）级设12个，市（县）级设8个。

农村中介组织不断壮大。为与市场经济体制相适应，2004年3月，虎林市农村合作经济组织协会和农民经纪人协会成立，两会共吸纳团体会员34个，已有266人取得省工商局颁发的经纪人资格证书。发展到2017年，全市农民专业合作社达556家、入社成员6 000多户，合作社统一经营土地23.7万亩。其中国家级示范社4家，省级规范社23家，市级规范社77家。全市土地规模经营总面积达150万亩，订单农业面积达到80万亩。

新农村建设景象之二

绿色农业产业化经营逐步推进 民以食为天，食以安为先。20世纪90年代中期，市委、市政府根据虎林实际，确立了绿色食品发展战略，使虎林农业步入了加快发展的轨道。经过二十余年持之以恒的探索与实践，绿色食品产业已成为推动虎林经济发展的支柱产业之一。2017年，绿色食品基地、无公害农产品和有机水稻分别达到188万亩、160万亩、2.25万亩，落实国家绿色食品原料标准化生产基地140万亩（水稻95万亩、大豆35万亩、玉米10万亩）。“三品一标”认证企业21个，产品41个；无公害和绿色食品认证总数达到32个；全市农产品企业发展到135家，其中国家级龙头2个、省级7个、市级29个。创建中国驰名商标1个、著名商标18个、省级名牌产品17个，是全省获得名牌产品最多的县市。绿都集团的精制米加工能力已达到年产67万吨，主导产品“珍宝岛”牌绿色精制米在俄、日、韩等34个国家免检，年实现产值 4 亿元，利税2 300万元，成为全国县级最大的制米企业。

绿色品牌影响力彰显，虎林获得国家地理标志证明商标4个，分别为虎林椴树蜜、虎林大米和虎林大豆、虎林红小豆。“神顶峰”雪蜜荣获国际养蜂大会金奖，“荒源”牌东北黑蜂椴树雪蜜获得中国绿色食品博览会金奖。虎林成为全国首个水稻种植业良好农业规范（GAP）认证试点市，先后被评为全国绿色食品原料标准化生产基地示范市、优质水稻产业带示范市。

二、夯实民生水利基础

民生为上，兴水为要。改革开放以来，虎林的水利建设步伐明显加快，关系人民群众切身利益的中小型水利建设开始大规模实施，水资源管理体制机制更加完善，水安全保障能力大幅提高。

三江平原虎林灌区渠首泵站

三、三江平原虎林灌区渠首泵站

水利是农业的命脉。农业的持续发展离不开基础设施建设。80年代以来，虎林先后重点进行了七虎林涝区治理、阿北涝区续建工程，同时相继完成大莲泡涝区、新虎涝区、卫国涝区配套任务。到1985年，全县共建中、小水库5座，各类灌区90处（其中机电抽水站73处）。已治理主要涝区10处，有效灌溉面积12.7万亩，涝区治理面积63.1万亩，水土流失治理面积8.75万亩。目前，全市已建成的灌区有3处。其中，阿北灌区灌溉面积达到4.96万亩；西南岔水库灌区水田发展到5.78万亩；石头河水库灌区水田达到1.14万亩。在建的虎林灌区是三江平原14个灌区之一，灌溉水源为乌苏里江水，灌区范围包括虎林市属及农垦八五四农场51.66万亩。

全市有各类机电井1.8万眼，灌溉面积达到118.22万亩。

完成中小河流治理和病险水库加固，组织实施一批重点江河水源控制、农田水利、高效节水灌溉工程，加快小型农田水利重点项目、节水灌溉示范项目和牧区水利工程建设，提高了水资源利用率。经过多年来的建设，全市现有中型水库2座，小型水库2座，总库容4 625.6万立方米；中型灌区2处，有效灌溉面积2.24万亩；堤防保护面积87万亩；乌苏里江护岸工程6处，总长13.057公里。2007年，全市水田有效灌溉面积由1978年的3.5万亩增长到91.28万亩，占耕地面积的55%。

截至2017年，全市市属堤防总长199公里。其中，乌苏里江堤防6处，长65.5公里；穆棱河堤防7处，长47.73公里；七虎林河堤防3处，长44.22公里；阿布沁河堤防4处，长41.5公里，均达到二十年一遇防洪标准。

“十二五”期间，全市共完成水利投入8.97亿元，是“十一五”期间的2.5倍。争取上级资金5.87亿元，一批水利重点项目工程相继开工建设，2010年至2015年，虎林灌区完成田间配套工程投资3.69亿元，完成田间配套27.1万亩，剩余田间配套工程在2019年至2020年完成。项目完成后，将新增水田29.76万亩，改善水田21.9万亩，可置换地下水1.52亿立方米。投资2.4亿元，实施了七虎林河治理、石头河整治、水毁工程修复、土地整治等农田水利工程，新建加固中小河流堤防23.6公里，整治河道32.3公里，整理农田15.5万亩。

农村饮水一直是农村群众面临的最直接、最实际、最关心的民生问题。虎林曾是地方病高发地区，大骨节病横行，自上世纪80年代初，始建农村自来水工程进行防病改水。1979年在伟光乡太平村试点，1981年全县铺开，至1998年底共投入资金578万元，建饮水工程94处，打饮水井94眼，铺设管道653公里，建设标准为入户，全县124个村屯5.8万人受益。1985年，被评为全国防病改水先进县，农村自来水普及率为全国第二、全省第一。2000年以来，先后25批次争取上级投资4 712万元，新打井126眼，建井房82栋，对81个村屯管网进行改造和更换，解决了126个村屯、6.2万人的饮水不安全问题，农村饮水安全率达到86%。2018年，市政府计划投资710万元，解决27个村屯、1.14万人饮水不安全问题，涉及贫困人口182人，届时将全面解决建档立卡贫困人口饮水不安全问题。同时，依托市疾控中心建成农村饮水安全工程水质检测中心，基本建立起了农村供水水质检测体系。

四、林业开发与森林管护并重

绿水青山是最好的金山银山。近年来，虎林立足管好现有林，扩大新造林，抓好退耕还林，优化林业结构，不断增加森林资源。截至2017年，虎林市森林总面积295 512.8公顷，其中市属森林面积50 811.1公顷，森工、农垦森林面积244 701.7公顷，森林覆盖率31.67%。2010年，完成全市农村集体主体林权改革，明晰产权面积13.8万亩，完成林权登记发证面积11万亩，成为全省第一批完成林权主体改革任务的27个县（市）之一。

林业局示范林场食用菌基地

自1965年起，先后建立起七虎林、示范、东风、虎头、小木河5个生产型县属国有林场。5个林场建场以来，共向国家提供商品木材802 318立方米。

截至2017年，市属国有造林保存面积368 434亩；农村造林累计保存造林面积331 415亩。

到2017年底，绿化了自然村屯199个，其中美丽乡村省级示范村15个，共绿化省级公路、县级公路、村级道路668公里。

集防火、湿地监测、旅游观光为一体的乌苏里江第一塔

市属国有林区防火公路5.4米/公顷，防火阻隔带密度1.9米/公顷，通讯覆盖率90%，预防和扑救森林火灾能力逐步加强。1990年至2017年，保持连续28年无重大森林火灾发生。

五、畜牧业发展稳中趋优

虎林的畜牧业发展起步较晚。在改革开放前后，虎林的畜牧业基本属于家庭副业，在农业中处于补充地位，数量和规模弱小。经过多年的发展，特别是近年来，全市加大政策扶持力度，推进规模养殖，畜产品总量稳中有升、新型经营主体逐步壮大，畜禽生产质量和水平明显提高。

1977年，全县畜禽存栏数量为：黄牛3 748头，奶牛22头，马7 803头（驴、骡），生猪18 249头，羊4 910只。经过40年的发展，到2017年，全市奶牛存栏达到6 981头，生猪、黄牛、羊、家禽饲养量分别达到42 421头、4 724头、21 022只、493 395只，肉、蛋、奶产量分别达到15 517吨、5 860吨、24 122吨。全市养殖专业场发展到217个，其中奶牛专业场26个，生猪专业场60个，羊专业场51个，养禽专业场38个，黄牛专业场35个。建有千头以上现代化奶牛场1处，500头左右奶牛规模养殖场2处，百头以上奶牛养殖小区3处，百头以上肉牛场2处，300只羊场1处，千头以上猪场2处。蜂群饲养量达3.5万群，养蜂专业户发展到600户。2017年，全市畜牧业产值达到78 704万元，占农业总产值16.7%。

农业机械化春种

六、农业机械化为农民增产增收提供保障

虎林地广人稀，农业机械化在替代人力、节本增效、集成应用农业技术和推进规模经营等方面发挥着越来越重要的作用。

改革开放之初，全县的农业生产方式陈旧、落后，严重束缚了农业发展。经历了40多年的努力，农业机械化实现了从无到有、从小到大的跨越式发展。全市拖拉机总台数由1978年的391台发展到2017年的19 044台，增长了47.71倍，年均增长10.48%，总动力达89.62万千瓦。其中大中型拖拉机11 859台，小型拖拉机7 185台。现有收割机4 228台，插秧机7 061台，农具37 896台（套），其中大中型18 967台（套），小型18 929台（套）。全市现代农机专业合作社达到17个，其中，国家级示范社2家，省级规范社2家，农机大户325个。全市农业机械总价值达122 030万元，农机综合机械化程度达到98.9%，位居全省前列。

七、水产养殖逐步发展

自20世纪80年代以来，虎林的水产业逐步发展，养鱼水面由1.2万亩发展到现在的16.3万亩，增长了12.5倍；养殖户从362户发展到现在的460户，增长了27%；养殖产量从685吨发展到现在的10 840吨，增长了15倍；2018年，全市水产养殖产值达10 450万元。

第二节　工业经济焕发活力

虎林地处边陲，工业基础差、底子薄、起点低、总量小。随着经济体制改革的深入进行，全市工业企业进行了一系列改革，逐步从计划经济向市场经济过渡，形成了以股份制为主体，多种所有制经济共同发展的新格局，工业企业经济规模不断扩大，对全市经济发展的支撑作用不断增强。

黑龙江虎林完达山酒业

1993年，虎林成为鸡西地区企业产权制度改革试点县。当时，全县共有17户国有企业、14户集体工业企业，15户国有（集体）企业实施了股份制改造，原企业职工入股人数近3 000

人。1986年，当时虎林县有工业企业115家，工业总产值5 137万元，到2005年，工业企业44家，工业总产值94 741万元，增长1 744.3%。经过多年的发展，到2017年，全市共拥有生物医药、绿色食品、新型能源、木材家具等10大类行业工业企业354家，拥有各类工业产品种类276个，规模以上企业49家。其中市属企业205家，规上企业27家，市级以上产业化龙头企业36家，珍宝岛药业成为鸡西地区首家本土A股上市企业。

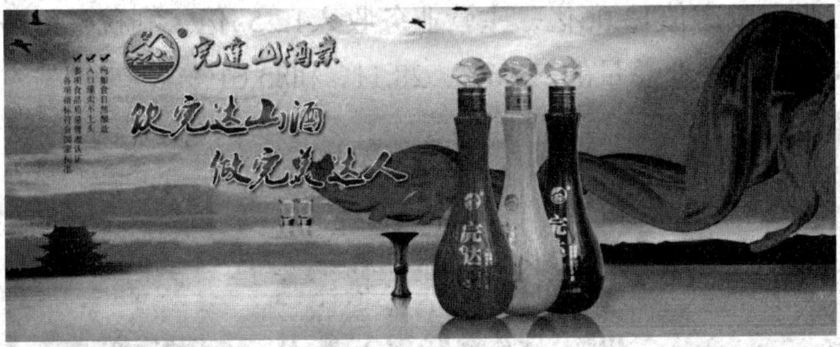

黑龙江虎林完达山酒业产品

全市先后实施了石青山风电场二期、珍宝岛药业综合制剂、汇源乳制品加工等5 000万元以上重点工业项目36个，完成投资40.4亿元。产品的品牌创建也取得了好成绩，绿都集团连续六年入围“中国大米加工企业50强”，“珍宝岛”跻身“中国十佳粮油区域领导品牌”，“珍宝岛珍珠米”被评为首批“黑龙江好粮油”产品；完达山酒业被认定为“龙江老字号”；珍宝岛药业荣获首届黑龙江省政府质量奖提名奖；完达山牌“虎头黄酒”、绿垦牌“黑豆油”获得“全国优质产品奖”，迎春黑蜂椴树蜜获得全国优质蜂蜜品评赛银奖。

2017年，全市工业总产值达43亿元，是1978年2 358万元的182倍，工业增加值达8.3亿元，与“十二五”末比净增1.9亿元。2017年全市规模以上工业（不含农垦）完成现价总产值39.5亿元，销售收入40.5亿元，工业增加值8.1亿元，实现利税7.2亿元。规上企业工业增加值占地区生产总值6%，工业增加值总量在鸡西三县六区中位列首位。医药保健、绿色食品、新型能源等主导产业现价产值，分别占全市工业的29.66%、54.87%和14.28%；利税分别占85.61%、8.09%和6.22%。工业经济取得了长足的进步。

生物医药产业目前，全市有珍宝岛药业、乌苏里江药业、野宝药业、仁皇药业东方红分厂等4家制药企业。2017年，全年医药工业完成产值13.06亿，主营业务收入12.55亿，利税6.203亿，分别占规上企业总量的29.66%、28.11%和85.61%。

黑龙江珍宝岛药业

黑龙江珍宝岛药业股份有限公司为地方规上企业、沪市主板上市公司，现有注射用血塞通、舒血宁注射液、双黄莲口服液等九个剂型43个品种，其中22个品种进入国家医保目录，6个品种列为国家中药保护品种。2017年企业完成工业总产值11.7亿元，实现销售收入11.4亿元，上缴税2.5亿元，是虎林市唯一纳税超亿元企业。

黑龙江乌苏里江药业

黑龙江乌苏里江药业有限公司为民营股份制公司，现有14个剂型、271个品种，其中国家级新药17个，43个品种列入国家医保目录。2017年企业完成工业总产值10 236万元，实现销售收入6 412万元。

黑龙江野宝药业有限公司是由野宝药业、野宝养殖场、野宝酒业组成的集团公司，以生产熊胆、鹿系列产品为主，目前饲养黑棕熊近1 000头，梅花鹿、马鹿300余只，特种野猪2 000余头。年可生产熊胆粉1 000公斤，熊胆酒700余吨，鹿茸血酒300余吨，每年繁殖小熊100多头。“野宝”牌熊胆粉、“清壶”牌熊胆酒双双荣获第二届、第三届中国农业博览会金奖和中国国际农业博览会名牌产品。

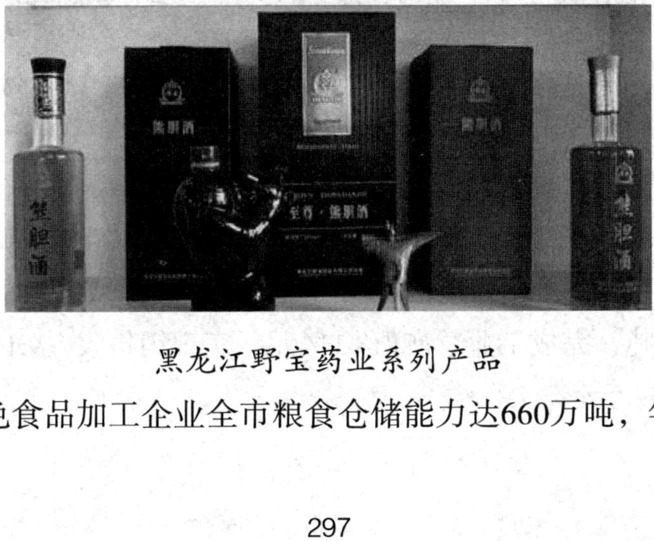

黑龙江野宝药业系列产品

绿色食品加工企业全市粮食仓储能力达660万吨，年加工能力达到400万吨。全市现有绿色食品加工企业195户，其中规模以上农业产业化龙头企业14家，重点大米加工企业84家，绿都集团是首批国家级农业产业化龙头企业。全市共有绿都集团、中粮（虎林）、森林、丰年、中临、龙珠、军鹏等7家年加工能力30万吨以上的水稻加工企业（集团），规模及加工能力在全省排名前列。2017年，全市规上绿色食品企业实现工业总产值21.7亿元，销售收入23.6亿元，利税5 790万元，分别占规上企业总量的54.87%、58.19%和8.09%。

绿都集团设计加工能力73.3万吨，仓容91.51万吨，日潮粮烘干能力3 800吨，自备铁路专用线8条，大米生产线10条，年生产能力40万吨，米糠油年生产能力6 000吨。2017年，加工大米8.9万吨，完成工业总产值3 925万元，实现销售收入3 802万元，上缴税金203万元。

虎林绿都集团大米发往上海专列首发式

中粮米业（虎林）有限公司年水稻加工能力40万吨，目前共拥有3条生产线，日处理稻谷能力达到1 300吨。2017年，加工大米18.1万吨，完成工业总产值8.1亿元，实现销售收入9.1亿元，上缴税金452万元。

中粮米业（虎林）有限责任公司

娃哈哈现有2条乳粉生产线，年加工能力鲜奶7万吨，乳粉8 500吨，拥有一条全自动灌装生产线，主要生产娃哈哈营养快线牛奶果汁饮品、茶饮料、果汁饮料、纯净水等饮料。2017年，完成工业总产值8 869万元，实现销售收入8 924万元。

虎林市娃哈哈乳品有限公司

新型能源企业全市新型能源产业中规上企业有清河泉、热力公司和华电虎林风力发电等3户热电联产企业，规下企业有第三热源、迎春、东方红、庆丰（远达热电）、八五四（金谷热电）、八五〇、八五八等7户供热（热电）企业。2017年，全市规上新型能源企业实现工业总产值5.6亿元，销售收入5.1亿元，利税4 452万元，分别占规上企业总量的14.28%、12.47%和

6.22%。

清河泉（含热力公司）总装机容量7.65万千瓦，年发电4.3亿千瓦时，供热能力达500万平方米，2017年上网发电量为22 390万千瓦时，供热331万吉焦，实现销售收入26 558万元，利润602万元，上缴税金235万元。公司被国家环保部列为生物质发电技术依托单位。

华电虎林风电场，目前总装机容量94.5兆瓦，单机容量1 500千瓦的华锐SL82/1 500型风力发电机组63台，配套220千伏升压变电站两座，50兆伏安主变压器两座，2017年上网发电17 988万千瓦时，实现销售收入8 905万元，利税2 323万元。

虎林风电风机塔筒

黑龙江虎林经济开发区黑龙江虎林经济开发区于2010年4月经省政府批准建立。2014年2月，经省政府批准晋升为省级经济开发区。开发区规划总面积11.7平方公里，内设生物制药、绿色食品加工、仓储物流和对俄经贸4个产业园。近年来，累计投资4亿元，实施了道路硬化、供排水、污水管网铺设等基础设施建设，3.05平方公里的核心区实现了“七通一平”、雨污分离，为企业创造了良好的发展环境。2017年，在经济开发区内成立了行政审批大厅，采取“一个窗口受理、一站式服务办公、一条龙服务”的方式，为企业入驻、建设和发展提供全程服务。

黑龙江虎林省级工业开发区

黑龙江虎林省级工业开发区

目前，开发区已入驻浙江娃哈哈集团、湖北福娃集团、北京汇源集团、中粮集团、珍宝岛药业等30家知名企业，累计固定资产投资达55亿元。这些企业全部达产达效后，年可实现产值80亿元，利税9.92亿元。2017年，开发区企业实现工业总产值30.2亿元，税金2.84亿元，利润4.79亿元。

第三节　交通事业高歌猛进

路通百业兴。伴随改革开放40年，虎林始终把交通基础设施建设放在经济社会发展的重要位置，抢抓机遇，大力发展公路基础设施建设。经过多年来的奋斗，全市交通运输建设发生了翻天覆地的变化，彻底改变了虎林改革开放之初的那种“路难行、交不便、通不畅”的落后局面。

虎林农村公路养护中心

40年前，虎林地方道路建设工作进展缓慢。当时全县13个公社，只有地方道路146.1公里。94个生产大队就有40个没有砂石路，仍依赖泥泞的田间小路。从1978年到1985年，全县的乡镇修了砂石公路，134个行政村有123个铺设了砂石路，地方道路里程达到207.6公里。

如今，虎林交通运输的规模、质量发生了巨大变化，道路运输保障能力显著增强，真正实现了“人便于行，货畅其流”。特别是改革开放以来，全市交通事业发展势头迅猛，域内有高速公路2条，分别是鸡虎高速56.2公里、建虎高速44.3公里，合计100.5公里；国道丹阿公路203.9公里（其中方虎公路131.8公里，虎饶公路72.1公里）；省道珍当公路96.7公里（其中五公公路19.7公里、重复丹阿公路3.9公里、大五公路15公里、东青公路37.8公里、虎八公路17.9公里、村级公路2.4公里）；农村公路866.9公里（其中县级公路20.8公里、乡级公路372.9公里、村级公路236.1公里、专用公路237.1公里）。高速公路的建成，不仅使全市路网结构发生了显著变化，也使国道主干线在虎林境内路段的等级提高到了一个新的水平。

虎林至虎头高速公路

加大了农村路网提升改造力度。近年来，共计投资1.55亿元，建设改造农村公路314.7公里；先后投资2 179万元，新建、改建了义和大桥、兴华桥、西南岔桥、永红桥、青忠桥、平原东桥等28座桥梁。40年间，虎林农村公路经历了从无到有、从弱到强、从强到壮的快速发展新征程。里程从1978年的不足200公里到现在的866.9公里（其中县级公路20.8公里、乡级公路372.9公里、村级公路236.1公里、专用公路237.1公里）；坚持“建养并重，管养结合”，推行标准化、精细化、机械化养护，列养率达到100%。优、良、中等路的比例不低于75%，路面技术状况指数（PQI）逐年上升，做到了与干线路网建设相结合、与区域经济发展相结合、与新农村建设需求相适应的新型农村公路建、管、养、运的新格局。

第四节　科教文卫全面进步

改革开放以来，虎林大力开展科技兴工、科技兴农活动，科技成果不断涌现；教育事业快速发展，教育水平不断提高；基层文化建设朝气蓬勃，推动了和谐社会建设；卫生事业不断进步，人民群众的健康得到保障；体育事业成绩显著。

一、科技创新能力不断增强

40年来，虎林的科学技术体系从几乎空白到逐步发展，科技投入逐年增长，科技基础条件和科研基础设施不断改善，科技人才队伍日益壮大。既要绿水青山，又要科技振兴。

高新技术产业不断发展。建成国家级高新技术企业2家（珍宝岛药业、乌苏里江药业）、国家知识产权优势企业1家（珍宝岛药业）、省级专利示范企业1家（珍宝岛药业），省级专利优势企业2家（新曙光刺五加饮品有限公司和天合科技有限公司）。有16家企业跻身国家科技型中小企业行列，占鸡西地区的25.8%。组织实施《黑龙江省千户科技型企业三年行动计划（2015—2017年）》，累计新注册成立科技型企业49家，新形成主营业务收入500万元以上的科技型企业17家。2017年，全市高新技术产业增加值占GDP比重达到5.8%。

2000年以来，共实施国家级科技项目20项，省级科技项目42项，全市荣获省级科技进步奖12项（其中：一等奖1项、二等奖1项、三等奖10项），市（地）级科技进步奖38项（其中：一等奖20项、二等奖13项、三等奖5项）。此外，还荣获黑龙江省（鸡西分赛区）科技创新创业大赛二等奖1个、三等奖2个、优秀奖1个；荣获第六届中国创新创业大赛（黑龙江赛区）暨第五届黑龙江省创新创业大赛优胜企业奖1个。珍宝岛药业“一种银杏叶组合物及其制备方法”获第十八届中国专利金奖，填补了虎林该奖项的空白。

2017年，市科技企业孵化中心建成投用，新增科技型企业32家，组建30万吨以上粮食加工企业2户，驰、著名商标发展到19个，双平米业、森之源农副产品等4家企业在“双创”板集中挂牌，虎林被确定为全国首个中国青年创新创业板县级试点单位。

二、教育事业蒸蒸日上

百年大计，教育为本。改革开放40年，也是虎林教育事业取得大发展的时期，包括基础教育、职业教育、特殊教育、民办教育等都发生了深刻变化。普及了九年义务教育，人民受教育水平和人口素质得到了快速提升。

1978年，全县有小学110所，在校生18 253人；中学34所，在校生11 116人；1980年全县第一所特殊教育学校“虎林市聋哑学校”成立，在校生15人；1983年虎林中等职业学校“虎林县农民中专”和“虎林县职业高级中学”相继成立，在校生共计472人。1985年幼儿园124所，分为机关、事业、企业、村屯以及个体五类，入园幼儿5 229人。

虎林高级中学校园

截至2018年10月，全市共有普通高中4所，在校生3 905人；职业高中1所，在校生293人；初级中学9所，在校生5 893人；小学19所，在校生6 719人；特殊教育学校1所，学生在籍人数103人。属于教育行政部门举办的幼儿园17所，在园幼儿数1 710人；民办幼儿园14所（其中普惠性幼儿园6所），在园幼儿数1 273人，幼儿在园总数2 983人，形成了一条从幼儿到高中完整的教育链条。

虎林实验小学鸟瞰图

校舍及其他硬件建设迈上新台阶。1978年，全县学校校舍城镇为砖房，农村为土坯房，生均面积约2.1平方米。到2018年，全市学校、幼儿园校舍全部为楼房化，生均占地面积34.06平方米，生均体育场面积12.51平方米，生均校舍面积8.84平方米，生均辅助用房面积5.13平方米，生均教学仪器设备3 016.84元。每百名学生拥有计算机15.76台，生均图书33.76册。

教师队伍建设不断加强。1978年，全县普通中学教职工人数972人，其中专任教师873人；小学教职工人数936人，其中专任教师904人。2018年，现有在职教职工1 607人，分别为高中174人，职高147人，初中487人，小学625人，幼儿园90人，事业78人，特岗教师6人。教师中正高级职称2人，高级职称333人，一级职称851人，二级职称318人，三级职称及未定职称50人。高级教师占教师总数21%，一级教师占教师总数53%。学历达标率高中97.57%、职高97%、初中100%、小学100%、幼儿园100%。

2016年，全市义务教育学校全部达到标准化合格学校。全市义务教育学校全部配齐了功能室仪器装备；完成“三通两平台”建设，义务教育学校全部百兆光纤入校园，实现班班通；实现校园电子监控全覆盖。2017年通过义务教育发展基本均衡县国家级评估认定。自1978年至2018年间，虎林市通过高考共向高等院校输送考生19 000余人。高级中学2018年高考取得建校以来最好成绩（本科录取609人，专科录取400人）。实验小学荣获“全国足球特色学校”、“全省跆拳道传统项目校”；宝东中心学校被确立为“省级越野滑雪传统校”、“中华优秀艺术传统校”；杨岗镇中心学校被认定为“全国中小学中华优秀文化艺术传承学校”。

三、文化体育事业繁荣活跃

文化是民族的血脉，是群众的精神家园。虎林的文化沉淀深厚，红色文化、垦荒文化、知青文化贯穿和丰富了虎林人文精神。改革开放40年来，坚持全面夯实文化发展基础，提升文化发展品质，不断推进城乡文体设施建设，丰富群众文艺和文化活动，全市的文化建设得到了长足发展。

截至2018年，全市城区建有文化馆、图书馆、博物馆、新华书店、电影院、体育馆、塑胶跑道体育场各1处，文体广场10处，建有社区文化服务中心5所，文化活动室12处。11个乡镇全部建有300多平方米标准化综合文化站，78个行政村配有文化活动室，农家书屋实现行政村全覆盖，市、乡、村三级文化服务网络体系已经基本形成。7个乡镇建有1 200平方米体育健身工程，60个行政村建有600平方米的农民体育健身工程；全市健身路径覆盖率达到67%，城乡居民15分钟健身圈初步形成。目前，全市有秧歌、高跷、地蹦子、剪纸、木雕等20余项特色文化项目。

公共文化服务能力不断提高。近年来，充分发挥图书馆、文化馆、博物馆以及乡镇文化站等文化部门窗口单位的宣传阵地作用，进一步提高“三馆”的免费开放服务质量。

2018年，将市电影公司、电影院进行改制，保留农村公益电影放映职能，商业电影推向市场。市政府将原影院放映厅改造为集文化活动、教育培训、数据采集、信息传输等功能于一体的文化馆活动中心。改造后的活动中心总面积为1 900多平方米，加上文化馆原有两处馆舍，总面积超过3 500平方米，达到了国家一级文化馆标准，可同时开办10余个门类的培训内容，全年可培训2万人次文艺爱好者；可举办书画、美术、摄影等展览，接待能力可达5万人次。

图书馆是于1976年在虎林县文化馆图书室基础上建立起来的，藏书量由1978年的15 000册达到2017年的52 783册。2018年虎林市政府投入200万元实施图书馆升级改造工程，使用面积将达到1 500平方米，馆藏图书达到70 000册，可同时接纳近400人。

侵华日军虎头要塞为国家二级博物馆，1999年施工建设，2000年正式对外开放。2003年，侵华日军虎头要塞博物馆被省政府列入省级爱国主义教育基地；2006年，被列入国家第六批重点文物保护单位；2009年，被评为全国红军小学建设工程爱国主义教育基地。

文化下基层活动常态化。2014年以来，政府搭台，百姓唱戏，全市每年都举办迎新年音乐会、秧歌展演、焰火燃放等迎新春系列活动，常态化开展“珍宝岛之夏”文艺展演活动和“绿野放歌”送戏下乡等活动。每年“珍宝岛之夏”文艺会演不少于50场。新时代“红色文艺轻骑兵”送文化下乡宣传党的政策，每年下乡演出不少于85场，《板舞龙江赞丝路》和《海鹰和她的妈妈们》参加2017年黑龙江省舞蹈大赛，分别获荣中老年组一等奖和二等奖。1996年，虎林被文化部授予“中国民间艺术摄影之乡”称号；2008年以来《碧波孔雀》等30个原创文艺节目获得国家省市奖项。

高度重视文物保护。虎林市文物管理所成立于1988年。经第三次全国文物普查登记，市辖区内共有不可移动文物点66处，包括古遗址21处、古建筑1处、近现代遗址44处。其中，重点文物保护单位共有15处。全国重点文物保护单位1处：侵华日军虎头要塞遗址；省级重点文物保护单位3处：虎头关帝庙、安兴城址、珍宝岛战迹地遗址；其余11处为县级重点文物保护单位。

广播电视事业加快发展。改革开放初期，虎林主要以有线广播为主体，用扩大机通过有线传输覆盖城乡，每天自办广播节目15分钟左右，每天早中晚三次播出。电视差转台差转林口804信号，用电子管发射机每晚转播中央、省新闻节目。923转播台转播中央、省第一套中波广播节目。

现今，虎林的广播电视设备的数字化、网络化改造进一步加快，广播电视节目从录制、播出、传输到接收大都采用数字编码技术。目前，虎林人民广播电台用1千瓦发射机转播中央、省、市及虎林自办节目，全天20个小时播出。虎林电视台自办频道一套，全天播出20个小时以上。石青山电视调频转播台用数字方式转播中央12套、省4套、虎林1套节目，用模拟方式转播中央电视台第一套、第七套、黑龙江电视台第一套模拟节目，用调频频率转播中央人民广播电台、省新闻广播、省生活广播等10套节目，用CDR（数字）的方式转播中国之声节目。建有4个农村转播站，分别是虎头、杨岗、阿北、迎春转播站，分别是中波、调频转播中央省市数字节目。

不断改进新闻报道，加大了对虎林经济社会发展和民生领域等重大主题、重大事件新闻的播报，突出新闻的亮点，实现日新闻15分钟左右，每周播出《看虎林》《百姓事》15分钟左右，每周天气预报、一周要闻回顾20分钟左右，每天自办新闻30分钟以上；其他资讯类栏目3个小时，公益广告投放量每小时8次。仅2017年，共在中央台发稿15条；省电视台发稿162条；省广播电台发稿232条。鸡西《新闻联播》发稿18条。广播电视新闻节目的吸引力和影响力不断加大。

体育活动蓬勃开展。全民健身工作蓬勃发展，竞技体育实现新突破，体育事业发展势头良好。2014年，投资700万元建成总面积为21 600平方米，400米标准环形塑胶跑道以及人造草坪场地7 808平方米的标准塑胶跑道，维修改造业余体校体育馆900平方米。2014年以来，每年举办的体育比赛及健身活动不少于16场，参与健身比赛人群达到6万人以上。虎林市涌现出一批优秀运动员，自2016年以来，从虎林走出的运动员获得世界级比赛冠军6个，亚军2个；省和国家级冠军7个，亚军7个，季军4个。如满丹丹获第十二届全国冬季运动会越野滑雪女子短距离（自由）冠军，2017年2月札幌亚冬会越野滑雪女子1.4公里个人短距离项目，力克群雄，问鼎桂冠，摘得首金。此外，还有公路自行车运动员梁红玉、柔道运动员刘永泽、马拉松运动员李佳伟等都在国家和省级大赛中取得了好成绩。2018年，虎林市获得“黑龙江省群众体育先进单位”荣誉称号。

满丹丹在黑龙江省第十三届运动会上夺金

四、卫生事业持续进步

没有全民健康，就没有全面小康。40年的发展，城乡医疗条件持续得到改善，居民医疗保障水平不断提高，疾病防治能力不断增强，居民看病就医更加便利，社会保障不断进步，人民群众健康水平得到了显著提升。

改革开放初期，虎林城乡医疗条件有限，医院环境简陋，业务用房欠缺，科室设置不全，床位较少，居民医疗缺乏保障，居民医疗保健支出较少。县人民医院1978年仅有床位194张，工作人员188人。中医医院改革开放初期，仅有300平方米的小平房，只能开展门诊工作，无住院处。妇幼保健院在70年代末期，仅有400平方米的平房，编制零床位。

经过40年不懈努力，截至目前，虎林市（不含农垦、森工）现有各级各类医疗卫生机构180家，其中，县级医院4家（市人民医院、市中医医院、市妇幼保健院、市红十字医院），开放床位773张；乡（镇）卫生院11个（不含分院），开放床位104张；村级卫生室95个；中心血库1个；社区卫生服务中心1个；疾病预防控制中心1个；结核病防治所1个；卫生计生综合监督执法局1个；个体诊所51个；民营医院3家，开放床位127张；全市医疗卫生机构在职人员共有1 286人（县级医院907人，社区卫生服务中心及乡镇卫生院286人，村医及个体民营医院317人，疾控、监督等93人）。目前，全市已拥有卫生专业技术人员1 110人，其中：高级职称203人，占18.28%；中级职称372人，占33.51%；初级职称420人，占37.83%。市人民医院被评为二级甲等综合医院；市中医院被评为二级甲等中医医院；市妇幼保健院被评为二级甲等妇幼保健医院。

市立医院建设步伐加快。市人民医院于2011年在原址建成了13 313平方米的12层综合住院大楼。如今医院建设面积已达到2.5万平方米，编制床位300张，职工480名。建筑面积为2 300平方米的市人民医院感染科大楼计划2018年底投入使用；市中医院于2017年

12月新建，业务用房面积达到8 500平方米，现开放床位133张；建筑面积5 060.29平方米的中医院康复大楼预计2018年年底前投入使用；市妇幼保健院于2017年12月新建，业务用房面积达到6 600平方米，开放床位达63张；市红十字医院在改革开放初期是一家铁路卫生所，现已经成为一家门类齐全的综合二级乙等医院。

医疗质量和医疗技术有新提升。与40年前的单一、简单诊疗技术相比，现在医院开展了二级医院巡查，落实首诊医师负责制、三级医师查房制度、会诊制度，确保了医疗的质量。全市4家公立医院与哈医大一院、二院、四院、省儿童医院，鸡西煤矿医院、鸡西市人民医院建立了技术协作和远程医疗服务。同时，不断开展新技术、新项目服务，相继开展了全髋关节、人工股骨头、人工膝关节置换、无痛胃肠镜技术、四维彩超检查项目、糖尿病健康教育及胰岛素泵使用、H型高血压的筛查及治疗、支撑喉镜下声带息肉切除术、肿瘤标志物、系统性红斑狼疮检测、无创DNA和唐氏筛查等新技术、新项目，填补了虎林市在该技术方面的空白。

虎林市人民医院综合住院大楼

基层医疗基础设施建设不断完善。目前，全市共有乡（镇）

卫生院11个（不含分院），开放床位104张，卫生技术人员174人，其中：高级职称18人，中级职称39人，初级职称95人。加强了以贫困村为重点的基层医疗机构基础设施建设，全市11所乡镇卫生院全部达标，95个村卫生室，达标率92%。

公立医院综合改革稳步推进。2015年11月，全面启动公立医院综合改革，全市4家市级公立医院占比降36.42%；全市医疗费用增幅为1.26%，控制在鸡西市指标范围内。优化了急救转诊流程，开辟绿色通道，初步形成了分级诊疗、双向转诊、有序就医的格局。目前，全市贫困人口大病重病患者县域内门诊60岁以下慢性病报销比例65%，60岁以上报销比例提高到70%。

第五节　商贸旅游方兴未艾

改革开放至今，是虎林商贸、旅游业高速发展的40年，全市的商贸服务业、旅游、电子商务、对外贸易等多个领域都有飞跃式进步。

一、商业经济不断发展

1978年，全县社会消费品零售总额只有4 577万元。1985年，全县各类商业机构发展到1 385家，社会消费品零售总额达9 406万元。1998年，全市商业机构发展到了2 813家，社会消费品零售总额达到了46 727万元。到2005年，全市私营企业发展到163户，从业人员2 450人；个体工商户8 852家，从业人员14 092人。社会消费品零售总额达到64 977万元，是1998年的1.4倍。至2017年，经过10年的发展，虎林市商业网点发展到9 654家，其中以工业品流通业、餐饮业、零售业为主，分别有

1 777家、2 659家、3 774家。2017年，实现社会消费品零售总额32亿元，是1985年的34倍。

为贯彻落实国家“互联网+”发展战略，扎实推进虎林市电子商务产业发展，打造社会经济发展新增长极，市政府于2015年投资1 000万元，启动建设了集绿色食品展示、电商企业入驻、小微企业孵化、大学生创业为一体的电子商务产业园。农商行建成了惠商城电子商务交易平台，博通公司和绿都集团分别成功对接了京东商城和黑龙江省大米网，开通运营了京东商城虎林地方馆、大米网虎林分站。至2017年，全市登记注册涉及电子商务的企业和个体工商户达到40户，自建电子商务平台10个，网店、微店活跃商家400余家，从业人员1 000余人，电商配套物流服务企业16家，全年实现线上交易额2 615万元。

二、对俄贸易稳步健行

口岸建设。1992年10月，中俄两国外交部正式换文确认虎林至马尔科沃口岸为双边一类公路客货运输口岸。同时，中俄双方确认共同投资96万美元，修建了松阿察界河大桥，设计年进出口货物能力260万吨，进出境人员能力100万人次。1993年5月，虎林口岸正式开通，当年实现进出口货物22 273吨，进出境人员7 171人次。1995年7月20日，松阿察界河大桥竣工通车。

2005年起，市政府持续加强口岸基础设施建设，相继建成了7 000多平方米综合办公楼、2.4万平方米停车场、13万平方米海关监管货场、仓库等办公和基础服务设施。建成防疫快速检测室、检验检疫消毒平台、海关留验货物储存库、进口粮食查验场、边民互市贸易区、冰鲜水产品检疫室等功能设施，以及枪球联动报警系统等跟踪侦测安全设施。同时，以完善的基础设施为依托，着力打造特色口岸，积极对上申报各项专业资质，虎林口岸先后获得了进境粮食指定口岸、冰鲜产品进口指定口岸、中国首家进口俄罗斯牧草试点口岸等资质。

虎林口岸

进出口基地建设。2010年，落实虎林镇蔬菜出口种植基地面积6 000亩，建设蔬菜大棚700栋，主要种植西红柿、黄瓜、青椒、尖椒、茄子、马铃薯、白菜、卷心菜等。其中：番茄、马铃薯、甘蓝等产品成功获得了黑龙江省无公害农产品认证、出口蔬菜地理标识认证。至2017年，全市外经贸企业发展到60家，在境外承包林地55万公顷，年采伐量7万立方米；种植土地60万亩，年回运粮食约2万吨；开发天然牧草场5.2万亩，年进口牧草约500吨。打造了内外联动的木材加工、农业开发和牧草种植三大基地。境内方面，建成以进口木材深加工、进口粮食深加工为核心的两大园区。构建了板材进口——实木门及地板块加工——内销、大豆进口——腐竹加工——出口等跨境产业链。

虎林口岸旅检大厅

进出口贸易。1993年，当年实现进出口总值430万美元。进入新世纪，虎林对外贸易进入了高速发展阶段，2000年实现进出口总值1 096万美元，2009年实现进出口总值15 194万美元，2013年达到历史最高峰值34 907万美元。进出口货物品种扩大到大米、服装、轻工产品、家电、木材、水产品、山产品、基础油、石油、钢材、电梯、镀锌板、小百、编织袋、彩钢瓦、废旧金属、钢结构等百余种。2017年，虎林口岸进出口货物4.24万吨，比上年增长17%、进出境人员3.66万人次，比上年增长56%，实现进出口总值8 070万美元，比上年增长349%。口岸开通运营至今，已累计实现进出口总值23亿美元。

三、旅游发展欣欣向荣

虎林的旅游业发展从无到有，从小到大，从单一景点、单一区域，逐步发展到全域旅游，从旅游行业发展到旅游产业而逐步壮大起来的。虎林旅游潜力巨大，拥有大界江、大湿地、大冰雪、大森林等塞北自然风光和战争遗址、历史文物等旅游资源。“风景这边独好”。

国家级珍宝岛湿地

1987年3月，虎林县人民政府旅游办公室正式成立，与县外事办公室合署办公。1992年11月，从县外事旅游办公室划出，成立虎林县旅游局。

1998年之后，虎林的旅游业进入了一个集中投入、全面发展的新时期。市政府先后编制《虎林市旅游策划》《虎林市旅游总体规划》《虎头旅游开发区总体规划》等一系列规划蓝图。确定了构建“一心”（虎林市中心城市景区）、“两镇”（虎头镇、东方红镇）、“一带”（乌苏里江自然风光带）、“一点”（宝东生态农业旅游点）、“六区”（虎头旅游开发区、珍宝岛旅游区、虎口旅游区、神顶峰旅游区、八五六现代农业旅游区、石头河水库度假区）、“一口岸”（2000年6月，虎林口岸对俄双边旅游开通）的空间格局和贯穿全市、辐射全省、跨越国界的“Q”字形大旅游网络。2005年12月，国家旅游局正式评定虎林市为“中国优秀旅游城市”。

景区建设。截至2018年8月，虎林直接用于旅游基础设施和景区（点）建设资金达18.6亿元。新建和整修各式景区道路140余公里；扩建了1.78万平方米的虎头江滨广场；开发了虎头、月亮岛、青山水库、虎林口岸、珍宝岛湿地、珍宝岛、月牙湖、东方红湿地、第二次世界大战终结地纪念园、千岛林、八五六农业旅游示范区等精品旅游景区（点）26个。

虎林千亩荷花湖

旅游线路。景点开发了虎林域内20多条旅游功能线路。有生态观光考察、文化考察、休闲度假、森林探险等，将不同景点串联起来。境内主要旅游景点有月牙湖、珍宝岛、珍宝岛湿地、乌苏里江、天下第一虎、侵华日军虎头要塞遗址博物馆、侵华日军虎头地下要塞、二战终结地纪念园、侵华日军巨炮阵地、关帝庙、虎林口岸、鑫人合滑雪场、月亮岛俄罗斯风情水上乐园，等等。

虎头乌苏里江风景区观光塔

跨境旅游。2000年6月，虎林口岸对俄双边旅游正式开通。经旅游部门的努力，虎林对俄旅游已由最初的一日游，增加到两日游、四日游、五日（狩猎）游、七日（狩猎垂钓娱乐）游、三十日（商贸）游，出入境人数不限。旅游线路也由初期的两条发展到多条。主要有海参崴精品小型团品质的四日游、锡霍特山脉原始森林原生态体验之旅，列索、伊曼之俄罗斯风情小城三日游、堪察加半岛原始风貌的探索之旅与海上垂钓的激情体验、俄罗斯海参崴狩猎五日游、俄罗斯贝加尔湖自驾十日游等。

旅游服务。1998年，虎林成立第一家旅行社——虎林国际旅行社，发展到今天，已有5家旅行社在虎林落户。分别是：虎林国际旅行社、华夏国际旅行社、黑龙江中旅国际旅行社有限公司虎林分公司、哈尔滨观光旅行社有限公司虎林分公司、哈铁国旅虎林分社。其中，虎林国际旅行社拥有对俄边境旅游和国内游组团资质。全市旅游住宿接待条件持续改善，目前拥有星级宾馆3家、连锁宾馆2家、快捷酒店5家及社会旅馆多家。

2001年，全市接待游客14.1万人，旅游收入1 555万元。经过多年的发展，到2017年，全市接待游客290万人，旅游收入11.89亿元。从2001年到2017年，共接待游客1 634.1万人，旅游收入51.83亿元。

虎林迎春八里沟冰雪乐园

市域内国营农场和森工林业局旅游建设。东方红湿地旅游景区2015年被评定为国家AAAA级旅游景区，东方红湿地类型包括河流湿地、泛洪湿地、湖泊湿地、草本沼泽湿地、森林湿地和灌丛沼泽湿地所有三江平原的湿地类型，是我国同等湿地自然保护区中保持最为完好的原始湿地之一，2016年，被评为“黑龙江十大最美湿地”。国家AAA级景区千岛林景区，位于乌苏里江畔、小穆棱河下游，三河一江环抱，与俄罗斯列索扎沃茨克市隔江相望。景区辐射林地资源6 008公顷，水面9 137.9公顷，湿地草原6 003公顷。此外，还有东方红湿地国家级自然保护区、南岔湖国家湿地公园、石海公园、神顶峰、八里沟水上冰雪乐园、云山湖、青山湖生态旅游度假区等著名景点。

第六节　城乡建设旧貌换新颜

改革开放40年，沧桑巨变40载。这40年，虎林市固定资产投资从1978年的478万元跃升到2017年的44.28亿元，2018年虎林市固定资产投资同比增长12.5%。2018年末，虎林市人均居住面积达到28.6平方米。仅“十二五”时期，城乡基础设施建设实施项目14项，累计完成投资2.5亿元，实施了城市道路改造、园林绿化和城市道路配套建设工程等多项城建工程，不断完善城市功能，提升综合承载能力，着力打造宜居、宜业、宜游的新虎林。目前，虎林城区总规划控制面积90平方公里，建成区为11.14平方公里。在大力实施了城镇化带动战略的同时，加强乡村基础设施建设，强化村镇风貌整治，规划建设干净整洁、留得住“乡愁”的特色小城镇、美丽新农村。

居民基本住房条件不断改善。1986年，虎林累计房屋面积为82.8万平方米。其中，公有住宅面积31万平方米，私人住宅面积4万平方米，人均居住面积为5.5平方米。1990年，经过住房制度改革，虎林的房屋建设得到了快速发展，总面积已增长到95.3万平方米。其中，公有住宅13.5万平方米，私人住宅34万平方米，人均居住面积达6.3平方米。1995年，经过9年的发展，房屋建筑面积增长到127.7万平方米。其中，公有住宅19.1万平方米，私人住宅49万平方米，人均居住面积提高到7.6平方米。

住有所居，住房保障工作效果显著。2008年起，开始实施廉租住房建设，开始实施城镇最低生活保障家庭住房租赁补贴政策。2009年起，全市启动面向低收入家庭的经济适用住房建设。截至目前，全市累计建设经济适用住房66套，建设廉租住房768套。累计对城镇低保、低收入家庭发放廉租住房租赁补贴36 353户。通过保障性住房配租配售与发放租赁补贴相结合的方式，已有千余户住房困难家庭的住房问题得到有效改善。

城镇基础设施建设日趋完善。改革开放之初，虎林市政基础建设十分落后。受当时的外部环境和经济发展情况的制约，全市路网布局极不完善，县城只有几条沙砾铺就的主干道，硬化路面几乎为零。1985年，虎林镇共有混凝土路面总长1.5公里，是镇内路面总长的5.2%，其余都是砂石路面。近年来，虎林市容市貌早已焕然一新，截至目前，全市共有城区主次干道60余条，总长度50 537米，总面积608 641平方米，道路硬化率为100%；安装路灯6 054盏，亮化率100%。

虎林市虎林镇站前广场

保洁方面，现有垃圾处理厂1处，各种环卫作业车辆90余台套。实施机械化清扫（包括清雪），城区全天候保洁，垃圾日产日清，城市生活垃圾无害化处理率100%。新建改造公厕24座，维修43座，全部免费开放。实施农村环境整治示范项目8个，建成垃圾转运站12座，配置垃圾清运车46辆、垃圾箱5 500余个。

在城市集中供热方面，虎林镇内原有集中供热管网83公里，供热能力达400万平方米。随着城市的发展，2017年，新上第三热源，增加锅炉2台，新增供热管网5公里，供热能力增加240万平方米，全市集中供热面积增加到620万平方米，集中供热率90%。

虎林市虎林镇建设街

有效保障供水。城区有供水管网208公里，规模为每日2万立方米的自来水厂保证全天候24小时供水。供水面积达到10平方公里，服务人口7.2万人，总户数3.2万户。2017年，新铺设改造供水管线5 929米，新建阀门井24座。

城市污水净化。市区累计敷设污水管网7.5公里，建成日处理能力1万吨的污水处理厂，污水处理率达到83.1%。目前正在实施净水厂升级改造，污水处理厂一期提标改造工程和污水处理厂二期工程建设。

生态与人居环境质量明显提升。随着城市空间拓展加速，城市格局不断优化，城市公共服务能力大幅提升，生态环境、人居环境得到明显改善。1981年，虎林镇内有绿地5.5公顷，人均绿化面积1.6平方米；到1985年，城区植树达7.5万株，绿化面积达31公顷，绿化覆盖率为9.3%。2009年完成城区八条主干道、四公里环城路、东西南北四个出口的绿化工程，完成了耕农山、东山公园纪念林栽植任务。2017年，维修街路3.3万平方米、背街巷道3万平方米，新增绿地2.7万平方米，改造公厕6座，完善五虎山公园基础设施，完成高速路口至迎宾路亮化工程。截至目前，全市建成区绿地面积达到439.6公顷，绿化覆盖面积达到459.23公顷，建成区绿化覆盖率42.6%；公共绿地面积127.79公顷，人均公共绿地面积15.4平方米。

虎林镇内有公园4个，公园总面积390 511平方米。分别是东山公园、迎宾公园、和谐园、五虎山公园。有广场4个，分别是吉祥广场、站前广场、文化广场、政府广场，总面积67 528平方米。有游园2个，分别是西大沟游园和孔子游园，总面积达51 486平方米。

虎林市迎宾公园

小城镇建设步伐加快。为改善小城镇居民生产生活条件，推动小城镇经济社会快速发展，加速推进城乡一体化、农村城镇化进程，先后出台了《虎林市百镇建设实施方案》、《虎林市小城镇建设实施方案》和《虎林市虎头地区旅游发展总体规划及虎头旅游城镇建设规划》等。2013年至今，共编制3个乡镇的总体规划和7个村庄的建设规划，共改造农村泥草房15 396户，砖瓦化率达91.13%。新建11个村级文化广场，有5 643户农民用上了分布式能源卫浴一体房，12个美丽乡村示范村通过省级验收，六人班村入选全国文明村。

第七节　生态环保成绩斐然

绿色生态是虎林的核心竞争力。近年来，虎林大力实施“蓝天、碧水、青山、净土”四大工程，进一步优化生态环境，加快发展生态经济。2015年，全年空气质量优良天数达到340天以上，城区日空气质量优良天数比例为93.3%，地表水水质达到Ⅲ类比例为68.75%，与2014年相比提高幅度为3.1%；2016年，城区日空气质量优良天数比例为95%，同比增长1.8%，无严重污染天数。地表水水质达到Ⅲ类水质比例为75%，提高幅度为9.1%，无劣Ⅴ类水体；2017年，环境空气质量优良天数比例95.2%，提高幅度为0.2%，重污染天气比例未超过0.3%。地表水水质达到或优于Ⅲ类水质比例为7.78%，提高幅度为2.78%，无劣Ⅴ类水体。

自然保护区建设成绩显著。目前，全市辖区范围内有4个自然保护区，分别为珍宝岛湿地国家级自然保护区、东方红湿地国家级自然保护区、虎口湿地省级自然保护区和七虎林县级自然保护区。

虎林获国家首批、全省唯一国家生态文明建设示范市

珍宝岛湿地国家级自然保护区。珍宝岛湿地保护区总面积44 364公顷，其中核心区18 378公顷，缓冲区11 263公顷，实验区面积14 723公顷。2002年4月，经黑龙江省政府批准为省级自然保护区。

东方红湿地国家级自然保护区。2009年，经国务院批准成立国家级自然保护区。保护区总面积调整为31 516公顷。保护区核心区面积为16 000公顷；缓冲区6 500公顷；实验区9 016公顷。

虎口湿地省级自然保护区。1997年2月由省政府批准建立，由省农垦总局主管。总面积为15 000公顷，其中核心区面积1 700公顷，缓冲区2 200公顷，实验区11 100公顷。

七虎林县级自然保护区。保护区总面积8 479公顷，其中核心区面积3 102公顷，缓冲区面积2 913公顷，实验区面积2 464公顷。七虎林自然保护区属于森林生态系统类型的自然保护区，主要保护对象为温带珍贵硬阔叶林生态系统及栖息于此的珍稀濒危野生动植物。

国家生态文明建设示范市建设成果丰硕。2000年，虎林被国家环保总局第一批命名为国家级生态示范区。2012年，虎林被省政府列入全省首批省级生态县创建试点，2014年1月成功晋级为省级生态市。2017年9月，被国家环保部命名为全国首批国家生态文明建设示范市。2018年1月，国家生态市又喜获环保部验收达标，这标志着虎林市生态文明建设进入了新的发展阶段。

穆棱河虎林段水环境治理成效显著

第八节　扶贫与社会保障工作扎实推进

“小康路上不落一人”。2018年，全市共有建档立卡贫困人口942户、1 864人、贫困村7个，已脱贫559户、1 086人、贫困村5个。今年计划脱贫359人，剩余2个贫困村全部退出。2017年共改造贫困户住房188栋，完成43个村的饮水安全改造。

截至目前，城乡居民基本养老保险、医疗保险、城镇职工“五险一金”基本实现全覆盖。城乡居民个人年均交纳养老保险费用105.6元、医疗保险费用210元，城镇职工养老、医疗保险按照工资8%、2%交纳；退休职工和符合条件居民月均领取养老金分别为2 176.8元、117元。城乡居民医保本级住院报销比例70%，年报销封顶线8万元；城镇职工万元以上医疗费用个人负担8%，退休人员减半，年报销封顶线13万元；大病保险居民和职工报销封顶线分别为20万元和25万元。城乡低保对象现有6 238人，其中城镇5 080人，农村1 158人，低保标准为城镇每人每月540元，农村每人每年3 780元。

第九节　区域融合发展壮大综合实力

虎林行政区域内驻有隶属农垦牡丹江管局的八五〇、八五四、八五六、八五八、庆丰、云山6个国营农场和隶属省森工总局的东方红、迎春2个森工林业局，均先后建立于建国初期，经过几十年百折不挠、艰苦卓绝的创业，取得了令人瞩目的成就，在保障国家粮食安全生产、提供祖国建设所需大量木材等方面，做出了巨大贡献。

农场的农业基础持续稳固，农业产业化建设不断加快，综合产能大幅提升，在保证粮食总产量稳定增长的前提下，工业、交通运输、商业、畜牧、服务和旅游等各业也得到蓬勃发展。森工林业局在国家实施天然林保护后，把经济发展从资源消耗型转向生态保护型，重新构建了生态经济体系，由原来单一的木材经济转向以北药、蜂业、旅游、农业、木材加工、山副产品加工等多种经济成分并存的产业格局，实现了新旧动能接续转换。健全社会服务、医疗教育、社会保障体系，实现了经济社会和谐发展，小城镇面貌日新月异，人民生活日益殷实，形成了虎林地方与国营农场、森工企业密切协同、发展共赢的良好局面。

一、八五〇农场

八五〇——王震将军点燃第一把垦荒圣火的地方

八五〇农场始建于1954年，是王震将军率领铁道兵亲手创建的第一个军垦农场。农场总人口1.44万人，土地面积521平方公里，下设7个管理区和26个工商运建服企业。农业生产以生产绿色食品为主，拥有耕地50.1万亩，林地13.5万亩，水田面积已达到35.8万亩，农业机械化程度和科学管理水平已处于全国领先地位，是全国农业标准化示范农场。

八五〇农场现代大农业

小城镇建设初具规模，基础设施完备，服务功能齐全，农场（场部）各类建筑物总面积达82.7万平方米，住宅总面积53万平方米，主干路全部实现硬化，自来水普及率达到100%，集中供热面积覆盖80%以上，城镇绿化覆盖率达到41%以上。农场先后荣获“国家级生态乡镇”、首批“黑龙江垦区卫生小城镇”、“全国文明单位”、“全国绿化先进集体”等荣誉称号。

2017年末，全年实现生产总值14.5亿元，比上年增长6.6%。第一产业7.4亿元，比上年增长7.2%；第二产业3.5亿元，比上年增长6.1%，其中工业3.2亿元，比上年增长6.6%；第三产业3.6亿元，比上年增长5.9%。粮食产量为27.9万吨，较上年增长10.3%。实现农场居民家庭人均可支配收入25 098元，较上年增长4%。实现利润总额1 590万元。

八五〇农场新农场建设

农业生产。2017年，落实播种面积3.25万公顷，其中水稻2.43万公顷、玉米0.57万公顷、大豆0.19万公顷、杂豆0.03万公顷，其他经济作物0.02万公顷。

农业基础设施。全年共完成农田基础工程建设投资2 557万元，重点实施了国家新增千亿斤粮食生产能力规划田间工程建设，农机更新总投入4 155万元，新增水旱田机械449台套。重点引进了水稻侧深施肥等新机具，农业机械化程度显著增强。

畜牧业。年末实现奶牛存栏1 300头，生猪存栏2 300头，饲养量5 500头；禽类存栏6 000只，饲养量12 000只；鲜奶总产2 200吨；落实青贮种植面积243.33公顷。

林业经济。充分挖掘林业资源增收潜力，林木种苗、大棚果蔬、地产果、红树莓、食用菌生产等林业产业经济稳步发展。依托林业资源，投入资金20余万元创建了东沟林场“金沟生态庄园”旅游区，通过开展红树莓采摘节、周末篝火晚会等活动，吸引了周边游客前来观光旅游。全年绿化造林投资30余万元，完成造林23.33公顷，栽植各类树木15万株。以创建国家园林城镇为目标，栽植绿化树2.3万余株，使场部绿化覆盖率稳固在45%。

八五〇农场工业园区

产业化发展。全年落实招商项目总投资13 940万元，重点落实牡丹江农垦龙田粮油加工有限公司投资5 940万元的20万吨仓储、发芽糙米加工续建项目和投资5 900万元的52万吨仓储、豆油加工扩建项目，黑龙江圣谷科技发展有限公司投资3 100万元的玉米及特种经济作物精深加工续建项目。积极开展农产品质量追溯体系建设，不断扩大可追溯种植基地规模，绿色食品加工企业达到4家，有效使用绿色食品标识个数达到17个。水稻种植实现产品质量追溯全覆盖，全年实现64个批次精洁米的全程可追溯，追溯精度到作业站，追溯深度到初级分销商。开展追溯精度到户的精准溯源面积401.67公顷。

二、八五八农场

八五八农场千岛林风景区

八五八农场始建于1956年4月，全场总面积为742.8平方公里，人口近2万人。农场自然资源丰富，拥有耕地4万公顷，林地1.13万公顷，牧地草原0.6万公顷，水资源1万公顷。沿江地带虎口湿地保护区150平方公里，被划为省级自然湿地保护区。湿地千岛林景区以小穆棱河流域为中心，外延至虎口湿地和天然次生岛状林，面积达0.6万公顷。

农场现有8个农业管理区，6个大米加工企业，医疗卫生、学校教育等公共服务设施齐全，城镇建设形成了“一街、五路、九小区”的框架布局。

2017年末，农场实现生产总值160 672万元，其中第一产业103 669万元，第二产业26 713万元，第三产业30 290万元，人均生产总值17.66万元。农林牧渔总产值168 661万元，固定资产投资17 941万元，社会消费品零售总额42 271万元，居民人均可支配收入26 013元。

农业。2017年农场种植面积3.8万公顷，粮食总产实现32.1万吨，其中水稻总产31.2万吨，水稻9 022.5公斤/公顷。2017年，投资1 469万元用于田间路、沟渠维护、育秧基地改造、农具场和晒场建设；投入4 916.3万元用于农机更新，推广各类农机具、粮食烘干设备689台套；投资166.2万元完成粮仓改造建设项目，改造粮仓12座；争取省补贴资金300万元，自筹资金120万元，实施奶牛场标准化规模养殖基地项目建设，奶牛存栏1 602头，鲜奶产量5 804吨。

八五八农场万亩大地号

工业。2017年农场整合企业内部、外部5家加工企业，盘活存量资产，引入项目资金9 300万元，实现工业增加值1.3亿元。一是打造八五八千岛林绿色（有机）大米品牌，订单销售鸭稻米、有机米等中高端大米5 000吨。二是由黑龙江省牡丹江农垦鑫仁泽粮食仓储有限公司投资1.2亿元，在农场工业园区新建30万吨水稻仓储设施，年内已全部竣工投产。

旅游。2017年农场全年共接待游客1.6万余人次，实现旅游收入85.25万元。举办农场首届“千岛林开渔节”和第三届“千岛林啤酒节”，受到社会各界广泛好评和高度关注。

民生。2017年，农场坚持把惠民生、解民忧作为发展经济的出发点和落脚点。投资1 630余万元，完成公墓、垃圾填埋场、新建双老活动中心装饰、卫生院消防管道等建设项目。

三、八五四农场

八五四农场始建于1956年7月17日，农场辖区总面积123 908.76公顷，农场总人口25 706人，总户数9 247户。拥有耕地面积67 927公顷，林地面积21 587.7公顷。农业机械总动力25万千瓦。农场下设34个作业站，场部直属单位18个，驻场单位2个。

2017年，实现生产总值22.4亿元，同比增长1.1%。粮食总产56.5万吨，同比增长1.7%。人均可支配收入2.52万元，同比增长4.5%。

农业生产方面。农业生产以水稻为主，其余为大豆、玉米、大麦，兼有红小豆等经济作物。2017年实现总播种面积101万亩，其中：水稻77.6万亩，玉米7.8万亩，大豆14.8万亩，红小豆1.2万亩。水稻、玉米、大豆三大作物平均单产分别为625公斤/亩、635公斤/亩、190公斤/亩。

八五四农场农业科技示范园区

农场拥有“全国绿色食品原料标准化生产基地”三个，合计面积30 000公顷，分别为10 000公顷全国绿色食品原料（水稻）标准化生产基地，6 666.7公顷全国绿色食品原料（大豆）标准化生产基地及13 333.3公顷全国绿色食品原料（玉米）标准化生产基地。境内全面积进行了绿色食品环境监测，同时有3家企业、2类产品、3个商标取得了国家绿色食品标志的使用权。农产品质量追溯系统建设项目实现43 666.7公顷水稻农产品质量追溯全覆盖。8个作物进行了无公害农产品产地认定，6个作物进行了无公害农产品产品认证。有机农产品认证面积9 344.667公顷，认证产品15个。全场共有4 439个家庭农场，其中有4个家庭农场获得农业部命名的“国家种粮大户”荣誉称号，1个家庭农场获得农业部“全国粮食生产十大标兵”荣誉称号。

工业商务方面。工业以“两特一加”为主导产业体系，全场工业涵盖谷物研磨、医药保健、特种养殖加工、特色食用菌加工、新型能源及建筑建材六大产业。拥有工业企业25户，中规上企业9户，省级龙头企业3户。“十二五”期间，农场累计实现工业总产值67亿元，工业增加值18.8亿元，销售收入69亿元，利润2.5亿元，各米业综合仓储能力达到31.38万吨。2017年，农场当年实现工业总产值106 192万元，工业增加值29 978万元，销售收入107 005万元，利润2 114万元。2012年至2017年，工业增加值年均增速保持在6.8%。2011年至2017年招商引资总投资49 136万元（其中：自主筹资9 780万元，外部招商引资39 356万元）；外贸出口额5 481.7万美元；旅游景区接待游客44 100人次，旅游总收入2 465万元。

八五四农场工业园区始建于2004年，规划面积150万平方米，现已形成粮食精深加工区、药业制酒区、机械制造修理服务区、新项目开发区和粮食仓储物流中心“四区一个中心”的经济发展格局。园区内现有企业17家（含3家上划企业及仓储物流中心）。省级龙头企业爱邦实业、绿源农业、野宝药业，总局级龙头企业龙兴米业、春城粮油，亿元新能源企业金谷热电是园区支柱产业。

龙头企业方面。黑龙江野宝药业有限公司。成立于1986年，现占地12万多平方米，厂房9 000多平方米。公司主要产品有："野宝"牌熊胆粉、鹿茸、鹿心血、鹿胎膏、鹿鞭、"清壶"牌熊胆酒、鹿茸血酒等熊胆系列产品和鹿系列产品、白酒、保健酒系列、特种野猪系列产品，共四大系列产品，50多个品种。"野宝"牌熊胆粉、"清壶"牌熊胆酒双双荣获第二届、第三届中国农业博览会金奖和中国国际农业博览会名牌产品；2012年被黑龙江省农业产业化领导小组审定为"农业产业化省重点龙头企业"。

黑龙江农垦爱邦实业有限公司，是一家以农产品加工为主的民营企业。年设计加工能力12万吨，粮食储存能力10万吨，主营产品为大米。该企业生产的"爱邦"牌精洁米获得绿色食品认证，企业通过了ISO9 001国际认证。企业先后被评为"全国农产品加工业示范企业""黑龙江科技创新民营企业"等。

黑龙江农垦龙兴米业有限公司，是一家以水稻种植、加工、销售为主的民营企业。年设计加工能力10万吨，粮食储存能力8万吨，主营产品为大米。该企业生产的"津龙"牌大米获得绿色食品认证，企业通过了ISO9 000国际认证。企业先后被评为"农业产业化总局级龙头企业""农业产业化省级龙头企业"。

四、庆丰农场

黑龙江省庆丰农场始建于1963年，地域总控面积94.2万亩，其中耕地面积66.6万亩，林地面积8.6万亩，草原面积8.0万亩，水面5.6万亩，总人口13 584人（2017年底数），其中退休人员4 059人。

庆丰农场标志性雕塑

农场下设9个管理区（25个作业站）、农业技术推广中心、学校、医院、公路管理站、场直社区管理服务站等18个单位；有隆盛奶牛养殖专业合作社、四方屯旱田种植专业合作社等农民合作经济组织；有鑫信瑞粮食仓储有限公司、远达生物质热电有限公司和大荒龙豆粉厂等企业。

庆丰农场场部全貌

农业发展方面。农场近年来依托国家土地整理、土地整治、农发项目、高标准农田建设项目及农场自筹农田水利项目，改造中低产田30余万亩，建设高标准农田12万余亩；新建大型集中浸种催芽基地2座，集中育秧基地7处、大棚6 800栋，实现水稻

100%集中统供芽种、100%集中育秧。

农场农业生产全过程实施标准化管理，2017年平均亩产水稻650公斤、玉米728公斤、大豆175公斤。截至2017年，农场农机总动力达到15.41万千瓦，农机新度系数0.6以上，水旱综合机械化水平达到98.9%；实施农业部农产品质量追溯项目，水稻优质米生产质量追溯规模达到12万亩，拥有国家绿色食品原料（水稻）标准化生产基地40万亩，其中有机水稻生产基地认证5万亩，绿色食品大豆标志认证9.3万亩。

庆丰农场奶牛专业合作社

畜牧业发展方面。2014年农场投资1.4亿元建设4 800头现代示范奶牛场项目，项目引进了2 500头澳大利亚和新西兰良种奶牛，应用“散栏饲养、全混日粮、TMR配送、集中榨乳、性控繁育、信息管理、全程监控”等先进技术，2018年上半年，全场奶牛存栏4 676头，其中成母牛2 167头，实现鲜奶总产为9 673.1吨，奶牛日平均单产29公斤。

金苑鸵鸟技术综合研发有限公司，占地面积10万平方米，是首家在东北高寒地区鸵鸟养殖成功的企业，现已成为东北三省最大的鸵鸟养殖基地。现鸵鸟存栏600余只，年孵化2 000只以上，对外销售1 000余只，生产加工鸵鸟肉食品20吨。现已成为集旅游、休闲、餐饮、产品深加工为一体的旅游小区，年创纯利润100余万元。

庆丰农场小康建设住宅区

城镇建设方面。近年来农场以扩展城镇空间、完善城镇功能、提升城镇品位为重点，新建阳光、新兴、裕丰、山南小区四个住宅小区，建筑总面积达15.6万平方米，人均住房面积提升到40平方米。完成道路硬化面积6.77万平方米，新建水处理厂、铺设供水供热管道8公里，解决了自来水、供热等城镇基础服务配套设施。实施了振兴大街改造、美化、亮化等工程，新建了客运站、幼教中心、污水处理厂，实施了医院楼房改造、临街楼房立面改造等项目，一座经济繁荣、功能完善、环境优美、秩序井然、文明和谐的现代化小城镇已然建成。

五、八五六农场

八五六农场美丽乡村建设

八五六农场始建于1955年，农场土地总面积1 259.3平方公里，下设7个管理区、29个作业站，实有人口4.3万人。农场总播种面积113.78万亩，其中：水稻110万亩，高产高效作物种植比例达99%，是工、商、林、牧、副、渔各业并举的大型现代化农垦企业，垦区重要的安全食品生产基地。

2017年，农场实现生产总值23.1亿元，居民人均可支配收入2.66万元。农场粮豆总产达到13亿斤，可为全国人民提供一天的口粮。

八五六农场先后荣获全国模范职工之家、生态示范区、产粮大县（场）、优势农产品产业带示范场、水稻标准化生产基地、水产健康养殖示范区等国家级殊荣；荣获黑龙江省文明单位标兵、文化先进单位、群众体育先进单位、环境优美乡镇、卫生乡镇和农业旅游示范点等称号。

农业。2017年，农场按照“稳水稻、减玉米、增经作”的思路，因地制宜地调整种植结构，实现播种面积113.69万亩，实现粮豆总产65.1万吨。落实农业“三减”工作，施肥量降低5%，施药量降低3%，施除草剂量降低10%。累计推广水稻侧深施肥、生物有机肥等节本增效实用技术15万亩。1.6万栋水稻育秧大棚发展蔬菜瓜果种植，实现100%二次利用。农作物秸秆100%还田。稻谷产品质量追溯全面积覆盖，通过二维码识别等方式，实现50万吨稻谷质量可追溯。种植绿色优质水稻2万亩，有机稻米60亩。投资7 553.94万元用于农田水利等基础设施建设，建设高标准农田3.2万亩、水泥晒场4.73万平方米等，提高了农业防灾减灾能力。争取国家农业机械补贴资金1 887万元，自筹补贴资金122万元，更新农机具890余台（套），田间综合农业机械化率达到99.2%。北大荒粮食集团八五六粮食贸易有限公司投资920万元，新建钢结构平房仓1座、保温钢板仓18座，增加仓储2.6万吨。完成农业物联网建设项目，构建全程可控、在控的实时可视管理网络。按照“种养结合，生态循环”原则，因地制宜发展水产、家禽养殖，实现畜牧业增加值1 041万元。

八五六农场现代化大农业

工业。2017年，实现工业总产值5.53亿元，同比增长6.7%；增加值1.65亿元，同比增长7%；利润0.185亿元，同比增长5%。天马酿酒厂开发的雄蚕蛾养生酒生产线竣工投产。北斗翁粮食经销有限公司水稻加工续建项目投入生产。辖区年加工水稻1.2亿公斤，实现利润1 500万元。全年实现外贸出口15万美元。

民生。坚持民生优先的原则，投资4 425万元用于中小学基础设施改造、城镇基础设施配套、公共服务设施配套等建设项目，有效地改善了教育教学环境以及职工群众生产、生活条件。累计筹措资金117万元，用于困难家庭、低收入家庭、残疾人等特殊群体帮扶和救助。按时足额兑现离退休人员各项社会保险待遇，发放社保金2.6亿元。发展生态旅游，推出“候鸟养老”旅游项目，全年接待游客1万人次，实现旅游收入100万元。

六、云山农场

1958年在云山水库工地上王震将军同垦荒战士抬土

云山农场始建于1963年，农场下辖6个管理区、15个作业站、1个水利管理站、3个居民委员会、6个派驻机构、5个私营企业。场部地区有中学、小学、医院、农业发展中心、公路站、客运站、通讯中心、供电局、供暖站。总户数5 642户，人口13 603人。2017年农场实现生产总值13.39亿元。比上年增长6.6%。其中：第一产业7.85亿元，比上年增长7.6%；第二产业1.45亿元，比上年增长5.6%；第三产业4.09亿元，比上年增长5.3%。人均纯收入25 910元，比上年增长1.6%。实现利润1 695万元。

种植业。全场耕地3.16万公顷。种植水稻1.73万公顷、玉米0.49万公顷、大豆0.84万公顷，小粒豆、黑豆、高粱、亚麻等经济作物0.1万公顷；发展优质稻和特色稻0.08万公顷。签订高蛋白豆及经济作物订单0.43万公顷、优质米订单0.03万公顷、高粱订单0.01万公顷。全年实现粮豆平均单产506.9公斤，总产23.7万吨。

玉米节水、节肥、提质增效项目实施化控作业

农业机械方面。农业综合机械化水平不断提升。农机更新总投入2 432万元，更新农机具198台套，发放农机补贴款512.5万元，补贴各类农机具256台套。

工业。招商引资加快产业化进程。农场以加快农业产业化进程为主导，加大招商引资力度，一批具有牵动力的项目落地云山。其中：鑫智达粮食仓储有限公司投资7 000万元建设的粮食仓储企业，2017年12月共计收储水稻11万吨；北大荒米业投资700万元建设水稻烘干仓储项目工程已经竣工，2017年收购水稻20 000余吨；牡丹江农垦云山米业有限公司投资275万续建烘干塔、粮仓及其附属设施；黑龙江云山农业科技开发有限公司承租农场粮食仓储中心，当年收购云山玉米6 000余吨；垦荒人生物科技有限公司投资400万元对云山奶粉厂整体收购，拟新建奶粉厂。这些项目的落地、续建，将进一步延伸农产品收储、加工、销售链条，助推云山农场今后的产业化发展进入新的阶段。

畜牧业。奶牛存栏3 803头，完成计划的100.08%；鲜奶产量10 002吨，完成计划的100.02%；肉牛饲养量515头，完成计划的103%；生猪饲养量10 044头，完成计划的100.4%；羊饲养量3 108只，完成计划的100.3%；禽饲养量5.1 225万羽，完成计划的102.5%。农场继续执行青贮地优惠政策。就近统一给予奶牛养殖户划拨了青贮饲料地367.2公顷。2017年窖贮量为28 656立方米、21 492吨。

林业。新增造林完成25.3公顷，更新造林完成1.3公顷，完成2017年上级下达造林任务26.7公顷。完成了场区水源地绿化1.9公顷的栽植工作，栽植云杉1.7公顷，插柳条0.23公顷，完成了城镇绿化植树39 520株。造林绿化苗木产地检疫率达100%，确保造林成活率。

云山农场城市一角——水上公园

民生工程。2017年，农场总投资1 790余万元实施小学教学楼新建、学校和幼教中心消防及基础设施改造、水上公园维修、社区自来水管道建设、医院供应室和医疗垃圾暂存间建设、客运安检房建设以及农场气象站业务用房建设等工程。安全生产和社会综合治理成效显著。建立健全安全生产责任体系，全年无重特大安全生产事故。基本医疗保险覆盖面大幅提升。教育、卫生、文化、体育等社会事业健康发展。城镇基础设施日趋完善，供水、供热和污水、垃圾处理能力逐步提高，电力、交通和网络、通信等事关百姓生活的基础设施建设取得新进展。

七、东方红重点国有林管理局

东方红林业局始建于1963年，局址所在地东方红镇，施业区分布在虎林市和饶河、宝清二县。施业区总面积42.16万公顷，局址面积1 174公顷，涵盖二十个乡（镇）、村（屯），有林地面积34.56万公顷，森林总蓄积4 128.8万立方米，森林覆盖率82%。经过50多年的开发建设，已形成经济社会全面发展，生产生活设施基本配套的森工大型企业。

东方红神顶峰日出

东方红林区生态优良，物产丰富，自然资源得天独厚，境内为森林、草原、湿地、水域所覆盖，空气质量全优，拥有东北黑蜂保护区、东方红湿地国家级自然保护区，具有一方净土之美誉。2013年，20万公顷国家级野生东北虎保护区成功申报。

东方红林区地处世界三大黑土带之一的三江平原，土地平坦肥沃，现有耕地25.5万亩，年产水稻、大豆、玉米等粮食2亿斤以上。原始森林生长着珍贵的红松、水曲柳、核桃楸、黄菠萝、柞树、椴树等20多种高大乔木，是国家级重要的木材基地。原始密林中栖息着东北虎、马鹿、黑熊、雪兔、飞龙、山鸡等240多种野生动物，还蕴藏着山参、刺五加、五味子等290多种中草药，以及上百种山野菜及天然食用菌菇。蜜源植物200多种，是亚洲唯一的国家级东北黑蜂自然保护区的核心区。已探明矿产资源数种，具备工业开发条件的有金银铜锡铅锰等，其中锡铅矿为目前全省探储量最大。完整的生态体系，丰富的物产资源，得天独厚的原始森林，未经开采的地下矿产资源，强劲季风带的风力发电资源，没有污染的冷水渔业资源，有机土质的种植资源，国际森林认证的林木资源，天然有机的北药、食用菌菇、山野菜资源，林冠下的种植、养殖资源等自然资源，都为林区的发展提供了有力保障。

东方红重点国有林管理局昔日109万平方米贮木场

东方红林区旅游资源丰富。神顶峰，是中国最早看见太阳升起的地方。南岔湖国家4A级生态旅游景区、神顶峰景区、塔山石海景区、大木山景区、湿地景区、北山滑雪场等生态旅游景区，均已对外开放接待游客。

2017年，积极适应经济发展新常态，林区经济总量稳步增长。全年实现社会总产值154 142万元，增速达8%。其中，第一产业62 547万元，第二产业34 247万元，第三产业57 348万元，人均产值3.3万元。农林牧渔业总产值154 142万元，林业投资完成31 979万元，居民人均收入20 636元。

林区改革。2017年，持续深化重点国有林区改革，围绕林区转型，成立了以发展旅游、林农、森林资源培育为主的多家公司，将职能从企业剥离，实行公司化运作、市场化运营，于2017年8月31日，按时完成了重点国有林管理局挂牌启动工作。

生态建设。深入实施了天保工程，强化林地保护和森林资源管理，加强保护区建设，依法严厉打击各类破坏森林和野生动植物资源犯罪行为；强化森林资源培育和利用，全年共完成森林抚育25.29万亩，完成计划的100%，森林资源数量和质量得到有效提升；实现了连续28年无重大森林火灾，生态建设基础进一步巩固。

东方红重点国有林管理局湿地

林下经济。加大对林农产品产供销各环节整合力度，对林蛙等林产品实行统一购销；成立了农资超市，有效规范了林区农资进货渠道，保障了农资质量；组建了森林猪养殖专家团队，已建立养殖基地7个，养殖数量达5 000余头；建成了北部林场东北黑蜂养殖基地，发展黑蜂2万余箱，带动蜂农养殖近百户，产品得到了同仁堂专家、销售商和集团的高度认可。着重培育以青山经营所为主的灵芝种植基地，灵芝种植规模达16万段。

东方红重点国有林管理局南岔湖旅游景区

生态旅游。充分挖掘林区赫哲文化、历史古迹、湿地、界江、冰雪等资源优势，大力发展冰雪游、森林游、边境游、湿地游等旅游产业，南岔湖国家湿地公园晋级为国家4A级景区；南岔湖水上乐园项目竣工验收并开园迎客；完成了神顶峰景区日出文化园项目建设规划，对南岔湖婚庆摄影基地进行了初步设计，加快建成了小清河湿地公园、年轮公园等一批休闲旅游新场所；大木山景区观光塔主体收尾工作以及南岔湖国家湿地公园、珍宝岛国家级森林公园、母树林景区、塔山石海的提档升级工作均全面展开；东北虎乡、日出神顶峰、到东方红看太阳升、塔山石海、黑龙江省100个最值得去的地方等特色品牌逐步打响；东方红湿地继2016年被评为全省十大湿地之后，2017年又获得了全省十大最具人气湿地和黑龙江十大最受欢迎旅游景区景点殊荣；为将冰天雪地变成金山银山，完成了“特色小镇”申报创建的前期考察工作，积极筹划了南岔湖冬季湖面冰雪项目，改扩建北山滑雪场项目，填补了林区全季节旅游项目空白。

八、迎春重点国有林管理局

迎春重点国有林管理局，原名为迎春林业局，始建于1963年。2017年8月31日，正式新组建为迎春重点国有林管理局，是国有大型森工Ⅱ档企业、龙江森工杂粮第一局、东北黑蜂核心蜜源地，拥有鸡西、虎林、森工地区最大粮食集散地、全省森工最先进的森林防火监控指挥系统。施业区总面积21.7万公顷，局址面积400公顷，施业区内有村屯66个，施业区毗邻村屯29个，现有森工多种经营用地33万亩，年产粮豆10万余吨。林区总人口58 295人，林业人口13 185人，在册职工3 066人。

迎春重点国有林管理局中心

截至2018年3月末，资产总额累计7.56亿元，负债2.87亿元，资产负债率38%；总产值实现10 458万元，同比增长69%；企业经营收入实现6 447万元，实现利润4 388万元。林区城镇建设、民生工程、社会治理全面推进，从2009年开始完成棚户区改造面积54.3万平方米，新建楼房59栋，3 325户居民喜迁新居。

迎春重点国有林管理局文体活动中心

森林资源管护。累计投资2 200余万元，加强森防基础设施建设，配备营房车、指挥车等装备，新建及维修瞭望塔房7座、塔道30.7千米，购置森林消防运兵车25台、巡护摩托车74台。

产业项目。发展壮大高效的“三大经济”——农业经济、平稳的粮食储运加工经济、优质的黑蜂经济。

实施天然林保护工程全面封山育林

做强做优绿色有机订单种植业、仓储物流业、黑蜂产业、养殖业、粮食加工业、北药业“六大产业”，夯实保生态、促改革、惠民生的产业之基。

做实做响黑蜂产业。依托东北黑蜂地源、蜂种的自然条件，在山上建立养蜂科技示范基地7个，划定养殖区域11.9万公顷，为蜂农建设越冬保温房11个、养蜂房18个，生产基地成为福建农林大学蜂学院、江苏大学食品学院科研实践基地、中国蜂产品协会文化科普示范基地。山下建成占地规模6.5万平方米、全国唯一全产业链可追溯的大型蜂产品加工企业，自主生产的蜂产品种类达到41款，蜂产品公司成为中国蜂产品生产溯源示范单位、首家使用中国蜂产品协会颁发的“优质溯源产品”标识，荣获了“绿色食品”认证，2017年获得黑龙江省极具影响力生态品牌、黑龙江省名牌、自2015年至今连续三届获得黑龙江省消费者喜爱的100种绿色食品。做大做强粮食储运加工产业。利用3条总计3.6公里铁路专用线和闲置的贮木场场地，建成占地65.9万平方米的粮食储运加工物流园区，粮食仓储能力达120万吨。园区内招商引资项目2个，其中：万里利达粮食储运项目占地面积24万平方米，年仓储能力60万吨；双平粮食仓储加工项目占地17万平方米，年仓储能力40万吨，年加工大米2万吨；农贸公司新建6万吨仓储库已开仓收粮，仓储能力达到20万吨，粮食仓储年可获利近1 000万元。迎春重点国有林管理局被省工信委和哈尔滨铁路局确定为铁路运输重点保障企业，物流园区被省政府评定为五大铁路运输物流园区之一、“省级农业科技园区”，成为沿乌苏里江四县（市）路企合作成就的典范。推进北药项目建设。迎春重点国有林管理局野生药材资源丰富，有山参、党参、莎参、铃兰、地榆、平贝、黄檗、柴胡、穿地龙、天麻、冰凌花、五味子、刺五加、狼毒等200余种名贵药材，现有五味子、刺五加、菟丝子等北药种植面积1 000余亩。

旅游。八里沟森林生态旅游景区位于曙光农场，建有八里沟栈道，全长1 477米，3 000余阶梯，全程水平登高370米，森林层次复杂，景观丰富。2017年景区全年接待游客9万人次，完成旅游产值2 000万元，旅游收入30万元。

民生。完成7个林（农）场自来水改造，新建教学综合楼和医疗用房投入使用，改造建成康养中心，开工建设皖东公路升级省级公路项目。实施平房置换楼房政策，提高供热能力，改善人居环境。申报审批厂办大集体1 530人，享受经济补偿金1 442人；落实贫困户24户、37人精准扶贫措施。

第十章　虎林市老区建设促进会

第一节　虎林市老区建设促进会的设立

“革命老区”是一个特定的政治历史概念，最早是由毛泽东同志提出的。

1948年2月6日，毛泽东在给李井泉和习仲勋并转刘少奇和薄一波的一封信中说：“日本投降以前的老解放区、与日本投降以后至全国大反攻（去年九月）时两年内所占地方的半老解放区、与大反攻以后所占地方的新解放区，此三种地区情况不同，实行土地法的内容与步骤亦应有所不同。”毛泽东这里所说的“日本投降以前的老解放区”，是指在第二次国内革命战争（土地革命战争）时期和抗日战争时期共产党所领导的革命根据地。这里所说的“日本投降以后至全国大反攻（去年九月）时两年内所占地方的半老解放区”，是指从日本投降之后到1947年9月期间的共产党领导的解放区。现在，一般对上述三种情况的革命根据地和解放区，统称为革命老区，简称“老区”。

经国务院批准，1979年6月24日，民政部、财政部向各省、直辖市、自治区下发了《关于免征革命老根据地社队企业工商所得税问题的通知》（民发〔1979〕30号、（79）财税85号），其中规定了革命老区认定的基本标准。

第二次国内革命战争根据地的划定标准：一是曾经有中国共产党的组织；二是有革命武装；三是发动了群众，进行了打土豪、分田地、分粮食牲畜等运动；四是建立了工农政权，并进行了武装斗争，坚持半年以上时间。

抗日根据地的划定标准：一是曾经有中国共产党的组织；二是有革命武装；三是发动了群众，进行了减租减息运动；四是建立了抗日民主政权，并进行了武装斗争，坚持一年以上时间。

划定革命老根据地，1979年是以生产大队为单位。如果一个公社内，属于革命老根据地的生产大队超过半数，这个公社可算作革命老根据地公社。1984年农村体制变更后，撤销公社变为乡镇，生产大队变为行政村。现在一般对革命老区划分为四类：一个县（市、区）中，如果有老区乡镇的数量占全县（市、区）乡镇的90%以上，该县（市、区）则属于一类老区县（市、区）；如果占50%～89%则为二类老区县（市、区）；如果占30%～49%，则为三类老区县（市、区）。

1995年，虎林县被省政府按国家统一标准确定为国家三类革命老区。虎林老促会是1995年由当时的中共虎林县委批准组建的。老促会的主要任务是在当地党和政府的统一领导下，通过调查研究，发掘老区历史，宣传老区精神，促进老区脱贫致富奔小康。工作的着眼点是总结交流老区工作经验，向主渠道各有关部门反映老区生产、生活中的实际情况，促进各职能部门多为老区办好事、办实事。

第二节　虎林市老区建设促进会工作概述

虎林市老促会自组建以来，在市委、市政府的领导下和省、鸡西市老促会的关怀指导下，对虎林老区历史和现状进行了全方位、多层次的调查研究，写了大量调研报告和经验报道，做了大量的工作。为老区在精准扶贫、脱贫致富奔小康的征程中，总结典型经验，交流致富信息，着眼于实施生态虎林、绿色食品发展战略，乡、镇、村整体脱贫，以及各具特色的小康之路，等等。从不同角度反映了当前社会政治生活中若干热点问题，为促进老区全面建设提供思考空间。

一、深入基层、调查研究、发掘革命历史

1995年市老促会组建后，按照江泽民总书记“勿忘老区”的指示精神，深感要建设革命老区，首先要宣传老区，这就必须了解老区、熟悉老区。为此，虎林老促会深入基层对虎林的历史沿革、自然风貌、社会发展进行了较为全面、深入的调查研究。从而总结出在虎林革命斗争史上有三个时期、三种精神，集中反映了虎林老区人民的革命传统。在战火纷飞的年代，虎林曾是东北抗联四军、五军、七军的大本营，铸就了以抵御外敌入侵、不畏强暴、不怕牺牲、前赴后继、英勇抗争为标志的爱国主义精神；和平建设时期，虎林是军垦事业的发祥地，形成了以艰苦奋斗、勇于开拓、顾全大局、无私奉献为标志的北大荒精神；20世纪60年代末，虎林则是珍宝岛自卫反击战的发生地，形成了一不怕苦、二不怕死、生命不息、冲锋不止的勇于牺牲精神。这三种精神构成了独具鲜明特色的虎林老区精神，成为虎林人励精图治、创新发展的精神支柱。

正是这三种精神所折射出来的历史光辉，促使我们在老区宣传中，编撰出虎林革命斗争史三部曲（即《虎林抗日烽火》《虎林红色根据地》和《虎林军垦之光》）。得到了虎林市委、市政府的关怀和重视，得到了老区社会各界的支持。编撰虎林

革命斗争史三部曲，深刻反映了虎林老区革命斗争史历史全貌，它生动、形象地把虎林老区的革命传统和老区精神展现在人们面前。为虎林各机关、团体、学校、广大群众在倡导践行党的群众路线教育活动中，在公民道德普及教育中，在城乡精神文明建设中，提供了近在身边的充满情感的乡土读物和参考材料。习近平总书记指出：中国革命历史是最好的营养剂。我们从历史中接受教育，受到启迪，自觉努力学习老一辈革命者忠诚无畏的革命精神、舍生取义的英雄气概、坚韧不拔的意志品质、高尚朴实的道德情操，在推进虎林经济可持续发展的实践中，实现自身的人生价值和理想追求，共同谱写虎林光辉灿烂的历史新篇章。

二、身体力行、笔耕不辍、弘扬老区精神

虎林市老促会初创时期的主要成员，都是离退休老干部。在没有人员编制的情况下，既要办好老促会服务老区、协调促进等各项事务，又要为勿忘老区、发掘抢救老区历史办点实实在在的事。这不是轻而易举的，光有勇气不行，还必须实干加苦干。第一任老促会会长王清江，副会长杨玉生、王吉厚、胡钦楚4名成员，平均年龄73.5岁，先后看了十多万字的素材，亲自动笔写了30多万字的文章，亲自修改150多篇原稿。主持召开多次作品研讨会，约见作者及撰稿人100多位，先后向牡丹江、佳木斯、哈尔滨、沈阳、内蒙古、河南、浙江、江西等省内外作者电话和书面联系60多人次。特约本市、农垦、森工系统时任处级以上领导同志26位，撰写文稿28篇。为查阅资料、核实史料、采访知情人、征求意见等，先后在市内、省内晓行夜宿，驱车10 000余公里。每部书从发排到印刷，平均校对5遍左右，也就是说重复校阅达500万字。以上工作量，如果放在年轻人身上，也许算不了一回事，但对几位年过古稀、老眼昏花的老人来说，真是付出了

不同寻常的辛劳。当然，德高望重的老促会成员们的思想认识更值得一提。一是老区革命先行者的业绩，需要尽快整理出来，不能在从事老区工作的人手里让它埋没了；另一方面是老促会的同志都程度不同地经历过战争、“土改”、军垦，还有那么一股劲，感到能为党工作的时间不是很多了，有一种“欲为后世留教益，肯将衰朽惜残年”的心态，觉得能在有生之年为虎林人民留下一笔精神财富，使老区精神代代相传，苦点累点也值得。第一任会长王清江同志动过两次大手术，20世纪80年代胃切除三分之二，2002年又因患肺癌切除一叶肺部，已75岁的高龄，经此病痛，在稍微恢复后又开始工作。王吉厚、胡钦楚两位副会长虽然已年过古稀，仍笔耕不辍，写下了20多万字的各类文稿。在编写的紧张时期，都自动放弃了双休日，有时连八小时睡眠也取消了，常常早上三点钟就起床看稿，历经三个寒暑，用掉8 000多张稿纸，终于换来了100多万字的成果。

虎林市老促会历年出版书籍之一

虎林市委、市政府非常重视虎林革命斗争史三部曲的编撰和出版，为老促会配置了车辆，配备了电脑，一次性拨款8万元。市委领导亲自为三部曲写序。社会各界在人力、物力、资金方面给予大力支持。三部曲之一《虎林抗日烽火》于2000年8月15日出版，以纪念抗日战争胜利55周年；三部曲之二《虎林红色根据地》于2001年7月1日出版，献给中国共产党成立80周年；三部曲之三《虎林军垦之光》于2002年8月1日与读者见面，献给中国人民解放军建军75周年和北大荒军垦事业的开发建设者。这三部曲的出版，不仅极大地弘扬了虎林老区的革命精神，而且鼓舞了虎林人民的斗志，继承先烈遗志，开拓进取，再创辉煌。

三、为地方经济发展建设建言献策

虎林市老促会组建以来，围绕市委中心工作，每年坚持用一两个月走访基层，调查研究，形成报告，为促进经济持续发展出谋划策，得到了市委、市政府的肯定。1998年，老促会对伟光乡幸福村强化绿色食品基地建设、三年巨变的经验进行了总结，并推荐到省“龙开委”“老促会”工作会议作了典型发言，引起了与会同志的关注。2001年，老促会在《中国老区建设》杂志发表了《依托优势自然，建设绿色虎林》的通信报道和图片，把绿色虎林介绍到全国。近几年在新农村建设中，撰写了《虎林新农村建设有新招》《村小神通大，亦工亦农奔小康》《一支不走的农村工作队》等20余篇调查报告，得到了市委的肯定，并发表在全国、省、鸡西市老区建设刊物上。同时，把这些材料汇编成册《虎林老区建设经验选编》，发至乡镇和企事业单位，受到了欢迎。

虎林这片神奇的土地，既有悠久的古老传说，又充满了革命志士和十万转业官兵的光辉业绩。它和举世闻名的珍宝岛、侵华日军虎头地下要塞遗址博物馆、“二战”终结地纪念园等，构成了虎林独有的红色旅游资源。在发展红色旅游事业中，市老促会积极建言献策，身体力行，做了一些力所能及的工作。市老促会提供基本素材，配合央视历时一年半拍摄的大型电视连续剧《虎头要塞》、《最后一战》，由中央电视台播映后，在黑龙江东部革命老区密山、虎林、宝清、饶河、抚远、同江等地均引起了反响，并将《虎头要塞》拍摄基地作为爱国主义教育阵地进行了保护和完善。几年来，中央电视台来虎林相继拍摄了《最后一战》、《放山人家》等颇有影响力的新闻纪实片，都有老促会的同志参与其中。由老促会的同志执笔，虎林电视台制作的电视散文《老区精神，薪火相传》在鸡西电视台文艺频道展播后颇受好评。经建议，市政府还专门开通了侵华日军虎头要塞遗址博物馆——二战终结地纪念园——珍宝岛——影视基地等红色旅游线路，每年都吸引了一大批旅游观光者。旅游局撰写《虎林旅游解说词》，请老促会提意见。老促会在其中穿插了一些可歌可泣的抗日斗争故事和老一辈无产阶级革命家王震将军的垦荒趣闻。根据老促会的建议，旅游局把国家级爱国主义教育基地——珍宝岛和侵华日军虎头要塞遗址博物馆制成光碟和图版，配上解说词，深入连队、村屯、厂矿巡回展出，让常年驻守边疆的战士和人民群众了解虎林的革命斗争史，有效地解决了由于冬季漫长、教育基地半年闲的问题，被群众称为“流动的博物馆”。

虎林市老促会忠于历史，有益当代，为繁荣虎林老区文艺创作提供正能量。第一任老促会副会长王吉厚出版了讴歌老区的诗集《乌苏里江放歌》、论著《乌苏里江流域文化述略》；老促会副会长胡钦楚出版了长篇传记文学《浮生琐记》，其中“垦荒日记”一章被湖北大型文学期刊《芳草》刊载；离休干部张明一出版了长篇纪实文学《乌苏里风云》；离休干部马晨出版了《虎头要塞奇闻》；第四任老促会会长田丰出版了《珍宝岛的故事》《珍宝岛行吟》。老促会还编辑出版了老区新农村建设经验选《艰苦征程铸辉煌》，为传承老区革命精神、繁荣虎林老区经济发展作出了应有贡献。

虎林市老促会历年出版书籍之二

四、勇于探索拓展老区宣传新途径

（一）从宣传手段上使虎林老区宣传更适应时代发展步伐

党的十八大以来，虎林老促会把讲好老区故事，著书立说作为重要的宣传手段之一，把搜集挖掘整理抗联斗争故事、军垦拓荒创业史作为老促会工作的重中之重。几年间，相继编撰出版了《虎林抗日烽火》《虎林红色根据地》《虎林军垦之光》（简称《虎林革命斗争史三部曲》）以及《话说乌苏里江》《乌苏里放歌》《虎林漫步》《虎林老区调研选编》《老干部峥嵘岁月（系列丛书）》《珍宝岛的故事》《艰苦奋斗铸辉煌》《东疆故事》《故土情怀》《拓荒者之歌》等13部有关虎林老区革命与建设的乡土读物，共300多万字，印发3万多册，广泛宣传了虎林革命斗争史及虎林经济发展的巨大成就。

为了把虎林老促会多年来辛勤挖掘整理的老区丰富史料，更好地在社会和广大青少年中传承下去，2017年，虎林老促会与“新天地广告传媒公司”董事长肖毅联手，利用老促会占有大量历史资料和素材的优势，拍摄虎林百集老区红色故事，为家乡父老和广大青少年留下珍贵的历史记忆。在拍摄过程中，不辞辛苦，踏遍了虎林的山山水水，分别深入到当年东北抗联露营地和战斗过的地方，足迹遍及农垦、森工、农村等地。现已拍摄微视频短剧7集：《呼啸的完达山》《永远的倒木沟》《永远的雕像》《哭泣的阿布沁河》《东方第一抗日交通站》《老照片背后的故事》《北大荒歌舞春归雁的故事》等。这些主题鲜明、制作精良的微视频，在党政机关、广大青少年和干部群众中产生了一定反响，在微信圈里得到了迅速广泛传播，受到广大网友称道。鸡西市委常委、宣传部长、鸡西市老促会会长、老科协等领导到虎林视察宣传工作时，给予高度评价。

2017年，鸡西老科协开展非物质文化遗产挖掘整理工作。虎林老促会、老科协整理出了5 000多字的《北大荒歌舞春归雁的故事》文稿，这一非物质文化遗产，引起新天地广告传媒公司董事长肖毅的关注，萌生出将其拍摄成微视频短剧的念头。当年的歌舞原创人员年龄现在都已七十岁以上，且分散在全国各地。肖毅同志不辞辛苦，奔赴北京、上海、天津、哈尔滨等地，采访当年的编剧和舞蹈演员，带回了大量珍贵的历史资料和视频。老促会给予密切配合，在短时间内拿出了微视频短剧拍摄脚本，现在《北大荒歌舞春归雁的故事》已拍摄完成。

虎林新闻网是市委、市政府的一个重要的对外宣传窗口。它代表市委、市政府对外进行权威性新闻发布，对内指导本地区物质文明、政治文明、精神文明、社会文明、生态文明等各方面工作，信息含量较大，更新传播快捷，为谱写新时代“生态强市、美丽虎林”建设发挥了不可替代的作用。鉴于虎林新闻网的影响力，从2016年开始，老促会与虎林新闻网协调沟通，在虎林新闻网首页开辟《老区广角》专栏，推出虎林革命老区精准扶贫、科技致富的经验消息和各类动态，以便来自祖国和世界各地的读者都能尽快在网上浏览了解虎林革命老区的发展变化，让虎林革命老区的发展变化信息传遍世界。

（二）从文化层面上使虎林革命老区宣传更宽泛

虎林是黑龙江省唯一首批国家生态文明建设示范市、国家级优秀旅游城市。茂密的森林和广袤的草原既是生态绿色资源，也是具有悠久历史传统的革命老区、东北抗联志士浴血战斗的革命摇篮。老一辈艰苦卓绝的斗争经历和老一代战天斗地的革命豪情，在这块充满绿色的黑土地上播下了红色文化种子，形成了虎林人勤劳淳朴、乐观向上的风土民情，并孕育出了一批业余文学爱好者。他们之中近几年来在国家和省内外报刊发表了诸多颇有影响的文学作品，这一现象引起了虎林老促会的关注。于是，便产生了借助他们的力量，把虎林革命老区宣传工作搞得更好。2016年，老促会打破传统宣传模式，探索与虎林市作家协会联手，向广大文学爱好者广泛征集作品，立足于弘扬虎林地域文化，传承虎林抗联精神、北大荒精神、珍宝岛精神，旨在讲好虎林老区红色故事，描绘绿色虎林生态家园。仅用半年多时间，就征集到了虎林区域内29位作者的62篇散文和随笔。作者群遍布虎林城乡及辖区内森工和农垦系统，是一次虎林地域散文作品的集结。经过老促会三个月的努力，编辑出版了一本地域特色鲜明、创作风格迥异，涵盖红色故事、垦荒岁月、乡土记忆、人文景观的散文集《故土情怀》。这些作品较好地响应了虎林市委、市政府提出的“生态强市，美丽虎林”的发展理念。

虎林市老促会历年出版书籍之三

（三）从历史纵深上使虎林革命老区宣传更厚重

习主席说：“一切伟大的事业都需要在承前启后、继往开来中推进。我们要发扬光荣传统，传承红色基因，不忘初心，继续前进。”虎林市经过十万转业官兵、支边青年、下乡知青及当地广大干部群众的开发建设，如今已发生了沧桑巨变。为抢救挖掘整理军垦拓荒、知青下乡这段弥足珍贵的奋斗经历，2017年，老促会通过多种渠道，采取多种办法，与健在的老垦荒军人和当年在虎林下过乡的知青取得了联系，动员其本人、亲属将当时的历史经历和记忆整理出来，并把家乡的变化传达给他们，勾起了这些老垦荒战士、老知青对那段难忘岁月的回忆。经过历时一年的筹备，《拓荒者之歌》一书已于2018年8月中旬出版。这本书里收录了垦荒战士、老转业军人——胡钦楚（原虎林市人大副主任）弥足珍贵的《北大荒日记》；有党的生活杂志刊发的采写垦荒战士、老转业军人——刘泰（原中共虎林市委宣传部副部长）的《思考之美宣讲之乐》的文章；有转业军官佟一路撰写的自传《一路风云话春秋》；有为虎林教育事业做出重大贡献的转业军官马大刚女儿撰写的回忆文章《踏过北大荒的雪》；有归国华侨、垦荒战士、虎林一中教师陈尔真的学生的回忆文章《师者——陈尔真》；有虎林教师进修学校副校长王霖撰写的垦荒记忆《挺进北大荒》；有曾在虎林云山农场下过乡，后来担任过中央党校副校长、中科院院长的王伟光撰写的文章《春度北大荒，无怨无悔》；有主流媒体专访在虎林农村插队的杭州知青——原北京大学副校长、现任北京大学深圳汇丰学院院长海闻的文章《在北大的讲台上站到80岁》；有介绍在虎林工作生活过的现任深圳大学党委书记陶一桃的《迈入中国经济思想史的学术殿堂》；有转业军官的后代、胡钦楚的女儿、湖北省社科院研究员胡江霞撰写的回忆散文《边疆那些往事》；有在虎林插队的杭州知青曾琦琦撰写的数篇思想性较强、反思蹉跎岁月的散文随笔。还有在虎林生活工作过、现今在北京工作生活的著名摄影家马毅行、著名作曲家陈光等人的专题报道；还有媒体介绍从虎林走出去、现在黑河市工作的刘树新《为知青建一座博物馆》长达万余字的专题报道，全书总计38万字。本书出版分发到机关企事业单位、中小学校、老区乡镇村屯后，广大干部群众和青少年爱不释手，给予了较高评价。

参考文献

［1］张海明，王吉厚，胡钦楚.虎林红色根据地［M］. 虎林市老区建设促进会.2001.

［2］张海明，王吉厚，胡钦楚. 虎林抗日烽火［M］. 虎林市老区建设促进会.2000.

［3］ 徐占江，李茂杰. 日本关东军虎头要塞［M］. 哈尔滨：黑龙江人民出版社.2006.

［4］ 虎林市地方志编撰委员会.虎林市志［M］. 哈尔滨：黑龙江人民出版社.2013.

［5］张海明，王吉厚，胡钦楚. 虎林军垦之光［M］. 虎林市老区建设促进会.2002.

［6］王吉厚. 乌苏里江流域文化述略［M］. 北京：中国文化出版社.2005.

［7］ 田丰. 珍宝岛的故事［M］. 天马图书有限公司.2013.

［8］王建华. 中国共产党虎林县组织史资料［M］. 虎林县委组织部、虎林县委党史研究室 虎林县档案局.1995.

［9］ 焦卫平. 中共虎林县党史资料征集汇编［M］. 虎林县委党史研究室.1991.

［10］ 汪学廉. 中国共产党虎林县历史纪实［M］. 虎林县委党史研究室.1994.

[11] 张明一. 乌苏里风云 [M] . 虎林市老区建设促进会.2005.

[12] 孙冀晃，刘焘，王本忠. 回首沧桑 [M] . 虎林市组织部，虎林市老区建设促进会.2005.

[13] 单立志，孙志松，高永新. 居安思危 [M] . 虎林市组织部，虎林市老区建设促进会.2006.

[14] 虎林市老促会. 艰苦征程铸辉煌 [M] . 2014.

[15] 高心峰. 虎林史话 [M] . 虎林市政府办，虎林市档案局.2013.